産経NF文庫
ノンフィクション

立憲君主 昭和天皇

上

川瀬弘至

潮書房光人新社

文庫版のまえがき

令和元年十一月に中国・武漢で発生が確認された新型コロナウイルスは、中国当局が情報を隠蔽したこともあって世界中に拡散。本稿を執筆している令和二年五月一日現在、各国各地の感染者数は三百万人、死者数は二十万人を超えた。欧米などに比べれば死亡率を抑えてきた日本でも医療崩壊の兆候がみられ、本書が店頭に並ぶ頃には、さらに事態は悪化しているだろう。

令和の御代となって一年。私たちは、医療的にも経済的にも未曾有の試練に直面しているといって過言ではない。

だが、歴史を紐解けば私たち日本人は、絶体絶命の危機ですら何度も乗り越えてきた。ことに昭和天皇が生きた八十七年は苦難の連続であった。そうした危機に、先人たちはどう立ち向かったか、曇りのない目で振り返ることこそ現代を生きるヒントになろう。本書が文庫化された意義もそこにあると考えている。

ウイルスという見えない敵との戦いでは尚更、国民の結束が求められる。しかるに今、大部分のメディアは政権批判に終始し、冷静な対応を呼びかけるどころかパニックをあおっているかのようだ。こうしたメディアの悪癖は戦前にもみられ、国民を破滅の戦争へ駆り立てた一因にもなった。

緊急事態宣言が全都道府県に拡大した令和二年五月現在、政府や各自治体による再三の外出自粛要請もむなしく、収束の見通しは立っていない。それでも筆者は、日本の未来をいささかも疑っていない。ここ日本には、二千年にわたり受け継がれてきた究極の「安全保障」があるからだ。

皇室である。

私たち日本人にとって皇室は、不動の精神的支柱だ。ふだんは雲の上に見えても、いざとなればその下に結束し、いかなる困難にも打ち勝ってきた。その具体例を、五百点以上におよぶ歴史資料から解き明かさんとしたのが本書である。

令和一年目の危機に、昭和の危機をつづった本書が少しでも役に立つことを願ってやまない。

令和二年五月一日

川瀬弘至《ひろゆき》

まえがき

平成二十八（二〇一六）年八月八日に天皇陛下（上皇さま）が表明された譲位のご意向と、それを受けた国民の反応は、今も昔も変わらない、揺るぎない日本の国柄を清麗に示すものだった。

天皇陛下は言われた。

「私はこれまで天皇の務めとして、何よりもまず国民の安寧と幸せを祈ることを大切に考えて来ましたが、同時に事にあたっては、時として人々の傍らに立ち、その声に耳を傾け、思いに寄り添うことも大切なことと考えて来ました」

「既に八十を越え、幸いに健康であるとは申せ、次第に進む身体の衰えを考慮する時、これまでのように、全身全霊をもって象徴の務めを果たしていくことが、難しくなるのではないかと案じています」

平成の御代となって三十年近く、天皇陛下はまさに、「全身全霊をもって」皇位を守られてきたのである。

このお言葉を、国民はどう聞いたか。

譲位をめぐる有識者の意見は賛否が分かれ、摂政設置を求める声も多かった。だが、国民の意見は、ほぼ一致していた。お言葉後の各紙世論調査は以下の通りである（当時の新聞各社は「譲位」ではなく「生前退位」と表記していた）。

▼読売新聞（28年8月11日付）
譲位に向けて制度改正すべき　81％　改正する必要はない　10％
▼日本経済新聞（8月12日付）
譲位を認めるべき　89％　認めるべきではない　4％
▼毎日新聞（9月7日付）
譲位に賛成　84％　反対　4％
▼朝日新聞（9月13日付）
譲位に賛成　91％　反対　4％
▼産経新聞（9月20日付）
譲位できるようにすべき　95％　譲位を認めるべきでない　4％

国民の多くが、譲位について子細に検討したわけではないだろう。それでも圧倒的多数が譲位を支持したのは、「陛下がそうおっしゃるなら」という、素朴で自然な、敬愛の念にほかならない。

そして、実にこの反応こそ、日本の国柄であり平和の源泉であると、筆者は考える。

神代から数えて二千六百七十七年に及ぶ、世界で比類なき皇統を保持してきた日本人にとって、天皇は決して飾りではない。いわば究極の安全保障だ。

例えば、一つの権力が衰退して交替する時、おびただしい血が流れるのが古今東西の歴史である。日本にもかつて戦国と呼ばれる時代があった。しかし諸外国に比べ、武士はともかく庶民の犠牲が少なかったのは、権力の上に天皇という最高権威が存在していたことと無関係ではない。

もしも将来、国家が消滅しかねないほどの危機や混乱が訪れた時、国論を一つにまとめて乗り切れるものがあるとすれば、それは日本国憲法でも民主主義でもなく、天皇の意思の表明だろう。

端的に示されたのが、先の大戦における昭和天皇の「聖断」である。昭和天皇がいなくても戦争は起きたが、昭和天皇がいなければ戦争は終わらなかった。

本書が明らかにしたかったのは、この「聖断」が現在および将来に投げかける意義と、過去から続く天皇と国民の「絆」である。

昭和天皇が生きた時代ほど、天皇と国民の絆が試された時はなかった。その八十七年の生涯を振り返ることは、間もなく迎える新帝との絆を、より確実なものとするに違いない。

なお、昭和天皇に関する文献は数多《あまた》あるが、本書は、（一）宮内庁が平成二十六年九月に公表した、正史といえる『昭和天皇実録』に依拠している（二）昭和天皇の言動を理解するため、時代背景を詳述している——点に、他書にはない特色があると考えている。

加えて、激動の時代を追体験できるよう、分かりやすく、リアルな文章表現に努めてきたつもりだ。本書により、昭和天皇への理解をより深めることができればと願っている。

幼少期に乃木希典や東郷平八郎らの薫陶を受けた昭和天皇は、青年期の欧州歴訪を経て、国民とともに歩む立憲君主たらんと志した。しかし壮年期は時代の波に翻弄され、軍部の暴走に悩み、後半生は先の大戦を十字架として背負い続けた。その生涯は、激動の一言ではとても言い尽くせない。

ただ、昭和天皇は崩御の直前まで、国民と国家の将来を固く信じていた。それは昭和天皇の御製《ぎよせい》のうち最後に発表された、透き通るような和歌からもうかがえる。

左にその和歌を紹介し、本書の書き出しとしたい。

空晴れて　ふりさけみれば　那須岳は
さやけくそびゆ　高原のうへ

平成二十九年六月

川瀬弘至

立憲君主 昭和天皇 上——目次

第一章――昇陽の日々

第二章――帝王教育

第三章——天子への道

第二部 君主は政治とどう関わるべきか

第四章——青年君主の苦悩

第五章——満洲事変と国際孤立

〔下　目次〕

立憲君主 昭和天皇

上

天皇家の系図

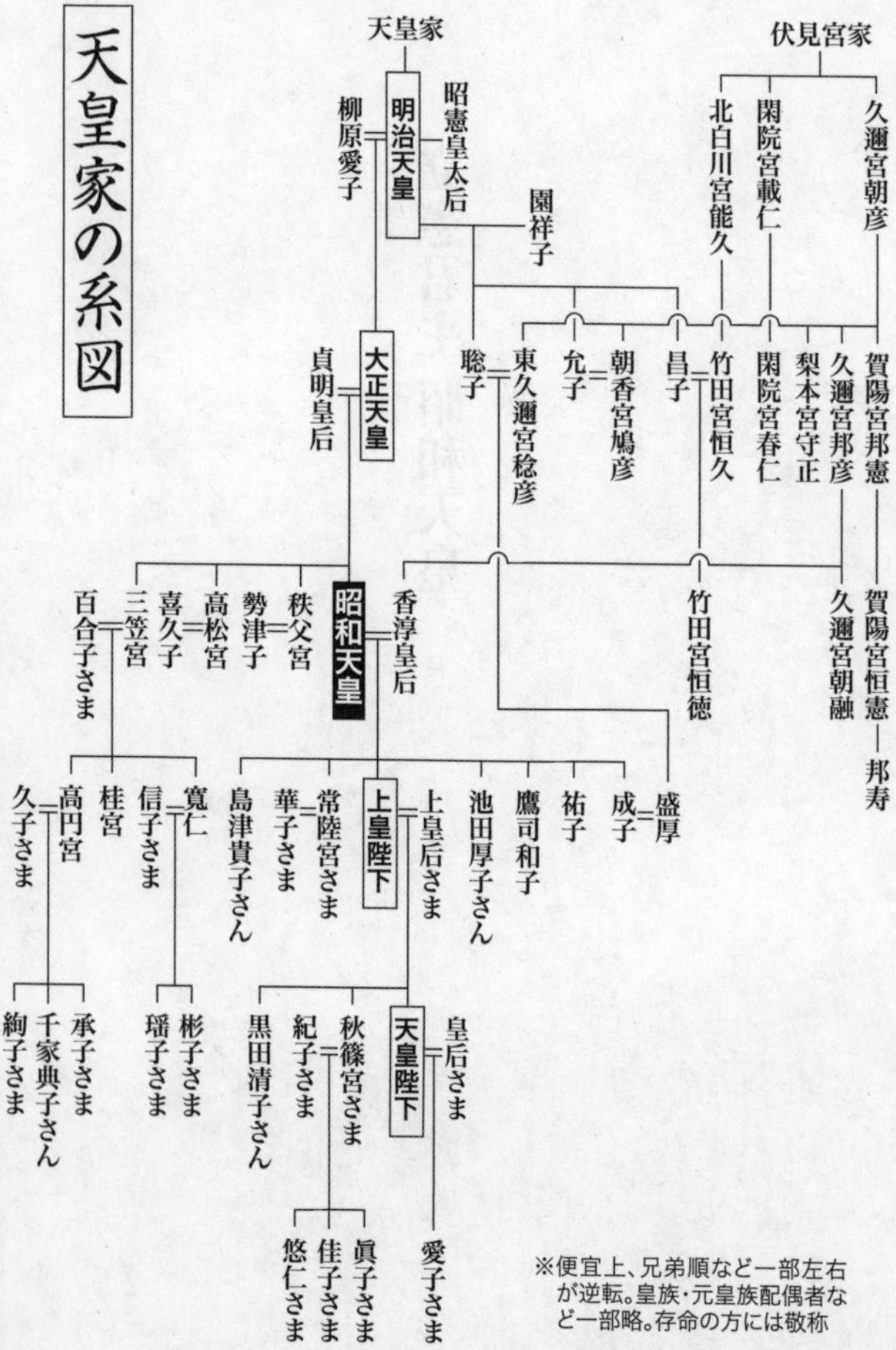

※便宜上、兄弟順など一部左右が逆転。皇族・元皇族配偶者など一部略。存命の方には敬称

■第一部■

君主とはどうあるべきか

序章――かくて「聖断」は下された

ソ連侵攻

漆黒の闇の中、大粒の雨が大地を激しく打っていた。国境付近に集結した数十万のソ連軍を照らす月明かりはなく、戦車のエンジン音は雨音にかき消された。

昭和二十（一九四五）年八月九日午前零時、危機の迫る満洲（現中国東北部）は、いまだ深い眠りの中にあった。


その一時間前、モスクワのクレムリンでは、駐ソ大使佐藤尚武が顔面を蒼白《そうはく》にして、ソ連外相モロトフが読み上げる宣戦布告状を聞いていた。

「……即《すなわ》チ八月九日ヨリソ連邦ハ日本ト戦争状態ニアルモノト思考スルコトヲ宣言ス……」(1)

佐藤は口元を歪め、無理に笑みを作ってみせた。ここで抗議しても何も変わらない。今は一刻も早く本国に知らせなければ。

「ただいまの通告を、外交特権で東京に至急打電したい。よろしいですね」

「もちろんだ」

クレムリンを辞去した佐藤は日本大使館に車を急がせた。だが、開戦を告げる電報はソ連当局に妨害され、東京へは届かなかった(2)。

満洲は、まだ眠っている。首都新京（現吉林省長春市）の関東軍総司令部も、ひっそりとしている。総司令官山田乙三は大連（現遼寧省大連市）に出張中で、留守を預かる総参謀長や高級参謀らは官舎で就寝中だった。

午前一時、当直参謀室の電話が鳴った。

「東寧《とうねい》及び綏芬河《すいふんが》正面の敵、攻撃を開始せり」

「牡丹江《ぼたんこう》市街は敵の空襲をうけつつあり(3)」

満洲東部を守備する第五軍司令部からの緊急報告。受話器を握る参謀の手が震えた。続いて新京郊外が爆撃を受け、各方面軍からも被害報告が飛び込んでくる。ついにソ連軍が日ソ中立条約を破り、東部、北部、西部の三方から一斉に攻め込んできたのだ(4)。

総司令部はパニック状態に陥った。急ぎ登庁した参謀らは各方面から届く報告に色を失い、さらなる情報を求めて慌ただしく庁内を走り回った。

東京の政府と大本営にも衝撃が走った。

当時、米英中三カ国から「全日本軍の無条件降伏」を求めるポツダム宣言を突きつけられていた政府は、ソ連を仲介しての和平交渉に一縷《いちる》の望みをつないでいた。そのソ連から、卑劣な急襲を受けたのだ。

午前四時、外務省ラジオ室はソ連の宣戦布告を伝えるモスクワ放送を受信。参謀本部も同情報を入手する。しかし何ら有効策は打ち出せず、夜が明けても関東軍に命令一つ下せないでいた[5]。

混乱の極みの中で、満洲の、そして日本の破滅が刻一刻と近づいていく。

この時、昭和天皇が、敢然として動いた。

宮内庁が平成二年以降、二十四年の歳月をかけて編纂した『昭和天皇実録』に、こう記されている。

八月九日《午前九時三十七分、（昭和天皇は）御文庫において陸軍参謀総長梅津美治《よしじ》郎《ろう》に謁《えつ》を賜《たま》い、戦況の奏上《そうじょう》を受けられる。午前九時五十五分、御文庫に内大臣木戸幸一をお召しになる。内大臣に対し、ソ聯邦《れんぽう》と交戦状態突入につき、速やかに戦局の収拾を研究・決定する必要があると思うため、首相と十分に懇談するよう仰せになる[6]》

戦況の奏上を受けてから、戦局収拾の指示までわずか十八分。終戦を決意した昭和天皇に、迷いはなかったようだ。

昭和天皇の指示を受けた木戸は、すぐさま首相の鈴木貫太郎に面会、「聖旨を伝へ、此《こ》の際速やかにポツダム宣言を利用して戦争を終結に導くの必要を力説」したと、『木戸幸一日記』に書かれている。「ポツダム宣言の利用（すなわち受諾）」を口にしたのは、昭和天皇の意向と考えていいだろう。

鈴木は木戸に言った。

「聖旨は承《うけたまわ》りました。本日午前十時半から、最高戦争指導会議を開催します。そこで、ポツダム宣言に対する態度を決しましょう」[7]

「大日本帝国」最後の、そして最も長い一週間が始まった。

最高戦争指導会議

八月九日未明に満洲を急襲したソ連軍の侵攻兵力は兵員百五十七万人、火砲二万六千百門、戦車・自走砲五千五百両、航空機三千四百機に上る[8]。

ソ連の狙いは、日本が戦争をやめないうちに占領地を拡大し、既得権益化することだ。満洲だけでなく樺太、千島、あわよくば北海道をも奪取しようという魂胆だった。

対する関東軍は兵員七十万人ながら三割強は補充兵で、火砲一千門、戦車二百両、航空機二百機にすぎない[9]。かつて無敵といわれた戦力も、昭和十八年以降は南方戦線の悪化で精鋭部隊が次々に引き抜かれ、〝張り子の虎〟と化していた。戦争が長引けば長引くほど、極東の地図は赤く塗られていくだろう。

昭和天皇が終戦の決意を固めたことを受け、最高戦争指導会議(10)が始まったのは九日午前十時半過ぎである。出席者は鈴木貫太郎首相、東郷茂徳《そえむ》外相、阿南惟幾《あなみこれちか》陸相、米内《よない》光政海相、梅津美治郎参謀総長、豊田副武海軍軍令部総長の六人。冒頭、鈴木がこう切り出した。

「情勢上ポツダム宣言を受諾せざるを得ないと思うが、皆の意見を聞きたい(11)」

外務省が昭和二十七年に編纂した『終戦史録』によれば、鈴木の発言により「座は急に白けてしまい暫時沈黙が続いた」という。

受諾は「全日本軍の無条件降伏」を意味する。それをあっさりと鈴木が口にしたことに、阿南ら軍部首脳は憮然《ぶぜん》とした。

沈黙を破ったのは、米内である。

「皆黙っておってもしょうがない。問題は、ポツダム宣言の無条件受諾か、条件を付けるかだ(12)」

以後の議論の様子が、『終戦史録』に収録された「東郷外相口述」に記されている。

東郷「速やかにポツダム宣言を受諾するのを適当と認める。ただ、皇室の安泰についてのみ、是非留保する必要がある」

阿南、梅津、豊田「当然だ。ほかにも日本本土は占領しないか、少なくとも東京は除外し、占領地域を少なくする必要がある。また、武装解除は日本の手によって行いたい。戦争犯罪の問題も日本側で処分することにしたい」

東郷「そういう条件を持ち出すのなら交渉決裂の覚悟が必要だ。決裂の後、勝つ見込みがあるのか」
阿南、梅津、豊田「究極的に勝つという確算は立ち得ない。しかしまだ一戦は交えられる」
東郷「本土に上陸させないだけの成算があるか」
梅津「戦争だから、うまく行くとばかり考えるわけにはいかない」
東郷「(上陸戦で打撃を受ければ)日本の地位は、全く弱いものになってしまう。早期に戦争を終結する以外に方策はなく、絶対に必要なもののみを条件として提出すべきだ」(13)

ポツダム宣言受諾にあたり、外相の東郷は、国体護持のみを条件とすべきと主張した。(14)首相の鈴木と海相の米内も、発言こそ少なかったが、東郷の意見を支持していたとされる。

一方、陸相の阿南と陸海両総長の梅津、豊田は、(一)武装解除の方法(二)戦争犯罪の自主処分(三)被占領地域の範囲——についても条件をつけるべきだと訴えた。

敗色濃厚とはいえ、日本軍はいまだ国内に三百七十万人、国外に三百六十万人以上の大兵力を有している。本土決戦で敵に打撃を与えることは可能だし、そうすればより有利な条件を引き出せると考えたのだ。

豊田の手記によれば、会議では、その三日前に広島を破壊した原爆についても意見が交わされた。しかし軍部側は、「原子爆弾の惨禍が非常に大きいことは事実であるが、果たして米国が続いてどんどん之を用い得るかどうか疑問ではないか、(中略)慌ててポツダム宣言に飛びつくというのは考え物ではないか」と、強気の姿勢を崩さなかった。(15)

長崎に人類史上二発目の原爆が落とされたのは、そんな議論の最中である。時に八月九日午前十一時二分。長崎市街は一瞬にして火の海と化し、市民約二十四万人のうち七万三千八百八十四人が死亡、七万四千九百九人が負傷した。(16)

だが、原爆投下の一報が伝えられても、軍部の姿勢は変わらなかった。会議は結局、ポツダム宣言の受諾には国体護持のほか三条件をつけるという、軍部側の主張で押し切られた。

この方針に驚愕《きようがく》したのは、外務省である。次官の松本俊一は会議が終わるのも待ちきれず、休憩で室外に出てきた東郷をつかまえて様子を聞くと、真っ青になって言った。

「大臣、あなたはそれをきかれたのですか」

東郷が、弱々しく首を振る。松本はくってかかった。

「そんな条件を付けたら絶対に話はこわれて仕舞います。何とか食い止めて下さい」(17)

武装解除などの条件を連合国がはねつけるのは目に見えている。戦争被害が一分一秒の単位で急拡大する中、最少条件によるポツダム宣言の即時受諾しか選択肢のないことは、東郷にも痛いほど分かっていた。

ただ、最高戦争指導会議の方針は、閣議を経なければ正式決定とはならない。東郷は、直後に開かれる臨時閣議で巻き返しをはかることに、すべてをかけた。

臨時閣議

「天皇の終戦御希望の熱意は、(政軍首脳部の)つとに知るところであった。しかし、一方、内地には尚戦わざる数百万の軍隊が存し、外地には、二百余万の軍が在《あ》った。その軍の中枢部は本土決戦を主張する意見が優勢を占めていた。一歩誤らば、叛軍《はんぐん》となって、内は、内乱を起し、外はゲリラ戦に出ずるおそれがあり、情勢は複雑微妙であった」(18)

外務省編纂の『終戦史録』に、こう記されている。ポツダム宣言受諾をめぐる抗戦派と終戦派の駆け引きは、重大局面を迎えたといえよう。

八月九日午前十時半過ぎから午後一時過ぎまで行われた最高戦争指導会議で、外相の東郷茂徳は自説を通せず、陸海両総長らに押し切られた形になってしまったが、その後の閣議でひっくり返す成算はあった。閣議には、陸海両総長が出席しないからだ。陸相の阿南惟幾が唯一、強硬に反対するだろうが、大半の閣僚の支持を得られると、東郷は思っていた。

しかも、閣議決定は全会一致が原則だ。外相と陸相が対立したまま決定を下せず、最後は昭和天皇の決心、「聖断」によって決しようというのが、東郷の腹だった。(19)

午後二時半、首相官邸で始まった臨時閣議は、一時間の休憩をはさんで前後七時間に及んだ。このとき、最高戦争指導会議の方針を白紙に戻そうと果敢に論争を挑んだのは、海相の米内光政である。

終戦派の米内は、最高戦争指導会議ではほとんど発言しなかった。その結果、抗戦派に押し切られたことに責任を感じていたのではないか。温厚な性格で口数が少なく、凡庸然としていたため「昼行灯《あんどん》」とも陰口された米内だが、この時の発言には鬼気迫るものがあった。

内閣情報局総裁だった下村宏が、閣議の緊迫したやりとりを戦後に書き残している。

阿南「原子爆弾、ソ連の参戦、これに対しソロバンずくでは勝利のメドがない。しかし大和民族の名誉のため戦い続けている中には何らかのチャンスがある。死中に活を求むる戦法に出れば完敗を喫することなくむしろ戦局を好転させうる公算もある」

米内「現在の国内情勢では戦争を継続できるか疑う。海相としては英米に対して勝味はない。降伏して日本を救い得るか。それとも一か八かとにかく戦いつづけるのがよいか、極めて冷静に合理的に判断すべきである。面目、面子《メンツ》などにこだわっていられない」

阿南「（連合国に）保障占領[20]された後では口も手も出しようがない。先方のなすままとなる。統帥府の空気は私より強い。戦局は五分五分である。互角である。敗《ま》けとはみていない」

米内「戦争は互角というが、科学戦として武力戦として明らかに敗けている。局所局所の武勇伝は別であるが、ブーゲンビル戦以来、サイパン、ルソン、レイテ、硫黄島、沖縄みな然り、みな負けている」

阿南「会戦では負けているが戦争では負けていない、陸海軍間の感覚が違う」

米内「敗北とはいわぬが、日本は負けている」
阿南「負けているとは思わぬ」
米内「勝つ見込みがあれば問題はない」
阿南「ソロバンでは判断できぬ。とにかく国体の護持が危険である。条件つきにて国体が護持できるのである。手足をもがれてどうして護持できるか」(21)

戦局をめぐり、激しく火花を散らす陸相と海相――。下村の回顧録によれば、ほかの閣僚からは次のような発言があった。

豊田貞次郎軍需相「六月中旬より空襲激化し、七月青函船撃沈され、爾来《じらい》汽車も日本海側も瀬戸内海も輸送力低下し、青函船一カ月一六万トンの石炭は一〇万トンを欠き、青森の貯炭一〇万トンを以《もっ》て一時しのぎをしている。軍需工場では安全感を失い政府にも軍にも信を置かない」
石黒忠篤農商相「食糧は非常に困難となり、飢餓の状態はやむを得ない。ことに動員兵の民家に食をあさるに至りしは、誠に寒心すべきものあり、今後の事態は大いに懸念に堪えない」
小日山直登運輸相「鮮満（朝鮮と満洲）はもとより今後北海道との交通すら極めて困難であり、関門トンネル必ずしも保証ができない。海上の封鎖は一層強くなり、九州の輸送関係も断たれるおそれあり」(22)……

日本は、戦える状況ではなかったのだ。

閣議の終盤、鈴木貫太郎首相は、ポツダム宣言受諾にあたり国体護持のみを条件とする外相案への賛否を求めた。

だが、大半の閣僚が賛成したものの、保障占領の拒否など四条件を求める陸相案を支持する声もあり、意見の一致をみなかった。

もはや聖断しかない――。

閣議の散会後、鈴木は皇居へ急いだ。時計の針は、午後十時を回っていた。

第一回御前会議

八月九日午後十時五十五分《(昭和天皇は)内閣総理大臣鈴木貫太郎・外務大臣東郷茂徳に謁を賜う。外相より、現在までのポツダム宣言の受諾条件をめぐる議事の経緯につき説明を御聴取になる。また首相より、最高戦争指導会議への親臨(天皇臨席)につき奏請を受けられる。両名退下後の十一時二十分、最高戦争指導会議への親臨に関する内閣上奏書類を御裁可になる[23]》

戦争の即時終結に向け、天皇臨席の最高戦争指導会議、すなわち御前会議の開催を求める首相と外相――。右の『昭和天皇実録』には記されていないが、このとき昭和天皇は、聖断を下す決心でいたようだ。

重光葵《まもる》元外相の手記「鐘漏閣記《しようろうかくき》」に、昭和天皇の決心の一端がうかがえる。鈴木らが拝謁する前の九日午後四時、重光は木戸幸一内大臣に面会を求め、ポツダム宣言に国体護持以外の受諾条件をつけないよう、「此際《このさい》は天皇御勅裁（聖断）の必要なこと」を申し入れた。

これに対し木戸は、「君らは何でもかんでも、勅裁、勅裁といって、陛下に御迷惑をかけようとする。いったい政府や外務省は何をしているのか」と非常に不機嫌であったという。

しかし、重光の説得を受けて昭和天皇に拝謁した木戸は、再び重光に会い、こう言った。

「陛下は万事よく御了解で非常な御決心でおられる。君らは心配はない。それで今夜ただちに御前会議を開いて、御前で意見を吐き、勅裁を仰いで決定するように内閣側で手続きをとるようにしようではないか」(24)

昭和天皇の「非常な御決心」は、木戸と重光によって終戦派の首相、外相、重臣らに内々に伝えられ、ひそかに御前会議の準備が進められた。

誰もが聖断にすがりたい一心だったのだ。

重光は木戸に言った。

「自分らが内閣や外務省に働きかけても限界がある。軍部の意向を覆すことが出来ぬからだ。これを覆すのは勅裁に頼るほか道はない。もはや最後の土壇場にきている。政府内閣の出来ないところを陛下に御願いして日本の運命を切りひらいていただきたいのだ」[25]

こうして、終戦派が期待する天皇臨席の最高戦争指導会議が、皇居の御文庫附属室で開催される運びとなった。のちに第一回御前会議と呼ばれる、日本の運命を決めた会議である。ただし安心はできない。終戦派にとってネックは、御前会議の構成員だった。ポツダム宣言の即時受諾を求める外相案に、大半の閣僚は賛同しているが、彼らは御前会議に出られず、かわりに、外相案に反対する陸海両総長が出席するからだ。

御前会議の構成員は鈴木貫太郎首相、東郷茂徳外相、阿南惟幾陸相、米内光政海相、梅津美治郎参謀総長、豊田副武軍令部総長の六人。このうち鈴木、東郷、米内が終戦派。阿南、梅津、豊田が抗戦派で、賛否が拮抗《きっこう》している。しかも議長役の鈴木は自分の意見を言いにくい立場だ。

このため鈴木は、勅許を得て枢密院議長の平沼騏一郎を出席者に加えた。平沼が外相案を支持するだろうと、見込んでいたのだろう。

だが、平沼は「観念右翼の巨頭」と評されており、土壇場で不支持に転じないともかぎらない。

「多数決なら今日勝てる見込みがあるか？　平沼男（爵）は危ないぞ」

海軍首脳でありながら終戦派の米内が、内閣書記官長の迫水久常に不安を漏らした。[26]もしも御前会議で平沼が外相案に反対すれば、反対票が賛成票を上回り、昭和天皇が聖断を下しにくくなる。

九日深夜、皇居の御文庫附属室に集まった政軍首脳は、身を固くして昭和天皇を待った。日付が変わった十日午前零時三分、昭和天皇が侍従武官長の先導で入室、御前会議が始まった。

総合計画局長官として陪席した池田純久によれば、最初に鈴木が臨時閣議の経緯を説明し、東郷が改めて受諾条件について訴えた。

「情勢から見て、多くの条件を出すことは全部を拒絶せらるる危険があります。ただ一つのものを提案するのがよいと思います。それは皇室の護持安泰であります」

米内が言った。

「外務大臣の意見に同意します」

阿南は反論した。

「外務大臣の意見には全然反対であります。あくまで戦争遂行に邁進《まいしん》すべきものと考えます。ただし和平を行うとせば、この四条件（国体護持のほか自主的武装解除、戦争責任者の自国処罰、保障占領の拒否）は絶対的なものであります」

梅津も追随した。

「陸軍大臣と全然同様であります。本土決戦には準備すでに整い確信があります。ソ連の参戦は状況を不利に致しましたが、これがため、最後の一撃を米英に与うるの機会を放棄するには当たらないと思います」

ここまでは、半ば予想通りの展開といえよう。問題は平沼がどちらにつくかだ。その平沼が、口を開いた。

「外務大臣にうかがいたい。戦争犯罪人とはいかなる人をさすのか、またこれは連合国に引き渡すのか、その処罰は自国において行うものかどうか」

東郷「ドイツの例によれば、戦争犯罪人は先方に引き渡しております。裁判については文面上何ら規定はありません」

平沼「日本軍隊の武装解除を、日本側にて自主的に行うという当方の要求に対しては、先方は同意すまいという見解であるか」

東郷「そう思います」

平沼「陸海軍当局にお尋ねします。将来戦争を継続することにつき確信がありますか。ことに原子爆弾は恐るべき威力を現わしておりますが、これに対する防御は可能であるかどうか」

梅津「原子爆弾については、その惨害を絶対に防止することは困難でありますが、制空対策を十分に行えば、ある程度は阻止しうると思います。今後空襲の激化はやむをえないと思います。しかし空襲の惨害や苦難に堪える覚悟さえあれば、これだけで戦争終結にはならぬと思われます」

平沼「海軍として、敵の機動部隊につき対策はありますか」

豊田「今日まで航空兵力は本土決戦のために集中配置してありまして、敵の機動部隊に対しては小兵力をもって奇襲する程度に致しております。しかし今後は反撃するつもりであります」

枢密院議長の平沼は、自身の発言が形勢を左右すると自覚していたのだろう。昭和天皇の前で各出席者に質問した後、姿勢を正し、こう述べた。

「本日突然のお召しにて何ら腹案もなく出席致しました。しかし状況はきわめて窮迫しておりますがゆえに、私の意見を申し述べます」

平沼は語気を強めた。

「外務大臣の趣旨に同意であります」

これで、外相案への支持表明が平沼、東郷、米内の三人、不支持表明が梅津、豊田、阿南の三人。いよいよ聖断を下す環境が整った。首相の鈴木は、あえて自分の意見を明らかにはせず、最後にこう言った。

「皆じゅうぶん意見を吐露したものと認めます。しかし意見の一致を見るに至らなかったことは遺憾であります」

そして静かに席を立つと、昭和天皇の前に進んで深く頭を下げた。

「外務大臣案によるべきか、または四条件を付する案によるべきか、謹みて御聖断を仰ぎます」[27]

最初の聖断

『昭和天皇実録』は記す。

八月十日午前二時過ぎ《（昭和天皇は）議長の首相より聖断を仰ぎたき旨の奏請を受けられる。天皇は、外務大臣案を採用され、その理由として、従来勝利獲得の自信ありと聞くも、計画と実行が一致しないこと、防備並びに兵器の不足の現状に鑑《かんが》みれば、機械力を誇る米英軍に対する勝利の見込みはないことを挙げられる。ついで、股肱《ここう》の軍人から武器を取り上げ、臣下を戦争責任者として引き渡すことは忍びなきも、大局上三国干渉時の明治天皇の御決断の例に倣い[28]、人民を破局より救い、世界人類の幸福のために外務大臣案にてポツダム宣言を受諾することを決心した旨を仰せになる[29]》

聖断は下った。御前会議の出席者は静かに起立し、退席する昭和天皇を見送った。

この時の様子を、内閣書記官長として陪席した迫水久常が、こう述懐する。

「何という畏《おそ》れ多いことであろう。御言葉の要旨は我が国力の現状、列国の情勢を顧みるときは、これ以上戦争を継続することは日本国を滅亡せしむるのみならず、世界人類を一層不幸に陥れるものなるがゆえに、この際堪え難きを堪え、忍び難きを忍んで、戦争を終結せんとするものであるという主旨であった。（中略）この御聖断によって会議は結論に到達した。真《まこと》に未曾有《みぞう》の事である。一同陛下の入御を御見送り申し上げ、粛然として満感を胸に退出した」[30]

一方、外相案に反対であった軍令部総長の豊田副武は、こう書き残している。

「（昭和天皇から）最後まで本土決戦とか戦争継続とかいうけれども、戦備は一体出来上がっているのかという御詰問があって、陸軍の九十九里浜の新配備兵団の装備が、六月頃には完成するという話だったが一つも出来ていないじゃないかという強い御叱《しか》りもあった。御聖断に対しては何人も奉答する者なく御前会議は十日午前二時半終了して諸事唯《ただ》聖旨を奉じて取り運ぶこととなった」[31]

御前会議後の十日午前三時、臨時閣議開催。聖断に従い、国体護持のみを条件にポツダム宣言の受諾を正式決定する。外務省はただちに電文作成に取りかかり、六時間後の午前九時、中立国のスイスを通じてアメリカと中国に、またスウェーデンを通じてイギリスとソ連に、緊急電報が発せられた。

「帝国政府は天皇陛下の平和に対する御祈念に基き即時戦争の惨禍を除き平和を招来せんことを欲し左の通り決定せり。帝国政府は対本邦共同宣言（ポツダム宣言）に挙げられたる条件中には天皇の国家統治の大権を変更するの要求を包含し居らざることの了解の下に右宣言を受諾す……[32]」

一方、そのころ満洲では、当初の混乱から抜け出した関東軍が、ソ連の大軍を相手に壮絶な防衛戦を繰り広げていた。

要塞を死守せよ

中国黒竜江省虎林市の郊外、中露国境のウスリー河を望む丘陵の地下に、約七十五年前につくられた巨大なコンクリート建造群が今も残る。

虎頭要塞――。

第二次世界大戦の直前、まだ物資が豊富な時代に四年余の歳月をかけて完成した、関東軍の地下要塞だ。猛虎山、虎東山、虎北山、虎西山、虎嘯《こしょう》山、平頂山の六つの陣地で構成され、主陣地猛虎山の地下数十メートルには鉄筋コンクリートのトンネル網が縦横に延びる。

大戦初期、要塞には東洋最大の四一センチ榴《りゅう》弾砲一門、射程五〇キロの二四センチ列車砲一両、三〇センチ榴弾砲二門、二四センチ榴弾砲二門、一五センチ加農《カノン》砲六門が設置され、第四国境守備隊八千人がソ連軍の侵攻に備えていた。

だが、戦局の悪化にともない守備兵力の大部分が他の戦線に転用され、終戦直前の昭和二

十年七月に再編制された第一五国境守備隊の兵力はわずか千四百人にすぎなかった。(33)

昭和二十年八月九日午前零時、この虎頭要塞に向けて、戦力十倍以上のソ連軍部隊が突如砲撃を開始した。その瞬間を、主陣地から離れた地点で警戒任務についていた七虎林監視隊の後藤守少尉が、こう書き残している。

「突然南の方向で異様な光景が起こった。それは虎頭正面の『ソ』軍陣地から一斉に猛烈な砲撃が始まり遠く闇の彼方《かなた》に幾条かの光芒《こうぼう》が我が要塞に集中している。生まれて初めて見る壮大な光の束が一方向にウスリー河を越えているのだった」(34)

戦力寡少の要塞は、完全に不意を突かれた。しかも守備隊長の西脇武大佐は作戦主任参謀らを連れて牡丹江の第五軍司令部に出張中だった。(35)

かわって指揮をとった砲兵隊長の大木正大尉が第五軍司令部に開戦を急報。これが関東軍総司令部に伝わり、ソ連侵攻の第一報となった。

ソ連軍の集中砲火は明け方の午前五時まで続き、猛虎山一体の山肌を深く削り取った。

だが、関東軍は、なす術もなく蹂躙《じゅうりん》されたわけではない。

当初の混乱から立ち直り、第一五国境守備隊が反撃を開始したのは九日午前十一時からだ。(36)虎頭要塞の一五センチ加農砲、三〇センチ榴弾砲が一斉に火を噴き、ウスリー河を越えてソ連軍陣地で炸裂《さくれつ》する。四一センチ榴弾砲は二〇キロ離れた鉄道関連施設を粉砕。敵の生命線ともいえるシベリア鉄道を一時不通にした。

思わぬ反撃に、今度はソ連軍が大混乱に陥った。

圧倒的な兵力を有するソ連軍に対し、守備隊が最大の武器としたのは、命に代えても要塞を守り抜くという、将兵一人一人の気迫である。

守備隊は夜になると、斬り込み攻撃を敢行した。要塞の各陣地から小部隊が飛び出し、近くまで浸透していたソ連軍の狙撃部隊を襲撃、爆弾を抱えた兵士が戦車に体当たりして擱座《かくざ》させた。

苦戦を強いられたソ連軍は爆撃機を投入。上空と地上から猛烈な砲爆撃を加え、十一日午後六時、総攻撃を仕掛けてきた。これに対し守備隊は決死の斬り込み攻撃で応じ、戦力がはるかに上回るソ連軍を撃退した。

十三日、要塞を見下ろす高所にソ連軍が次々に進出し、奪還をはかる守備隊との間で激しい白兵戦が展開された。激戦となった陣地の一つ、臨江台をめぐる戦闘の様子を、守備隊将校の一人が戦闘記録に書く。

「敵が小臨江台の一番高い所を狙って攻撃し、これを占領して赤旗を掲げると、(守備隊の)小隊は下の方から攻め上りこれを奪回する。幾度となくこのような攻防戦が繰り返された。(中略)十三日夕刻、例によって薄井見習士官は抜刀指揮して逆襲を敢行し、陣地頂上に駆け上ったところを、敵の手榴弾が命中しついに倒れた。彼は文字どおり七生報国の念願を果たし、弱冠二十二才にして臨江台の土と化した[37]」

圧倒的な火力をもって次々に攻め寄せるソ連軍に対し、何度も、何度も立ち上がる守備隊将兵――。腹部に銃弾を受け、要塞の仮包帯所に運び込まれた砲兵隊中尉は天に叫んだ。

「おれは死なないぞ、もう一度やる」[38]

守備隊の死闘は、ソ連軍に完全包囲された十五日以降も続く。第五軍司令部との通信は途絶し、終戦の玉音放送は伝わらなかった。

戦っているのは、将兵だけではない。

ソ連軍の侵攻以降、猛虎山陣地には約三百人、平頂山陣地には約百五十人の在留邦人が避難しており、婦女子を含め率先して負傷兵の看護、弾薬の搬送、炊事などに従事した。

速射砲中隊所属の兵士の戦記によれば、要塞外の作業で「敵が襲撃して来たらどうするか」と話し合っていた兵士らを、看護婦のひとりが「そのときは突っ込めばよい」と叱咤《しった》激励したという。

ソ連軍は十八日、ロケット弾を連続発射するカチューシャ砲などを使って猛攻を仕掛けてきた。

対する守備隊は、残っていた一五センチ加農砲に火薬だけを詰めて発射する「薬筒射撃」で狙撃部隊の波状攻撃を撃退。要塞の周囲は「敵の死体でうずもれるほどであった」と、監視隊員が書き残している。

だが、ソ連軍が無尽蔵ともいえる兵力を投入してくるのに対し、孤立無援の守備隊は補給の手段がなく、戦力は日増しに激減した。

監視隊員が書く。

「明けて十九日はソ軍の先制攻撃に見舞われた。昨日大活躍した十五加（一五センチ加農砲）に対し報復が行われた。イマン飛行場を飛び立った小型機が、上空に飛来し次々と爆弾を落としていく。そのうちに大型戦車が前後からやってき、（中略）十五加の砲門孔などに徹底的破壊攻撃を行ったうえ、狙撃兵が入口付近に殺到して友軍との間に手榴弾戦が展開される。薬筒射撃を続行したが、もう昨日ほど敵は慌てなくなった」

「夜に入り、狙撃部隊を伴なった敵の戦車がわが十五加陣地と東猛虎逆襲口及び中猛虎に向けて一斉攻撃を加えてきた。これに呼応し友軍は最後の反撃を敢行した。突如東、中猛虎陣地方面から数回にわたり大爆発音が起った。これで最後の戦斗も終りを告げたのだった[39]」

猛虎山の主陣地が陥落したのは、十九日の夜である。戦力をほぼ喪失した守備隊本部は地下要塞に爆薬を仕掛け、約三百人の避難邦人もろとも自爆した。

主陣地西方の虎嘯山陣地を守備する歩兵第二中隊は二十六日まで戦い続け、生き残りの約三十人がソ連軍部隊に向けて最後の突撃を敢行、玉砕した。

翌二十七日、それまで途切れることのなかった砲声がピタリとやみ、要塞周辺は深い静寂に包まれた。

第一五国境守備隊約千四百人のうち生存者は約六十人。このほか平頂山陣地の避難邦人約百五十人が脱出したが、二十九日以降に遭遇したソ連軍の無差別攻撃を受け、大多数が死亡したと伝えられる(40)。

関東軍最後の戦い

関東軍の奮戦は、虎頭要塞だけにとどまらない。

八月九日午前零時を期して満洲の東部、西部、北部の三方から一斉に攻め込んできた百五十万超のソ連軍により、国境付近を守備する中隊以下の小部隊や監視哨《しょう》の多くは同日中に撃破され、消息を絶った。

だが一方、大隊以上の部隊は損害を受けつつも応戦し、中でも東部守備の第五軍は、比較にならぬほどの戦力をもつソ連軍の進撃を牡丹江東側の陣地で十五日夕まで食い止め、同地の在留邦人六万人が避難する時間をかせいでいる(41)。

のちに「関東軍最後の戦い」と呼ばれる奮戦を支えたのは、名もない日本兵の、決死の行動だった。

各部隊にとって最大の驚異はソ連軍のT―34戦車だ。これに立ち向かう日本兵の戦闘が、第五軍第一二六師団の作戦記録に記されている。

東部国境を越えたソ連軍の主力が牡丹江に進撃するのを阻止するため、予想進路に各部隊を展開した第一二六師団は、十二日午後にT—34戦車と遭遇、翌十三日から本格戦闘に入った。

ソ連軍は十四日、T—34戦車三十両と火砲五、六十門の集中砲火で日本軍陣地を次々に突破。師団各部隊は夜襲などで戦車十数両を破壊するなど応戦するが、十五日も八時間連続の砲撃を受けて師団の砲兵部隊がほぼ壊滅し、正面を守る歩兵部隊も戦車に蹂躙された。

「かくて敵戦車十五両は師団戦闘司令所直前に現出す」と、作戦記録は書く。万事休すだ。

この時、輸送などを主任務とする輜重《しちょう》兵が戦車に突撃した。

「我輜重隊の肉攻班長以下五名は十五キロ爆弾を抱き、各人先頭に前進せし五両の戦車を攻撃す。突入と同時見事爆発し同時五両の戦車を完全に破壊せり。この情況を目撃せし後続戦車は急遽《きゅうきょ》退却し、追随せし敵歩兵もまた潰走《かいそう》せり(42)」

こうした日本軍の〝肉弾攻撃〟は各地で展開され、ソ連軍を驚愕させた。第一二六師団の捕虜となったソ連軍将校は、こう語っている。

「日本軍特攻隊が我が戦車の接近するや、むっくり起き上がり爆弾と共に戦車に突入し自爆する状態は、ソ連人の到底実行しえざることなり(43)」

だが、第一線部隊が壮絶な戦闘を続ける中、関東軍総司令部は非情な決断を下す。

九日未明のソ連軍侵攻を、関東軍総司令官の山田乙三は出張先の大連で知った。急ぎ用意された偵察機に搭乗し、首都新京の総司令部に着いたのは九日午後一時ごろ。ソ連軍侵攻の一報から半日が過ぎていた。

山田は、総参謀長の秦彦三郎から報告を受けると、直ちに宮内府に赴《おもむ》き皇帝溥儀《ふぎ》に拝謁した。

「陛下、総司令部は近日中に、朝鮮との国境近くの通化（現吉林省通化市）に転進いたします。陛下と陛下の政府も、安全のため、通化に近い臨江に遷都されますよう、お願い申し上げます」(44)

満洲の面積は約一二〇万平方キロメートル、現在の日本の国土の三倍に及ぶ。実質八個師団程度にまで戦力が低下していた関東軍ではとても支えられない。早々に朝鮮国境付近に撤退し、通化と臨江を中心とする領域で持久戦を展開しようというのは、事前に大本営とも打ち合わせていた既定方針だった。

愕然《がくぜん》としたのは、皇帝の溥儀とその側近たちである。無敵といわれた関東軍が張り子の虎と化していたことを、溥儀は知らされていなかった。

山田が辞去した後、満洲国政府内では、後方への遷都案に激しい反発が起こった。満系の張景恵国務総理（首相）と日系の武部六蔵総務長官は、国民とともに首都新京に留まるべきだと主張したが、ソ連軍が急速に新京に迫る中、溥儀に選択肢はなかった。(45)

十三日午後、溥儀と皇后を乗せた特別列車が、臨江近郊の大栗子駅《だいりつし》に到着した。近くに鉱業所の社宅などがあるだけの、寒村である。

その鉱業所長宅が溥儀の〝宮廷〟となった。溥儀は自伝に、大栗子の印象を「（風光明媚《めいび》だが）すべてが私の目には灰色だった」と書いている。(46)

もっとも、在留邦人の避難すら進まない中で、軍が撤退することを潔しとしない空気は関東軍内部にもあった。

満洲西部を守る第三方面軍司令官の後宮淳《うしろく》は、総司令部の意図に反してソ連軍の進撃路に方面軍の全力を集中させ、全滅覚悟で邦人避難の時間をかせぐ決断をいったんは下す。しかし、却って満洲の崩壊を早めると作戦参謀らに説得され、前方決戦案を断念せざるをえなかった。(47)

当時、満洲の在留邦人はおよそ百五十五万人。その命運が風前のともしびとなる中、ポツダム宣言受諾の聖断が下された東京の政府、大本営では、すべてを振り出しに戻しかねない深刻な事態が起きていた。

バーンズ回答

「国体護持」を唯一の条件として、外務省が八月十日に発信したポツダム宣言受諾の緊急電報に対し、連合国の反応が示されたのは二日後の十二日である。

「天皇及び日本国政府の国家統治の権限は、連合軍最高司令官に『subject to』する……」

外務省に、激震が走った。

「be subject to」の意味は「支配下にある」、もしくは「従属する」だ。これを直訳すれば抗戦派が激怒するに違いない。

しかも回答には、「最終的な日本の政治形態（The ultimate form of government of Japan）は日本国民の自由に表明する意思により決定される」とあった。(48)

主権在民の発想であり、天皇主権の大日本帝国憲法と相いれない。唯一の条件であった「国体護持」が、拒絶されたとも解釈できた。

この回答は十二日午前零時、米サンフランシスコのラジオ放送より、米国務長官ジェームス・バーンズの書簡（バーンズ回答）として発表された。それを傍受した外務省は、「subject to」を「従属する」ではなく「制限の下に置かれる」、「form of government」を「政治形態」ではなく「政府の形態」と意訳した。

政府であれば天皇は含まれない。陸軍など抗戦派の反発を恐れての、精一杯《せいいっぱい》〝穏やかな表現〟といえる。

だが、すでに陸軍も回答を入手し、抗戦派は「隷属する」と訳していた。(49)

なぜアメリカは、日本側が受け入れがたい回答をよこしたのか。

実は、日本からのポツダム宣言受諾電報について米大統領ハリー・トルーマンが側近らと協議した際、陸軍長官ヘンリー・スチムソンと軍事顧問ウィリアム・リーヒーは国体護持の条件を承認すべきだと主張した。これに対しバーンズが、日本側が持ち出した条件を受け入れる形はとりたくないとして、自らペンをとって回答文を起草したのである。(50)バーンズは、日本への原爆投下を強く主張した人物としても知られている。

果たして抗戦派は激昂《げきこう》した。

参謀総長と軍令部総長がそろって参内《さんだい》し、昭和天皇に受諾拒否を求めたのだ。以下、『昭和天皇実録』が書く。

八月十二日《午前八時四十分、（昭和天皇は）御文庫において参謀総長梅津美治郎・軍令部総長豊田副武に謁を賜い、当面の作戦につき奏上を受けられる。また両総長より、サンフランシスコ放送を通じて入手のバーンズ回答の如《ごと》き和平条件は断乎《だんこ》として峻拒《しゅんきょ》すべきであり、統帥部としては改めて政府との間に意見の一致を求め、聖断を仰ぎたき旨の奏上を受けられ

る[51]》

バーンズ回答では国体護持が危ういとして、新たな聖断、すなわち徹底抗戦を求める陸海軍両総長。これに対し昭和天皇は、「至極冷静に」対応したと、当時参謀次長だった河辺虎四郎が戦後に回想している。

「梅津総長が（皇居から）帰って来られたとき、上奏の際の模様をたずねたところ、天皇は至極冷静に総長の申し上げることをお聴きの後、公式の敵側の返信でもない放送、しかもその日本の訳語もよく練ったものかどうかも疑わしいのに、それをつかまえてやかましく議論立てすることなど、つつしむべきだと、両総長をむしろ戒められるお気持ちを拝したとのことであった[52]」

だが、それで大人しく引き下がる抗戦派ではなかった。

もともと陸軍内には、中堅将校を中心にポツダム宣言受諾の聖断に反発する空気が強い。聖断が下された後の十日、「断乎神州護持の聖戦を戦ひ抜かんのみ」とする陸軍大臣布告が、当の阿南惟幾陸相すら関知しないところで新聞社に持ち込まれ、政府高官らを慌てさせている[53]。

政府は同じ日、わずかに終戦をにおわすような内閣情報局総裁談話を発表したが、無許可の陸軍大臣布告がこれを事実上打ち消してしまった。「少しく政情に通じた人々は、ここにいたって、政府と陸軍との最後的対立を来したものと見て、頗《すこぶ》るこれを憂慮した」と、『終戦史録』に書かれている。

すでにこの頃から、抗戦派の一部は暴走する兆しを見せていたのだ。

そこに飛び込んできたのが、「subject to」のバーンズ回答だった。抗戦派の主張に、半ばお墨付きを与えたようなものである。国体護持の条件は拒絶された――、ポツダム宣言受諾を撤回すべし――と、中堅将校らの鼻息は荒ぶるばかりだ。

しかしこの時、抗戦派を抑えようと、昭和天皇が自ら動いた。

八月十二日《午前十一時五分、天皇は御文庫において外務大臣東郷茂徳に謁を賜い、バーンズ回答の趣旨、及びこれに対する措置振りにつき奏上を受けられる。外相に対し、先方の回答どおり応諾するよう取り計らい、なお、首相にもその趣旨を伝えるべき旨を仰せられる》(54)

昭和天皇の即時終戦の決意は、いささかも揺るがなかった。「subject to」を「隷属する」と翻訳した陸軍ではなく、あえて「制限の下に置かれる」と意訳した外務省の方針を良しとし、弱気になりつつあった東郷を激励したのだ。

昭和天皇は、日本に戦う余力のないことを知っていた。ここは、たとえ理不尽であっても連合国の回答を受け入れ、一刻も早く終戦して国民の被害を最小限に抑えるしかない。

続いて昭和天皇は在京の皇族を呼び集め、終戦の決意を伝えて協力を求めた。

《午後三時二十分、御文庫附属室に宣仁《のぶひと》親王・崇仁《たかひと》親王・恒憲《つねのり》王・邦壽《くになが》王・朝融《あさあきら》王・守正《もりまさ》

王・春仁《はるひと》王・鳩彦《やすひこ》王・稔彦《なるひこ》王・盛厚《もりひろ》王・恒徳《つねよし》王・李王垠《ぎん》・李鍵《けん》公をお召しになり、現下の情況、並びに去る十日の御前会議の最後に自らポツダム宣言受諾の決心を下したこと、及びその理由につき御説明になる》(55)

開戦以来、皇族が一堂に会するのは初めてであった(56)。それだけにこの日、久々に拝した昭和天皇の顔に深い苦悩と非常の決心が刻まれているのを、その場にいた全員が感じ取ったのではないか。

最長老の梨本宮《なしもとのみや》守正王が、皇族を代表して発言した。

「私共一同、一致協力して、陛下をおたすけ申し上げます(57)」

ここに皇族は、一枚岩となった。のちに皇族は終戦の聖旨を各方面軍に徹底させるため、満洲や南方などに飛んでいく。

一方、宮中が終戦に向けて結束する中、政府は、新たな混乱の谷に突き落とされていた。かなめの首相、鈴木貫太郎が揺らぎ始めたのだ。

動揺する首相

ポツダム宣言受諾をめぐり、終戦派と抗戦派を再び衝突させた連合国のバーンズ回答──。

外務省の解釈はこうだった。

バーンズ回答にある「天皇は連合軍最高司令官に『subject to』する」の「subject to」は「制限の下に置かれる」の意味であり、降伏すれば当然主権は制限されるのだから、一般的なことを明記しただけで国体の変更を要求したものではない。

また、「最終的な日本の政治形態（The ultimate form of government of Japan）は日本国民の自由に表明する意思により決定される」とあるのは、連合国が日本の好まない政体を押し付ける意図のないことをアメリカ流に表現したまでで、やはり国体の変更を要求したものではない——。(58)

この解釈を、当初は首相の鈴木貫太郎も受け入れた。

だが、思わぬ人物から横やりが入る。

枢密院議長の平沼騏一郎が、バーンズ回答では日本が唯一絶対の受諾条件とする「国体護持」が保証できないと、鈴木に向かって強硬に主張したのだ。

平沼は内大臣の木戸幸一にも面談し、このままでは受け入れがたいからアメリカに再照会するよう申し入れたが、昭和天皇と二人三脚で終戦工作を進める木戸は、平沼の主張を一顧だにしなかった。

木戸は平沼に、《外務当局の差し支えないとする解釈を信頼し、現状のまま進むべき旨を説く》と、『昭和天皇実録』に記されている。(59)

一方、鈴木の心は揺れた。

平沼は八月十日未明の第一回御前会議の際、ポツダム宣言受諾の聖断を導いた功労者でもある。その平沼の圧力を受け、鈴木は、すべてを振り出しに戻すような発言をしてしまう。

十二日午後三時、鈴木は閣僚懇談会を招集した。バーンズ回答への対応を協議するためである。

席上、回答を受け入れるべきと主張する外相の東郷茂徳に対し、陸相の阿南惟幾が反論した。

「このまま回答を受け入れれば日本が唯一絶対の条件とする国体護持が不安であるから再照会すべきである。あわせて自主的武装解除と占領地域の限定についても照会すべきである」

東郷は断固反対した。

「再照会すれば、連合国は日本の終戦決意を疑い、交渉の糸口が切れてしまう恐れが大である。その上、聖断により受諾条件としないことになった自主的武装解除などを今になって持ち出すのは、自ら交渉を打ち壊すことと同じだ[60]」

このとき、東郷にとって予想外だったのは、内相の安倍源基と法相の松阪広政が発言を求め、阿南の再照会論を支持したことだった。

聖断が下される前の臨時閣議で東郷と阿南が衝突した際、大半の閣僚は東郷を支持したが、バーンズ回答がもたらされた後の閣僚懇談会では、空気ががらりと変わっていたのだ。

東郷は閣僚懇談会を中座し、外務次官の松本俊一に電話をかけた。

「形勢はすこぶる悪い」(61)

東郷をさらに追い詰めたのは、同志と頼んでいた鈴木の変心である。

鈴木は議論を締めくくるように、こう言った。

「この回答文では、国体護持が確認されないし、また、武装解除も全く先方の思うままにされるのは軍人として忍びないから、再照会してみよう。もし、聞かれざれば、戦争を継続するもやむを得ない」

東郷は愕然とした。鈴木の発言は交渉決裂と同義である。

このまま議論を終わらせてはならない。東郷はとっさに言った。

「バーンズ回答は米サンフランシスコのラジオ放送を傍受したもので、正式な回答ではない。正式な回答がきてから改めて議論したい」(62)

この発言で、閣僚懇談会はいったん散会した。

だが、いまや終戦派と抗戦派の形勢は完全に逆転している。憔悴《しょうすい》して外務省に戻った東郷は、次官の松本に辞意を漏らした。

終戦派の巻き返し

『終戦史録』が書く。

「鈴木首相の再照会論に遭い、流石《さすが》に東郷外相も『もう駄目だ』となげかかった。このことを聞いた松平（内大臣秘書官長の松平康昌）は外務省に外相を訪ね、寸刻でいいからと面会方を求め外相を激励促言した。『日本には「カケコミ訴エ」ということがある。外務大臣として、「カケコミ訴エ」をやって御覧《ごらん》なさい。陛下は待っていらっしゃるかも知れぬから』……(63)」

首相の鈴木貫太郎の変心により、「もう駄目だ」と天を仰ぐ外相の東郷茂徳。だが、ここであきらめては国家が破滅する。

内大臣秘書官長の松平や外務次官の松本俊一ら終戦派グループに説得された東郷は、皇居へと車を急がせた。もはや最後の頼みは、昭和天皇しかいない。

これより前、閣僚懇談会の散会後に東郷は鈴木と面談し、「首相の意見には納得しがたい。自分は単独上奏するかも知れない」と非常の決意を伝えていた。それを今、実現しようというのだ。

ただ、内閣が再照会論で固まりつつある中で反対意見を単独上奏すれば、仮に昭和天皇の支持を得られたとしても、閣内不一致が露見し内閣崩壊の危機に直面する。

皇居についた東郷は、まずは内大臣の木戸幸一を訪ねて相談した。

木戸は、昭和天皇が即時終戦の決意であることを誰よりも知っている。鈴木の変心と東郷の決意に驚きつつも、「陛下の御意図は、最早《もはや》お伺いするまでもなくきまっておいでであるから、自分から鈴木首相を説得しよう」と言って単独上奏を思いとどまらせ、鈴木に面談を申し入れた。

このとき鈴木は、抗戦派に押されて再照会論を表明してしまったことに、内心は揺れていたようだ。木戸の面談要請を渡りに船と、自ら皇居を訪れた。十二日午後九時半のことである。

『終戦史録』によれば、「内府（木戸）は、このとき陛下の思召《おぼしめし》として、外相の意見通り進むを可とする旨を述べた模様《もよう》である。首相は、思召と聞いて早速賛意を表した」(64)。

その頃、中立国の在スイス公使から、ポツダム宣言受諾をめぐる連合国の正式回答が外務省に入電した。未明に傍受したバーンズ回答と同一の内容である。

しかし、外務省はこれを翌十三日早朝に届いたことにし、その間、形勢が好転するのを待った(65)。

果たして、木戸の説得で鈴木が再び即時終戦の意志を固めたほか、海外の新聞が連合国の回答について、実質的に日本の要求を認めたものと報じているとの情報も入ってきた。

中でも外務省が注目したのは、文字通り無条件降伏を求めるソ連が正式回答の文面に強く反対し、アメリカが説得したとする在スウェーデン公使からの公電だ。九日に参戦したばかりのソ連は、占領地域を拡大するため日本の早期降伏を望まなかったのである。

この経緯を閣僚らに伝えれば、形勢は終戦派に大きく傾くに違いない。

「憂鬱に閉ざされた昨日の空気は今朝になって急に明るくなって来た」と、外務次官の松本が戦後の手記に綴《つづ》っている。(66)

一方、陸軍中央部でもこの頃、皇室の存廃について欧米メディアがどう報じているかを丹念に調べ、終戦派への反論材料を集めていた。

抗戦派の筆頭、陸軍省軍務課内政班長の竹下正彦中佐が十三日付の「機密作戦日誌」に書く。

「ニューヨークタイムス及ヘラルドトリビューン両紙ノ、日本皇室ニ関スル論説放送アリ。皇室ハ廃止セラルベシトノ露骨ナルモノナリシヲ以テ、大イニ喜ビ急遽印刷ノ上、閣議席上ノ大臣ニ届ケタレドモ、迫水（久常内閣書記官長）、閣議中配布セザリシ由ナリ」(67)

終戦派と抗戦派が水面下で動く中、十三日午前九時から始まった最高戦争指導会議は、即時受諾を主張する外相を首相と海相が支持し、国体護持などについて再照会を求める陸相を参謀総長と軍令部総長が支持するという、三対三の意見の応酬で膠着《こうちゃく》状態となった。だが、即時受諾論に分があったといえよう。昭和天皇という、見えない一票があったからだ。

午後三時まで断続的に続いた会議の途中、昭和天皇が外相を宮中に呼んだ。

《午後二時二十分、（天皇は）御文庫において外務大臣東郷茂徳に謁を賜い、昨日午後の閣僚懇談会以来のバーンズ回答をめぐる審議の状況につき奏上を受けられる。天皇は外相の主張に支持を表明され、首相にもその旨を伝えるよう仰せられる》(68)

風が、再び終戦派に吹きはじめた。

午後四時、日本の最終的な対応を決める閣議が開かれた。議題は一つ、国体護持について連合国に再照会すべきかどうかだ。

総合計画局長官として出席した池田純久が、閣議の様子を戦後に書き残している。(69)

冒頭、首相の鈴木が閣僚一人ひとりの意見を改めて確かめた。

東郷外相「（連合国の回答は）全体として上々ではないが、わがほうの目的は達せられるので、受諾しても差し支えないと思う」

松阪広政司法相「日本の統治権はすでに決まっている。遺憾ながらこの回答文は承認しがたい」

桜井兵五郎国務相「希望を付けて総理に一任する。戦争継続はできない。無理にやればドイツ以上に悲惨なことになる」

広瀬豊作蔵相「外相の意見に同意する。ソ連参戦によって生産力は全く停頓する。今日屈して他日伸びるべきだ」

小日山直登運輸相「不満であり残念ではあるが、大御心《おおみごころ》や国内状況を観察すれば、受諾する以外に方法はない」

安倍源基内相「この回答文では国体の護持に保証はできない。一億玉砕、死中に活を求むる以外に方法はない。さらに交渉するか、戦うかは総理に一任する」

左近司政三国務相「これ以上の交戦は民族の破滅。国体の護持はできない。忍ぶべきである」

阿南惟幾陸相「回答文には不安がある。疑問点があれば堂々と再交渉すべきだ。どうして意気地なく屈するのか、その理由が分からない」

ひと通り意見が出そろったところで、鈴木が口を開いた。

「確かに国体護持に危険を感ずる。さりとて戦争継続もできぬ。陛下の大御心に反してはならない。よって、自分としては再び御聖断を仰ぐ決心である」

賛否の溝が埋まらない中、聖断に最終決定を求める鈴木の発言は、閣僚の耳に重く響いたようだ。

阿南は、こう言うのが精一杯だった。

「御聖断に反するわけではない。あらためて希望を述べるばかりである」

これで終戦への道筋はついた。

だが一方、陸軍内では、鈴木ら終戦派が最も恐れていたことが起きようとしていた。

クーデター計画が阿南のもとに持ち込まれたのだ。

クーデター計画

「吾等少壮組ハ、情勢ノ悪化ヲ痛感シ、地下防空壕《ごう》ニ参集、真剣ニクーデターヲ計画ス。(中略) 竹下ヨリ大綱ヲ示シ、手分ケシテ細部計画ヲ進メ、更《さら》ニ秘密ノ厳守ヲ要求ス」

「夜、竹下ハ稲葉、荒尾大佐ト共ニ、『クーデター』ニ関シ、大臣ニ説明セント企図シアリ所、二〇〇〇頃閣議ヨリ帰邸セル大臣ヨリ招致セラレ、椎崎、畑中ト同行官邸ヲ訪ヒ、(中略) 仮令《たとへ》逆臣トナリテモ、永遠ノ国体護持ノ為《ため》、断乎明日午前、之ヲ決行セムコトヲ具申スル所アリ[70]」

陸軍省軍務課内政班長、竹下正彦中佐が記した八月十三日付の「機密作戦日誌」だ。竹下は陸軍内の最強硬派で、阿南惟幾陸相の義弟でもある。

阿南の秘書官、林三郎大佐が戦後に書いた回想記によれば、竹下らのクーデター計画は以下のような内容だった。

一、日本の希望する条件を連合国側が容認するまで、交渉を継続するよう御裁下《(ママ)》を仰ぐを目的とする
二、使用兵力は近衛第一師団および東部軍管区の諸部隊を予定する
三、東京都を戒厳令下におき、要人を保護（実際には監禁）し、陛下を擁して聖慮《せいりよ》の変更を奏請する
四、陸軍大臣、参謀総長、東部軍管区司令官、近衛第一師団長の全員同意を前提とする(71)

十三日夜、大臣室で竹下ら中堅将校に囲まれ、この計画を突きつけられた阿南は何を思っただろう。

阿南は昭和四年から八年にかけて、侍従武官として昭和天皇に仕えた。敬愛の念は誰よりも厚い。

その自分が、昭和天皇の意思に反すると知りながら、クーデターの先頭に立つのか――。

秘書官として側にいた林は、この頃の阿南が「どうも西郷さんのようにかつがれそうだ」とつぶやくのを聞いている。(72)

林によれば阿南は、いったん竹下らを退室させた後、計画に参画した荒尾興功《おきかつ》軍事課長を呼び、クーデターに訴えても国民の協力を得られないと、否定的な意見をほのめかしたという。

一方、竹下らは阿南の心中をこう受け止めた。

「大臣ハ容易ニ同ズル色ナカリシモ、『西郷南州ノ心境ガヨク分カル』、『自分ノ命ハ君等ニ差シ上ゲル』等ノ言アリ」(73)

まさしく阿南は西郷隆盛のように苦悩し、葛藤し、逡巡《しゅんじゅん》していた。そして翌朝、決心が持てぬまま行動に出る。

八月十四日《午前七時、陸相は軍事課長とともに参謀総長に対し、本日午前十時より開催予定の御前会議の際、隣室まで押しかけ、侍従武官をして天皇を御居間に案内せしめ、他者を監禁せんとするクーデター計画の決行につき同意を求めるが、参謀総長は宮城内に兵を動かすことを非難し、全面的に反対する(74)》

義弟の竹下らにかつがれ、首相や外相らを監禁するクーデター計画に乗りかかった阿南だが、参謀総長の梅津美治郎に反対され、むしろほっとしたのではないか。

梅津も抗戦派だが、軍の規律を何より重視した。二・二六事件後に陸軍次官となり皇道派の粛正を断行したほか、ノモンハン事件後に関東軍司令官となって下剋上的な空気を一掃している。

この日、梅津は阿南に言った。

「今は御聖断に従うよりほかに道はない(75)」

情に流されやすい阿南が陸相としての統率力を失いつつある中で、軍規に厳しい梅津が参謀総長だったことが日本に幸いした。

梅津の反対により、竹下らのクーデター計画は頓挫する。聖断に逆らうのだ。全軍一致でなければ成功しないと、首謀者の竹下はみていた。

だが、血気にはやる中堅将校の一部はおさまらず、のちに暴走する。

彼らは、たとえ聖断が下されても、それが君側《くんそく》の奸《かん》によるものなら盲従してはならず、君側の奸を取り除いて正しい聖断に導くことこそ忠義であると信じていた。また、たとえ何百万の国民の命が奪われようと、戦わずして負けるより戦って負ける方が、後世に残るものが多いと信じていた。

海上護衛総司令部参謀だった大井篤（海軍大佐）によれば、クーデターに参画した将校の一人が戦後、大井に向かってこう言ったという。

「仮に民族が絶滅しても、国体護持に殉じた精神は世界史の頁を飾るであろう。日本国家の特質たる国体を失い、奴隷として残存することは民族として忍びないことだ」[76]

彼らの思想は、「狂信的」の一言で断罪できるものではないかもしれない。ただ、彼らは知らなかっただろう。地上戦に巻き込まれた民間人がみる地獄を――。

その地獄がこの日、この瞬間、満洲の広野で起きていた。

葛根廟事件

昭和二十年八月十四日、事件は、満洲西北部の興安総省葛根廟《かっこんびょう》(現中国内モンゴル自治区葛根廟鎮)で起きた。

省都の興安が八月十日にソ連軍機の無差別爆撃を受けたため、約四千人の在留邦人は三班に分かれて北方へ避難を開始した。このうち、約四〇キロ離れた葛根廟に向かって移動中の約千三百人が、十四日午前十一時四十分、草原の中でソ連軍の戦車部隊と遭遇した。

興安総省旗公署参事官の浅野良三に率いられた在留邦人の大多数は、婦女子と老人だった。約八十人の男たちの一部が警戒のため小銃を携行していたが、民間人が避難しているのは誰の目にも明らかだ。

しかしソ連軍は、この避難民に向けて、一斉に銃弾を浴びせた。(77)

生存者らの証言によると、殺戮《さつりく》は凄惨《せいさん》を極めた。

ソ連軍は最初、無抵抗の姿勢を示した浅野を機関銃で射殺。続いて戦車十四両が避難民の列に突っ込み、婦女子らを轢《ひ》き殺していった。

戦車は列を通り過ぎてから反転し、再び列に突っ込む。キャタピラに轢き回された死体が空中に飛んだ。

戦車の攻撃が終わると、歩兵部隊が逃げ惑う避難民をところどころに包囲し、自動小銃で掃射した。

殺戮は、一時間以上にわたって続いたという[78]。

当時、興安に居住し辛くも難を逃れた元日銀副総裁の藤原作弥が、生存者の手記や体験談を著書に掲載している[79]。

「やがて戦車の群れは止まり、中から何人ものソ連兵がおりてきて、倒れている人や逃げまどう人々を片はしから撃ち殺していきました。一人の兵隊は、私たち子供の馬車までやってきて、病気で寝ていたおじいさんを引きずり出し、自動小銃で頭を撃ち抜きました」

（在満国民学校で当時一年生だった男性）

「壕の先の方で女の人が三十人ぐらい集まり、子供たちを真中にして、泣きわめいていました。それを見つけた（ソ連軍の）女兵士は、何人かの男の兵隊を呼んできて、一緒にダダダダ……と続けざまに撃ちました。一人残らず倒れるまで撃ちました」

（当時二年生だった女性）

「戦車が、撃ち殺された母をまた轢いて、押しつぶしていきました。あの恐ろしい場面を私は昨日のように覚えています。あの気の遠くなるような広い広い草原を、妹とただ二人。淋《さび》しさと恐しさと飢餓の中で、はいずりまわったのでした。……（あとはもうお許しください。

書けません)」

（匿名の手記）

地獄は、ソ連軍が去っても終わらなかった。

旧厚生省引揚援護局の調査では、この事件の死者は推定約一千人。このうちソ連軍による殺戮は約六百人で、残りの約四百人は集団自決などの犠牲者数だとされる。

生存者の一人が、こう述懐する。

「ソ連兵の殺戮に続いて、生存者がこの世を儚《はかな》み自殺する者が続出しました。お互いに刃物を握り、一、二の三と叫んで刺し違えて倒れていく姿には鬼気迫るものがあり、残酷でこの世の出来事とはとても思えませんでした。（中略）親が子供の首に紐《ひも》をかけて殺しているのが目に映りましたが、子供の手は虚空を掴《つか》み、足をばたつかせて動かなくなっていきました」(80)

この間、在留邦人を守るはずの関東軍は何をしていたのか。

ソ連軍侵攻前、避難民が居住する満洲西北部の都市興安は、三個師団を有する第四四軍が守備していた。

だが、侵攻後の八月十日、関東軍総司令部は、興安の邦人を残して第四四軍を首都新京や奉天に後退させる命令を下す。同軍はこれを邦人に知らせぬまま、秘密裏に移動を開始した。(81)

事件当時、興安周辺は無防備状態だったのだ。

関東軍の方針は、在留邦人を犠牲にしてでも全軍を後退させ、長期持久戦に持ち込むというものだった。このため在留邦人の逃避行は悲惨を極め、葛根廟と類似の事件が各地で起きた。

防衛庁編纂の公刊戦史が、悔恨を込めて書く。

「最後の対ソ防衛戦における在満居留民の動態は、我が国の歴史上類例のない大悲劇であり、それはまた統帥との相関性についても大きな問題として残されている……」[82]

満洲で日に日に在留邦人の被害が拡大する中、東京では、最後の御前会議が始まろうとしていた。

涙の聖断

八月十三日の夕刻、空から落ちてきたのは、爆弾ではなく紙だった。

「日本の皆様　私共は本日皆様に爆弾を投下するために来たのではありません。お国の政府が申込んだ降伏条件をアメリカ、イギリス、支那並にソビエット連邦を代表してアメリカ政府が送りました回答を皆様にお知らせするために、このビラを投下します[83]」

翌十四日早朝、米軍機B―29が東京一帯にビラを散布したとの情報を得た内大臣の木戸幸一は愕然とした。政府の正式発表より前に降伏が広く知られれば、国内は大混乱となり、それに乗じて抗戦派などが暴発する恐れもある。

首相の鈴木貫太郎も、同じ思いだった。もはや事態は一刻の猶予も許されず、内閣から正式な手続きをとって御前会議を開くのでは間に合わない。鈴木は急ぎ木戸を訪ね、相談の上、昭和天皇の決心にすがることにした。

以下、『昭和天皇実録』が書く。

《午前八時三十分、（昭和天皇は）御文庫において内大臣木戸幸一に謁を賜い、米軍機がバーンズ回答の翻訳文を伝単（宣伝ビラ）として散布しつつありとの情報に鑑み、この状況にて日を経《へ》ることは国内が混乱に陥る恐れがある旨の言上《ごんじょう》を受けられ、戦争終結への極めて固い御決意を示される。引き続き、特に思召しを以て内閣総理大臣鈴木貫太郎及び内大臣に列立の謁を賜う(84)》

戦前は「宮中・府中（政府）の別」が厳しく、首相と内大臣が並んで拝謁するのは初めてだ。

昭和天皇もまた、非常の覚悟だったのだろう。

このとき鈴木は、内閣からの奏請ではなく、天皇の意向による御前会議開催を求め、その場で許された。これも前例のないことだった(85)。

続いて昭和天皇は、在京の陸海軍元帥を宮中に集めた。

《午前十時二十分、御文庫に元帥陸軍大将杉山元・同畑俊六、少時遅れて参殿の元帥海軍大将永野修身をお召しになり、三十分にわたり謁を賜う。終戦の御決心をお示しになり、三名の所見を御下問になる》

《三名の奉答（杉山と永野は徹底抗戦、畑は交渉継続）に対し、戦争終結は深慮の末の決定につき、その実行に元帥も協力すべき旨を仰せになる》[86]

昭和天皇の異例の「思召し」により、全閣僚と陸海両総長、両軍務局長、枢密院議長ら政府軍部の全首脳が御文庫附属室に集められたのは、十四日午前十時五十分である。

御文庫附属室は、皇居の地下一〇メートルにある。五〇トン爆弾に耐えうる防空壕で、会議室二つ、控室二つが、厚さ一メートルのコンクリート壁で仕切られている。

この日、会議室の正面に小机と玉座が置かれ、向かい合って椅子が三列。前列には首相、枢密院議長、外相、陸海両相、両総長らが、中列には残りの閣僚らが、後列には内閣書記官長、総合計画局長官、陸海両軍務局長らが座った。急ぎ集められた閣僚らは、正装する間もなく、まちまちの背広姿だったという[87]。

これから始まる帝国最後の御前会議で、日本の運命が決まるのだ。外光の届かない地下の空間を、静寂と緊張が満たした。

午前十一時二分、侍従武官長を従え、昭和天皇が入室する。一同は起立し、首相の鈴木が玉座の前に進んだ。

《首相は前回の御前会議以後の最高戦争指導会議及び閣議の経過につき説明し、この席上において改めて無条件受諾に反対する者の意見を御聴取の上、重ねて御聖断を下されたき旨を

言上する[88]》

鈴木から発言を促され、梅津美治郎参謀総長と阿南惟幾陸相は、連合国の回答では国体護持に不安があること、再照会すべきであること、聞き入れられないなら抗戦して死中に活を求めることを、声涙《せいるい》で訴えた。

豊田副武軍令部総長も泣いていた。

「今日までの戦争遂行において、海軍の努力の足らなかったことは認めます。陸海軍の共同も決して十分ではありませんでした。これからは過ちを改め、心を入れ替え、最後の奮闘をいたしたいと思います。本土決戦の準備はできております。いま一度、戦争を継続することをお願い申し上げます[89]」

三人の発言のあと、再び静寂。

しばらくして、昭和天皇が口を開いた。

《天皇は、国内外の現状、彼我《ひが》国力・戦力から判断して自ら戦争終結を決意したものにして、変わりはないこと、我が国体については外相の見解どおり先方も認めていると解釈すること、敵の保障占領には一抹の不安なしとしないが、戦争を継続すれば国体も国家の将来もなくなること、これに反し、即時停戦すれば将来発展の根基は残ること、武装解除・戦争犯罪人の差し出しは堪え難きも、国家と国民の幸福のためには、三国干渉時の明治天皇の御決断に倣い、決心した旨を仰せられ、各員の賛成を求められる[90]》

『昭和天皇実録』には要約しか記されていないが、この聖断の一字一句を、内閣情報局総裁として出席した下村宏が、ほかの出席者の手記やメモとも照らし合わせて戦後に書き残している。

周囲がしんと静まる中、昭和天皇はこう言った。

——外《ほか》に別段意見の発言がなければ私の考えを述べる。

反対論の意見はそれ〳〵よく聞いたが、私の考えはこの前申したことに変わりはない。私は世界の現状と国内の事情とを十分検討した結果、これ以上戦争を続けることは無理だと考える。

国体問題についていろ〳〵疑義があるとのことであるが、私はこの回答文の文意を通じて、先方は相当好意を持っているものと解釈する。先方の態度に一抹の不安があるというのも一応はもっともだが、私はそう疑いたくない。要は我が国民全体の信念と覚悟の問題であると思うから、この際先方の申入れを受諾してよろしいと考える。どうか皆もそう考えて貰《もら》いたい。

さらに陸海軍の将兵にとって武装の解除なり保障占領というようなことはまことに堪え難いことで、その心持は私にはよくわかる。しかし自分はいかになろうとも、万民の生命を助けたい。この上戦争を続けては結局我が邦《くに》がまったく焦土となり、万民にこれ以上苦悩を嘗《な》めさせることは私としてじつに忍び難い。祖宗の霊にお応えできない。和平の手段によるとしても、素《もと》より先方の遣り方に全幅の信頼を措き難いのは当然であるが、日本がまったく無くなるという結果にくらべて、少しでも種子が残りさえすればさらにまた復興という光明も考えられる。

私は明治大帝が涙をのんで思いきられたる三国干渉当時の御苦衷をしのび、この際耐え難きを耐え、忍び難きを忍び、一致協力将来の回復に立ち直りたいと思う。今日まで戦場に在って陣没し、或《あるい》は殉職して非命に倒れた者、またその遺族を思うときは悲嘆に堪えぬ次第である。また戦傷を負い戦災をこうむり、家業を失いたる者の生活に至りては私の深く心配する所である。

この際私としてなすべきことがあれば何でもいとわない。国民に呼びかけることがよければ私はいつでもマイクの前にも立つ。一般国民には今まで何も知らせずにいたのであるから、突然この決定を聞く場合動揺も甚《はなは》しかろう。陸海将兵にはさらに動揺も大きいであろう。この気持をなだめることは相当困難なことであろうが、どうか私の心持をよく理解して陸海軍大臣は共に努力し、よく治るようにしてもらいたい。必要あらば自分が親しく説き諭してもかまわない。この際詔書を出す必要もあろうから、政府はさっそくその起案をしてもらいたい。

以上は私の考えである――(91)

皇居の地下の御文庫附属室。出席者の誰もが泣いていた。激しく嗚咽《おえつ》する者もいた。

昭和天皇もまた、白い手袋で何度も眼鏡を拭った。

聖断は下された——。

下村は書く。

「陛下は席をたゝれた。一同は涙の中にお見送りした。泣きじやくり泣きじやくり一人々々椅子を離れた。長い長い地下壕をすぐる間も、車中の人となつても、首相官邸へ引き上げても、たまりの間にも閣議の席にも、思い出してはしやくり上げ、涙は止め度もなく流れる……」(92)

宮城事件

声涙ともに下る終戦の聖断。それを陸軍の抗戦派はどう受け止めたか。

中堅将校のリーダー格、陸軍省軍務課内政班長の竹下正彦中佐が、八月十四日の「機密作戦日誌」にこう記している。

「竹下ハ万事ノ去リタルヲ知リ、自席ニ戻リシガ、黒崎中佐、佐藤大佐等相踵《あいつい》デ来リ、次ノ手段ヲ考フベキヲ説キ、特ニ椎崎、畑中ニ動カサル」「茲《ここ》ニ於《おい》テ『兵力使用（クーデター）第二案』ヲ急遽起案ス」「（御前会議終了後、竹下は阿南惟幾陸相に）兵力使用第二案ヲ出シ、詔書発布迄《まで》ニ断行セムコトヲ求ム。之ニ対シ、大臣ハ意少カラズ動カレシ様ナリ(93)」

竹下ら中堅将校は、クーデターを諦めていなかったのだ。だが、阿南以外の陸軍長老、とくに参謀総長の梅津美治郎には、聖断に逆らう意志など毛頭なかった。

十四日午後、阿南が竹下らに迫られ、参謀総長室を訪れたときのやりとりを、たまたま居合わせた総合計画局長官の池田純久が聞いている。

阿南「クーデターをやっても戦争を継続しようという意見があるがどうだろう」

梅津「すでに大命は下った。これを犯してクーデターをやる軍隊は不忠の軍隊である。今は御聖断に従うのみ。正々堂々と降伏しよう。これが軍の最後の勤めであろう」(94)

梅津はその後、教育総監、第一、第二総軍司令官、航空総軍司令官とともに、河辺虎四郎参謀次長が発案した陸軍方針「皇軍は飽《あ》くまで御聖断に従い行動す」に署名。これに阿南も署名し、陸軍全体が暴走する危険はなくなった。(95)

政府もまた、ただちに閣議を開いて終戦の詔書案を審議した。一部の文言に阿南が待ったをかけたため、最終案の内奏《ないそう》は午後八時以降にずれ込んだが、昭和天皇が署名し、全閣僚が副署して、終戦が正式決定する。

時に十四日午後十一時。終戦の詔書は翌十五日正午に、昭和天皇の玉音放送によって公表されることとなった。

十四日午後十一時二十五分《(昭和天皇は)日本放送協会により設営されたマイクを御使用になり、放送用録音盤作製のため、大東亜戦争終結に関する詔書を二回にわたり朗読され

る。（中略）録音盤は、侍従徳川義寛《よしひろ》により階下の侍従職事務官室の軽金庫に収納される》[96]

だが、これで終わりではなかった。その一時間後、この録音盤を狙って、抗戦派の一部が遂に決起したのだ。

昭和二十年八月十五日——。大日本帝国が自由意思をもつ最後の一日は、宮城内への軍靴の響きで始まった。

《十五日、陸軍省軍務課員らを中心とする一部の陸軍将校は、ポツダム宣言受諾の聖断撤回のため、近衛師団を以て宮城と外部との交通通信を遮断するとともに、東部軍の兵力を以て要人を拘束、放送局等を占拠するクーデター計画を立案し、これを実行に移す》[97]

後に宮城事件と呼ばれる、中堅将校の暴発である。

事件は十五日午前一時すぎ、陸軍省軍務課の畑中健二少佐、陸軍通信学校教官の窪田兼三少佐、航空士官学校区隊長の上原重太郎大尉らが近衛第一師団司令部に森赳《たけし》師団長を訪ね、クーデターに反対の森に向かって畑中が発砲、上原が斬殺したことから急展開する。[98]

これを制止しようとした第二総軍参謀の白石通教《みちのり》中佐も窪田に斬殺された。

続いて畑中は、事前に準備していた師団作戦命令に師団長印を押し、この虚偽命令に基づいて近衛歩兵第二連隊の一部が宮城内に展開。第一連隊の一部は東京・内幸町の放送会館を占拠した。

また、玉音放送の録音を終えて宮城から出ようとする下村宏内閣情報局総裁や大橋八郎日本放送協会会長ら十八人が将兵らに足止めされ、二重橋門内衛兵所に監禁された(99)。

畑中らの狙いは、君側の奸と見なした木戸幸一内大臣の排除と、玉音放送を収めた録音盤の奪取だ。いずれかが畑中らの手に落ちれば、事態はさらに悪化する。

辛くも危機を乗り切ったのは、徳川義寛侍従の機転だった。

徳川は中堅将校が決起する前から、万が一を思って録音盤を侍従職事務官室の軽金庫に収め、その周りを書類で埋めて隠していた。また、決起を知るやただちに木戸と石渡荘太郎宮内大臣を案内して地下の防空室に避難させた。

「私(徳川)は二回程廊下に出て見た。兵をつれた将校や二、三人の将校だけが何度も廊下を通った。録音盤と内大臣を捜していた。(中略)少し経《た》って兵を連れた別の将校が来て、内大臣室を聞いたので、私は『案内するまでもなく、この階段を登ってゆけば最上階に内大臣室がある』と教えたが、内大臣が自室に居《お》られないことを承知の上であった。将兵の一部は階上へ、その他は階下へと去って行き、私は日の出も間近いと感じた(100)」

阿南陸相の自決

昭和天皇の玉音放送を収めた録音盤を奪取すべく、抗戦派将校に率いられたクーデター部隊が宮城内に軍靴を響かせていた八月十五日未明、陸軍首脳で唯一抗戦派に理解を示していた陸相の阿南惟幾は、大臣官邸の自室で最後の杯を傾けていた。

午前一時半、クーデター計画に関わった義弟の竹下正彦中佐が阿南を決起させようと訪れたが、すでに自決の準備をしているのをみて説得を諦めた。

竹下は日誌に書く。

「(阿南が)平素ニ似ズ飲マルルヲ以テ、アマリ飲ミ過ギテハ、仕損ズルト悪シ、ト云ヒシ所、否、飲メバ酒ガ廻リ血ノ巡リモヨク、出血十分ニテ致死確実ナリト、予ハ剣道五段ニテ腕ハ確カト笑ハレタリ[101]」

最後まで徹底抗戦を訴えた阿南だが、実は中堅将校らの暴発を抑えるため敢《あ》えて先頭に立ったのであり、暗黙のうち終戦工作に協力していたとする説もある。[102]

首相の鈴木貫太郎も戦後、「若《も》し、彼にして偏狭な武弁であり、抗戦のみを主張する人ならば、簡単に席を蹴って辞表を出せば、余の内閣などは忽《たちま》ち瓦解《がかい》して了《しま》うべきものであった」と述懐する。[103]

しかし阿南は内閣瓦解を防ぎ、その職務を全うした。

自決の前夜、阿南は鈴木のもとを訪れ、こう語っている。

「自分は陸軍の意志を代表して随分強硬な意見を述べ、総理をお助けするつもりが反《かえ》って種々意見の対立を招き、閣僚として甚だ至らなかったことを、深く陳謝致します[104]」

阿南が侍従武官を務めていた昭和四年から八年まで、鈴木も侍従長として宮中にいた。お互い深く信頼し合っていた仲だ。「総理をお助けするつもり」の言葉に、偽りはなかっただろう。

午前三時、阿南はシャツを着替えた。侍従武官時代、昭和天皇から拝領したシャツである。勲章で飾られた軍服は床の間に置き、その両袖に抱くようにして、戦死した次男惟晟《これあきら》の写真を載せた。

午前五時、短刀にて割腹。竹下が介錯《かいしやく》しようとしたのを断り、午前七時すぎ絶命した。享年五十八。自室の机上には「一死以テ大罪ヲ謝シ奉ル」の遺書が残された。

自刃の一報は、すぐにクーデター部隊の将校らに伝わった。それは、命と引き替えの諫止《かんし》と聞こえたに違いない。近衛歩兵第二連隊第一大隊長の北畠暢男《のぶお》はのちに、「この時点で私は、天の時は過ぎたのだ、と覚悟するに至りました」と述懐している。(105)

阿南の自刃により、宮城事件は急速に収束に向かう。

東部軍管区司令官の田中静壱《しずいち》が自ら鎮圧に乗り出したのは、夜が白々と明けた頃だった。午前五時過ぎ、近衛歩兵第一連隊に車で乗りつけた田中は、クーデター計画に関与した石原貞吉少佐を憲兵隊に拘束させると、決起将校らの直属の上官だった近衛歩兵第二連隊長の芳賀豊次郎に対し、「当面は俺自身が近衛師団の指揮をとる。貴官は直ちに現態勢を解除して原態勢に復帰させ、守衛任務を遂行せよ。お詫び言上のため（皇居の）御文庫へ伺候したいので案内せよ」と命じた[106]。

一方、首謀者の畑中健二少佐は最後の手段として、クーデター部隊の一部が占拠した東京・内幸町の放送会館に乗り込み、日本放送協会（ＮＨＫ）報道部の柳沢恭雄副部長に拳銃を突きつけた。

「決起の趣旨を訴えたい。放送させよ。さもなければ撃つ[107]」

だが、柳沢は無言のまま動かなかった。

ここに畑中も決起の終末を知る。

午前七時、畑中は近衛師団の宮城内守衛隊司令官室に行き、自ら殺害した森赳師団長に宛てた遺書を芳賀に提出した。

　森閣下　霊前ニ
　陛下ノ為　誠ニ申シ訳ナキ　コトヲ致シマシタ　トウカ　オ許シ下サイ　アノ世テ
　必ス　御詫ヒイタシマス[108]

畑中が自決したのは午前十一時過ぎ、皇居前の二重橋と坂下門の間の芝生の上で腹を切り、森を撃った拳銃で自らの頭を撃ち抜いた。同じ場所で首謀者の一人、椎崎二郎中佐も軍刀を腹に突き刺し、拳銃で自決した。

宮城事件には東条英機元首相の女婿、古賀秀正少佐も深く関わっていた。

古賀は皇居賢所《かしこどころ》に土下座して礼拝した後、部下の一人に「若い者は死ぬな。全責任は俺が負う」と言ったと伝えられる。その後、森の遺骨が安置されている近衛師団司令部の貴賓室へ行き、割腹の上、とどめの拳銃の引き金をひいた[109]。

昭和天皇が宮城事件の顛末《てんまつ》を知ったのは、夜が明けてからだった。

《侍従武官長蓮沼蕃《しげる》は東部軍管区司令官と同道、御文庫に参殿、七時三十五分に単独にて拝謁し、事件の経過並びにその鎮圧につき奏上する。八時、天皇は侍従長藤田尚徳《ひさのり》をお召しになり、事件の発生を嘆かれる[110]》

この日、快晴。

正午がゆっくり近づいていた。

玉音放送

東京は、からりと晴れていた。

連日の空襲警報もなく、静かに時が流れていた。

昭和二十年八月十五日正午、ラジオから流れるアナウンサーの声。

「只今《ただいま》より重大なる放送があります。全国聴取者の皆様、ご起立を願います。重大発表であります」

続いて君が代が奏楽され、玉音が、厳粛に終戦を告げた。

《朕《ちん》深ク世界ノ大勢ト帝国ノ現状トニ鑑ミ　非常ノ措置ヲ以テ時局ヲ収拾セムト欲シ　茲ニ忠良ナル爾《なんじ》臣民ニ告ク　朕ハ帝国政府ヲシテ米英支蘇《ソ》四国ニ対シ其《そ》ノ共同宣言ヲ受諾スル旨通告セシメタリ》

《交戦已ニ四歳ヲ閲《けみ》シ　朕カ陸海将兵ノ勇戦　朕カ百僚有司ノ励精　朕カ一億衆庶ノ奉公各々最善ヲ尽セルニ拘《かかわ》ラス　戦局必スシモ好転セス　世界ノ大勢亦《また》我ニ利アラス　加之《しかのみならず》敵ハ新ニ残虐ナル爆弾ヲ使用シテ頻《しきり》ニ無辜《むこ》ヲ殺傷シ　惨害ノ及フ所真ニ測ルヘカラサルニ至ル　而《しか》モ尚交戦ヲ継続セムカ　終《つい》ニ我カ民族ノ滅亡ヲ招来スルノミナラス　延《ひい》テ人類ノ文明ヲモ破却スヘシ》

《惟《おも》フニ今後帝国ノ受クヘキ苦難ハ固ヨリ尋常ニアラス　爾臣民ノ衷情モ朕善ク之ヲ知ル　然レトモ朕ハ時運ノ趨《おもむ》ク所　堪ヘ難キヲ堪ヘ　忍ヒ難キヲ忍ヒ　以テ万世ノ為ニ太平ヲ開カムト欲ス》

《宜シク挙国一家子孫相伝《あいつた》ヘ　確《かた》ク神州ノ不滅ヲ信シ　任重クシテ道遠キヲ念《おも》ヒ　総力ヲ将来ノ建設ニ傾ケ　道義ヲ篤クシ　志操ヲ鞏《かた》クシ　誓テ国体ノ精華ヲ発揚シ　世界ノ進運ニ後

レサラムコトヲ期スヘシ　爾臣民　其レ克《よ》ク朕カ意ヲ体セヨ》[111]

初めて耳にする昭和天皇の声。それを国民は、涙で受け止めた。

「熱涙滂沱《ぼうだ》として止《や》まず。どう云ふ涙かと云ふ事を自分で考える事が出来ない」（随筆家、内田百閒《ひやつけん》）[112]

「戦争終結をよろこぶ涙ではない。敗戦の事実を悲しむ涙でもない。余《あま》りにも大きな日本の転換に遭遇した感動が涙を誘つた」（緒方竹虎元国務相の秘書官、中村正吾）[113]

　このほか、当時の文筆家らは、こんな日記や手記を残している。

「警報。ラジオが、正午重大発表があるという。天皇陛下御自ら御放送をなさるという。『ここで天皇陛下が、朕とともに死んでくれとおつしやつたら、みんな死ぬわね』と妻が言つた。私もその気持ちだつた。十二時、時報。君ガ代奏楽。詔書の御朗読。やはり戦争終結であつた。遂《つい》に負けたのだ。戦いに破れたのだ。夏の太陽がカッカと燃えている。眼に痛い光線。烈日の下に敗戦を知らされた。蝉《せみ》がしきりと鳴いている。音はそれだけだ。静かだ」（作家、高見順）[114]

「太陽の光は少しもかはらず、透明に強く田と畑の面と木々とを照し、白い雲は静かに浮び、家々からは炊煙がのぼつてゐる。それなのに、戦は敗れたのだ。何の異変も自然におこらないのが信ぜられない」（詩人、伊東靜雄）[115]

「足元の畳に、大きな音をたてて、私の涙が落ちて行つた。私など或《あ》る意味に於て、最も不《ふ》逞《てい》なる臣民の一人である。その私にして斯《か》くの如し」（作家、徳川夢声）[116]

もっとも、誰もが涙に暮れたのではない。

「菅原氏曰《いわ》く君知らずや今日正午ラヂオの放送、突如日米戦争停止の趣を公表したりと。恰《あたか》も好し。日の暮る、比、三門祠畔に住する大熊氏の媼《おうな》、鶏肉葡萄《ぶどう》酒を持ち来《きた》れり。一同平和克復の祝宴を張る」（作家、永井荷風）[117]

「（駅のプラットホームで）初めてきく天皇の声は、雑音だらけで聴き取り難かった。それが終戦を告げていることだけはわかったが、まわりの連中はイラ立っていた。突然、僕の背中の方で赤ん坊の泣き声がきこえ、頭の真上から照りつける真夏の太陽が堪《たま》らなく暑くなってきた。重大放送はまだ続いていたが、母親は赤ん坊を抱えて電車に乗った。僕も、それにならった」（作家、安岡章太郎）[118]

当時、皇太子だった上皇さまは、栃木県奥日光の疎開先で玉音放送を聴かれた。

学習院軍事教官兼御用掛だった高杉善治によると、陛下は、ラジオの前に身動きもせず正座され、膝の上に置いた両手を握りしめ、静かに涙を見せられたという[119]。

当時十一歳。その日の日記に、固い決意のほどを記された。

「今は日本のどん底です。それに敵がどんなことを言って来るかわかりません。これからは苦しい事つらい事がどの位あるかわかりません。どんなに苦しくなつてもこのどん底からはい上がらなければなりません」

「今までは、勝ち抜くための勉強、運動をして来ましたが、今度からは皇后陛下の御歌(120)のやうに、つぎの世を背負つて新日本建設に進まなければなりません。それも皆私の双肩にかゝつてゐるのです。それには先生方、傅育官《ふいく》のいふ事をよく聞いて実行し、どんな苦しさにもたへしのんで行けるだけのねばり強さを養ひ、もつともつとしつかりして明治天皇のやうに皆から仰がれるやうになつて、日本を導いて行かなければならないと思ひます(121)」

皇居の御文庫附属室では、昭和天皇の臨席の下、枢密院会議が開かれていた。

《十一時五十分、天皇は会議を中断し、会議場に隣接する御休所に移られる。正午、昨夜録音の大東亜戦争終結に関する詔書のラジオ放送をお聞きになる(122)》

不敗であった神国日本の、初の敗戦を伝える自身の声。このとき、昭和天皇は四十四歳。その誕生時に、誰が今日のことを想像できただろう……。

註

(1)日本国外務省、ロシア連邦外務省編『日露間領土問題の歴史に関する共同作成資料集』所収「ソ連の対日宣戦布告」から引用

(2)外務省編『終戦史録』、佐藤尚武『回顧八十年』より

(3)、(4)、(5) 防衛庁防衛研修所戦史室の公刊戦史『戦史叢書 関東軍(二)』より。東寧、綏芬河、牡丹江はいずれも現中国黒竜江省南東部の都市

(6)『昭和天皇実録』(以下、註では『実録』と略記)三四巻三一頁から引用。『昭和天皇実録』は、宮内庁が未公開の側近日誌などを含め三千百五十二点の資料を収集・分析し、史実と確認された昭和天皇の事跡を時系列にまとめた記録。平成二年に編纂が始まり、二十四年五カ月をかけて二十六年に完成した。本文全六十巻と目次・凡例一巻、総頁数は一万二千百三十七頁に上る

(7)『木戸幸一日記』下巻より

(8)、(9)『戦史叢書 関東軍(二)』、中山隆志「終戦にともなう関東軍の作戦」(同台経済懇話会『近代日本戦争史』第四編第五章第五節所収)より

(10)政府と軍部のトップが連絡調整を強化し、一元的な戦争指導を行うための会議。非公式ながら、ここでの決定事項は内閣の方針を左右した

(11)、(12)『終戦史録』五六五頁から引用

(13)各発言は同書所収「東郷外相口述」から要約

(14)同書より

(15)同書所収「豊田副武手記」から引用

(16)長崎市原爆資料保存委員会の報告(昭和二十五年発表)より

(17)『終戦史録』所収「松本俊一手記」から引用

(18)同書五六五頁から引用

(19)同書所収「東郷外相手記」より

(20)条約上の義務を履行させる担保として相手国の領域を占領すること

(21)、(22)各発言は下村海南(下村宏)『終戦記』一一八～一二五頁から引用(一部要約)

(23)『実録』三四巻三三頁から引用

(24)、(25)『重光葵手記』所収「鐘漏閣記」から引用(一部要約)

(26)下村海南『終戦秘史』八九頁から引用

(27)各発言は池田純久『日本の曲り角』一八一～一八七頁から要約

(28)明治二十八年の日清戦争勝利後、清国から割

譲された遼東半島をロシア、ドイツ、フランスの干渉により返還したこと
(29)『実録』三四巻三四頁から引用
(30)迫水久常「降伏時の真相」(『終戦史録』所収)から引用
(31)「豊田手記」(同)から引用
(32)『終戦史録』所収の在スイス公使及び在スエーデン公使間往復電報から引用(一部要約)
(33)、(34)虎頭要塞の戦力や防衛戦の経緯、将校らの発言は平田文市編『ソ満国境 虎頭要塞の戦記』より
(35)守備隊長の西脇は任務に復帰しようと八方手を尽くしたが、すでに要塞はソ連軍の重包囲下にあり果たせなかった。西脇は戦後、その指揮能力を買われ、戦術指導役として中国八路軍に加わるよう要請されたが、拒絶したため八路軍兵士に連行され、そのまま消息を絶った
(36)ソ連を通じての和平交渉に一縷ののぞみをつないでいた大本営は、ソ連側の挑発に乗らないよう、関東軍総司令部を通じて現地部隊に厳命していた。このため、要塞の指揮をとる大木は直ちに反撃できなかった。一方で大木は、虎頭市街の在留邦人を要塞内に避難させる手配に奔走した
(37)、(38)、(39)『ソ満国境 虎頭要塞の戦記』所収の山西栄少尉の戦闘記録から引用
(40)復員局の調査によれば、脱出した在留邦人は日本兵と行動することを望み、協議の末、泣き声などで発見されやすい乳幼児が日本兵自身の手で殺害されたとされる
(41)『戦史叢書 関東軍〈二〉』より
(42)復員局『対蘇作戦記録』二巻所収「第一二六師団の作戦」から引用
(43)復員局『日ソ開戦時第一二六師団の戦闘』所収「ソ連将校の言」から引用(一部要約)
(44)、(45)、(47)『戦史叢書 関東軍〈二〉』より
(46)愛新覚羅溥儀『わが半生』下巻 七〇頁から引用。清朝最後の皇帝であった溥儀は、日本軍の要請を受けて一九三二年に満洲国執政に就任、三四年に満洲国皇帝に即位した。戦後はソ連軍の捕虜となり、中国の戦犯管理所に収監。五九年に釈放後は北京植物園の庭師などを務めた。六七年に死去、波乱に満ちた六十一年の生涯を終えた
(48)『終戦史録』より
(49)迫水久常『機関銃下の首相官邸』より
(50)『終戦史録』より
(51)『実録』三四巻三九~四〇頁から引用

(52) 河辺虎四郎『市ケ谷台から市ケ谷台へ』二六五〜二六六頁から引用
(53)『終戦史録』より
(54)『実録』三四巻四〇頁から引用
(55)『実録』三四巻四一頁から引用
(56) 東久邇宮稔彦『私の記録』によれば、皇族は戦時中、「陛下の御耳に雑音を入れないためにというので、拝謁できないことになつていた」という
(57)『私の記録』一〇五頁から引用
(58)『終戦史録』より
(59)『実録』三四巻四〇〜四一頁から引用
(60)、(61)、(62)『終戦史録』より
(63)『終戦史録』所収「松平康昌口述要旨」から引用
(64) 同書六五〇頁から引用
(65) 同書所収「松本俊一手記」より
(66)「松本俊一手記」から引用
(67) 竹下正彦「機密作戦日誌」(軍事史学会編『大本営陸軍部戦争指導班 機密戦争日誌』新装版下巻所収)から引用。傍点は筆者
(68)『実録』三四巻四二頁から引用
(69) 以下、閣僚の発言は『日本の曲り角』から要約
(70)「機密作戦日誌」から引用
(71)、(72) 林三郎「終戦ごろの阿南さん」(『世界』昭和二十六年八月号)より。文中の西郷隆盛は明治十年の西南戦争で旧薩摩藩士に担がれて挙兵し、自決した
(73)「機密作戦日誌」から引用
(74)『実録』三四巻四三頁から引用
(75) 高木惣吉「連合軍進駐の前後」(『世界』昭和二十六年八月号)より
(76)『終戦史録』所収「大井篤手記」から引用
(77)、(78) 事件の経緯は興安街命日会編『葛根廟事件の証言』より。参事官の浅野は射殺される直前、馬上で刀を抜いたとする説もある
(79) 以下、被害者の証言は藤原作弥『満州、少国民の戦記』二六三〜二七一頁から引用
(80) 田中忍「血涙」(『葛根廟事件の証言』所収)から引用
(81) 佐村恵利編『あゝホロンバイル』より
(82)『戦史叢書 関東軍(二)』四四一頁から引用
(83) 八月十三日午後五時に東京に投下された宣伝ビラ(『終戦史録』所収)から引用
(84)『実録』三四巻四三頁から引用
(85)『終戦秘史』より
(86)『実録』三四巻四四頁から引用
(87)『日本の曲り角』より

(88)『実録』三四巻四四～四五頁から引用
(89)『日本の曲り角』より
(90)『実録』三四巻四五頁から引用
(91)『終戦秘史』一二五～一二六頁から引用
(92)同書一二七頁から引用
(93)「機密作戦日誌」から引用
(94)『日本の曲り角』二〇〇頁から引用
(95)『終戦史録』より
(96)『実録』三四巻四八頁から引用
(97)『実録』三四巻四九頁から引用
(98)森下智『近衛師団参謀終戦秘史』より
(99)『終戦秘史』より
(100)『徳川義寛終戦日記』二七三～二七四頁から引用
(101)「機密作戦日誌」から引用
(102)『機関銃下の首相官邸』より
(103)、(104)鈴木貫太郎口述「終戦の表情」（『終戦史録』所収）から引用
(105)北畠暢男「玉音盤奪取の偽師団長命令」（『文藝春秋』平成十七年九月号）から引用
(106)、(107)『近衛師団参謀終戦秘史』より
(108)同書二六三頁から引用
(109)古賀が使用した拳銃は、のちに東条が自殺未遂した際にも使われた
(110)『実録』三四巻五〇頁から引用
(111)『実録』三四巻四六～四七頁から引用（原文は句読点、スペースなし）
(112)内田百閒『東京焼盡』二四九頁から引用
(113)中村正吾『永田町一番地』二三九頁から引用
(114)高見順『敗戦日記』（文藝春秋新社）二八〇～二八一頁から引用（一部省略。原文は改行あり）
(115)『伊東静雄全集』所収の日記から引用
(116)徳川夢声『夢声戦争日記』五巻一五一頁から引用
(117)永井壮吉（荷風の本名）『永井荷風日記（断腸亭日乗）』七巻六〇～六一頁から引用
(118)安岡章太郎『僕の昭和史（一）』二五三頁から引用
(119)高杉善治『天皇明仁の昭和史』より
(120)昭和十九年十二月、「疎開児童のうへを思ひて」として発表された香淳皇后の御歌「つきの世を　せおふへき身そ　たくましく　たゝしくのひよ　さとにうつりて」
(121)天皇陛下の皇太子時代の日誌は木下道雄『側近日誌』四八～四九頁から引用
(122)『実録』三四巻五一頁から引用

第一章——昇陽の日々

運命の誕生

街中の至る所に、日の丸がはためいていた。往来は喜色にあふれ、酒場からは時折「万歳」の声が漏れた。

その前日、明治三十四（一九〇一）年四月二十九日――。

《（昭和天皇は）東京市赤坂区青山の東宮《とうぐう》御所内御産所において皇太子嘉仁《よしひと》親王（大正天皇）の第一男子として御誕生になる。この日皇太子妃節子《さだこ》（貞明《ていめい》皇后）には午前より御出産の徴候あり、午後三時四十分侍医相磯慥の拝診をお受けになり、七時頃御産所に入られる。この間、東宮拝診御用橋本綱常・侍医局長岡玄卿始め東宮附侍医局員が相次ぎ参殿する。午後十時十分御降誕、御身長一尺六寸八分（約五一センチメートル）、御体重八百匁《もんめ》（約三〇〇〇グラム）。御産所御次ノ間において御産湯を受けられる》[1]

吉報は翌日、新聞の号外や役場の公報により、瞬く間に広まった。

五月二日の国民新聞は、東京や大阪、札幌、青森、群馬、熊本など全国各地の人々がこぞって奉祝する様子を報じている。

「三十日午後零時十分静岡発＝親王御降誕の電報に接し市中一般国旗を掲げ祝意を表したり」
「一日午前七時名古屋発＝慶電に接し県民の雀躍一方ならず毎戸国旗を掲げ近日官民祝賀会を開く筈《はず》」
「一日午前七時三十五分広島発＝県民一同国旗を掲げ皇太子、同妃、親王各殿下の萬歳《ばんざい》を奉祝したり」……

幼少から病弱であった嘉仁皇太子（大正天皇）が、明治三十三年五月の成婚後一年を経ずして世継ぎをもうけたことが、国民の歓喜に輪をかけた。

明治天皇は十五人の皇子女をなしたが、男子で成人したのは嘉仁皇太子のほかにいない。この時代もまた、皇統の維持が何より求められていたのだ。

大任を果たした節子皇太子妃（貞明皇后）は当時十六歳。新聞各紙は「御安産、御母子共御健全にあらせらる」と伝えた。

五月一日付の都新聞が書く。

「辛丑《しんちゅう》の歳《とし》、四月二十九日の夜、此夜《このよ》月明らかに風清く、祥雲《しょううん》天に在りて瑞靄《ずいあい》地に洽《あま》ねし。安らけき夜来の眠覚《ねむりさ》めし帝都百万の士民、先《ま》づ祝賀の歓声を揚《あ》げ、四千万の同胞之に和して皇室萬歳の声は大帝国の山河に反響せり」(2)

祝賀の歓声は、くしくも端午の節句と重なった命名式で、最高潮に達した。

五月五日《御誕生第七日につき、御命名式が執り行われ、天皇より御名を裕仁《ひろひと》、御称号を迪宮《みちのみや》と賜わり、宮内大臣名をもって官報に告示される。（中略）親王のお印は皇太子妃の御選定により「若竹」と定められる[3]》

親王の名前には、裕仁・雍仁《やすひと》・穆仁《あつひと》の三つの候補が、称号には迪宮・謙宮の二つの候補があった。その中から選んで決めたのは、明治天皇である。

古来、親王の名前は儒教の経典に由来することが多く、裕仁の裕は易経に「益徳之裕也（益は徳の裕なり）」、詩経に「此令兄弟綽々有裕（此の令《よ》き兄弟、綽々《しゃくしゃく》として裕あり）」などがある。迪宮の迪は書経の「恵迪吉従逆凶（迪《みち》に恵《したが》えば吉にして、逆に従えば凶なり）」などから採られた[4]。

明治天皇は五日午前十時、親王の名前と称号を自ら大高檀紙（厚手の高級和紙）に記して柳筥《やないばこ》（柳の細枝を編んだ箱）に納め、侍従長を勅使として東宮御所の嘉仁皇太子のもとに届けさせた。

この時、皇居桜田門内の広場から陸軍砲兵隊による百一発の祝砲が轟《とどろ》き、品川沖では満艦飾に彩られた海軍軍艦五隻が二十一発の皇礼砲を響かせ、日比谷公園では百数十発の花火が打ち上げられた[5]。

国民は門前に国旗や提灯《ちょうちん》を掲げ、こぞって歓喜した。東京日日新聞は号外を出し、皇居前の様子をこう報じている。

「（祝砲を）聞きて桜田御門より和田倉御門より馬場先御門より雨を衝《つい》て馳《は》せ集まれるもの

幾百千の多きに達せり」

夜には第一高等学校（現東京大学教養学部）の学生五百人余が提灯行列を行い、皇居前に整列して国歌を斉唱した。東京府下の各監獄もこの日は労務を休み、囚人に特別食が与えられた(6)。

皇居豊明殿では正午に祝宴が催され、皇族、公爵、各大臣ら親任官が一斉に万歳を唱えた。『昭和天皇実録』によれば、《これが宮中の御宴において万歳が唱えられた初例という》(7)。

親王誕生の翌日と命名式の翌日、皇居の上空に雌雄二羽の白鳩が飛来し、舞い遊んだと伝えられる。これを見た宮中の女官らは、平和の吉兆と喜んだ(8)。

だが一方、当時の政局には、暗い予兆も見え隠れしていた。

親王誕生から命名式までの一週間、慶事の最中にもかかわらず、政局は大きく揺れた。五月二日から三日にかけ、首相の伊藤博文をはじめ全閣僚が辞表を提出したのだ。

大日本帝国憲法の施行（明治二十三年十一月二十九日）から十年余り。当時の日本は、藩閥政治(9)から脱却できるかどうかの岐路に立たされていた。

議会政治の確立を目指す伊藤は三十三年九月に立憲政友会を組織し、翌十月、第四次伊藤内閣を発足させた。陸・海相と外相を除く全閣僚が立憲政友会員という、事実上の政党内閣である。

だが、世界的な恐慌により財政が逼迫《ひっぱく》し、蔵相の渡辺国武が公債による政府事業の全面中止を閣議で提案したところ、鉄道敷設などの公共工事を求める政友会議員らが激しく反発。半年余りで早くも政党内閣の弱点が露呈する。[10]

さらに伊藤を追い詰めたのは、陸軍と官僚に影響力を持つ前首相の山県有朋ら元老が、内閣に非協力的だったことだ。

山県は政党を毛嫌いし、伊藤の失敗をひそかに望んでいた。政友会結党直後の伊藤に、準備不足のまま組閣するよう仕向けたのも山県とされる。

親王誕生の記事が新聞各紙に掲載された五月一日、都新聞は、辞職直前の伊藤と山県の様子を、こう伝えている。

「此程《このほど》大磯（神奈川県大磯町にある伊藤の邸宅）に赴き伊藤、山県両侯に面会して帰れる某氏の語る所に依《よ》れば　伊藤首相も内閣は到底永続の見込みなく瓦解に陥るべき事を述べて嘆息し　山県侯も亦内閣の運命永からざるを予言し『夫《そ》れ見たか』と云《い》はぬ許《ばか》りの面色にて頗る得意の色を現はし居《い》たりと」

翌日、伊藤はついにさじを投げた。

辞表提出を受けた明治天皇は、なおも伊藤に内閣を継続するよう求め、山県ら元老に働きかけたが、山県は本気で動こうとはしなかった。

紆余《うよ》曲折の末に六月、山県の腹心であった陸軍大将桂太郎が組閣する。閣僚の大半を山県系の官僚が占める藩閥内閣だった。

こうして、議会政治の確立に向けた試みは、裕仁親王の誕生時に頓挫した。以後、日本の政治は山県系の桂と伊藤系の西園寺公望《さいおんじきんもち》が交互に組閣する藩閥の「桂園時代」が続く。
のちに「憲政の常道」と呼ばれる民主主義が日本に確立するのは大正十三（一九二四）年、裕仁親王が天皇の公務を代行する摂政となってからである。

養育は薩摩藩士に

明治三十四年五月二十八日、生後三十日の裕仁親王は東宮大夫《だいぶ》中山孝麿に抱かれて皇居賢所を参拝し、明治天皇と初対面した。

この日、祝賀に参内した閣僚らが命名式に続く二回目の万歳をしたと、当時逓信相だった原敬《たかし》が日記に書いている。

裕仁親王は生後間もなくして、枢密顧問官川村純義のもとに預けられることになっていた。親王は臣下の家で養育されるのが長年の慣行だ。明治天皇は公家の中山忠能《ただやす》のもとで、大正天皇も同じ中山家で育てられている。

川村は天保七（一八三六）年生まれの当時六十四歳。海軍大輔（次官）や海軍卿（大臣）を歴任し、勝海舟とともに帝国海軍の礎を築いた維新の元勲である。妥協を知らない実直な人柄で、明治天皇の信任が厚かった。

『昭和天皇実録』によると、養育の内示は、嘉仁皇太子が川村を神奈川県の葉山御用邸に招いて直接伝えた。

薄命の子供が多かった時代だ。親王の養育は重責である。逡巡する川村に、嘉仁皇太子はこう言ったという。

「決して遠慮するに及ばぬ。川村の孫と思ひて万事育《やしな》へ(11)」

皇太子直々の依頼だ。川村は覚悟を決め、五つの方針を立てた。

一、心身の健康を第一とすること。
二、天性を曲げぬこと。
三、ものに恐れず、人を尊ぶ性格を養うこと。
四、難事に耐える習慣をつけること。
五、わがまま気ままのくせをつけないこと(12)

当時の国民新聞は、川村自身の言葉としてこう伝えている。

「皇長孫御養育の重任に膺《あた》るものは、殿下が後日帝国に君臨して陛下と仰がれ給《たま》ふべきを理想として養育し奉るの覚悟なかるべからず。而《しか》して第一に祈念すべきは心身共に健全なる発育を遂げさせ給はんことなり」

「日本も既に世界の列に入りて国際社会の一員たる以上は子女の教養も世界的ならざるべか

らず。特に後日、此の一国に君臨し給ふべき皇孫の御教養に関しては深く此点を心掛けざるべからず」

このほか川村は、皇太子と同妃の「御側近くにて養育」することと、幼時より「外国語の御修得御練習を特に祈望」するとし、「畏多きことながら封建時代に於ける大名教育の如き弊はゆめゆめあるべからず」と述べている。(13)

川村の気概がうかがえよう。

七夕の七月七日、生後七十日の裕仁親王は、東宮御所を離れ、川村の家に移った。この別離を、節子皇太子妃はよほど悲しんだに違いない。

それまで節子皇太子妃は、親王を自ら母乳で育てていた。『昭和天皇実録』には《川村家においては、牛乳を主として御養育を奉仕する予定であったが、皇太子妃の御乳による御哺育経過が良好であることをうけ、母乳を主とすることに変更する》と記されている。(14)

東宮医務顧問を務めたドイツ人医師、ベルツが日記に書く。

「なんと奇妙な話だろう！　このような幼い皇子を両親から引離《ひきはな》して、他人の手に託するという、不自然で残酷な風習は、もう廃止されるものと期待していた。だめ！　お気の毒な東宮妃は、定めし泣きの涙で赤ちゃんを手離《てばな》されたことだろう」(15)

節子皇太子妃らの気持ちは、川村も痛いほど分かっていたに違いない。

以後、川村は親王養育に、自身の命をすり減らすほど打ち込んでいく。

優しい性格

枢密顧問官の薩摩藩士、川村純義に養育を託された裕仁親王は順調に成長した。

明治三十四年十月五日《川村伯爵邸にて箸初の御祝が行われる》

十月二十四日《この日より、海水と真水を一対三の割合で混ぜた湯による御入浴を試みられる》

三十五年一月一日《この日より純牛乳が供進される。以後、供進の御食品の種類は漸次増加し、この年には肉汁羹《あつもの》・粥《かゆ》・鶏卵・蔬《そ》菜《さい》・魚肉・パン・果物・オムレット等が供される》

二月一日《左上内切歯の発生が確認される。以後、順調に乳歯が発生する》

七月三十一日《本日初めて匐行《ふくこう》（はいはい）をされ、八月五日には掴《つか》まり立ちをされる。以後、御匐行は次第に速やかになり、掴まり立ちも頻繁にされるようになる。その後、十一月十三日には初めて御自身でお立ちになり、二十四日には、御起立の際に初めて一、二歩歩まれる》

三十六年二月十八日《初めて西洋小児服を御着用になる》

五月《この頃より、片言にて御言葉を発せられる(16)》

川村家で裕仁親王の世話をしたのは、川村を中心に次女の花子（伯爵柳原義光の妻）、花子のいとこ、乳人一人、看護婦二人。ほかに初代日本赤十字病院院長の橋本綱常（幕末の志士、橋本左内の弟）や複数の侍医が健康状態をみた。(17)

川村の養育とはどんなものだったのか。

花子の言葉によれば、「父は何かにつけて誠心の余り、随分無遠慮に、（裕仁親王に対して）ご注意申し上げていました」という。(18)

嘉仁皇太子の学友で、戦前に侍従次長などを務めた甘露寺《かんろじ》受長《おさなが》が、こんなエピソードを書き残している。

ある日の夕食時、裕仁親王は、お膳に嫌いなものが出されたのを見て、「これ、いやっ」と箸を投げ出した。すると川村は、「いやなら、お食べにならなくてもよろしい。じじいは、もうご飯をさしあげません」と強く言ってお膳を下げてしまった。しばらくして裕仁親王が「食べる、食べる」とすすり泣きを始めると、川村は黙って夕食を前に差し出し、裕仁親王は素直に箸をつけた――。(19)

「決して遠慮するに及ばぬ。川村の孫と思ひて万事養へ」という嘉仁皇太子の意向を、川村はそのまま実践していたようだ。

一方、幼少の裕仁親王はどんな様子だったか。

明治三十六年の夏、二歳の頃のエピソードを、侍女の一人が振り返る。

「殿下（裕仁親王）がお庭で遊んでおられたとき、虫に刺されてしまいました。幼い殿下は顔をしかめて痛がりましたが、侍女のすすめでアンモニアの薬をおててに塗られたところ、かゆみも和らいだようでした。しばらくたったある日、養育係の婦人が虫に刺され、手の甲をかいているのをご覧になった殿下は、まだ片言しかお話しになれないので、よちよちと床の間の方から薬瓶を持ってこられて、ご自身のおててに塗る真似《まね》をなさい、薬瓶を婦人にお渡しになられました[20]」

ほかにも幼少期の養育に関わった川村の家族や知人らが、こんなエピソードを書き残している。

柳原花子「御菓子の内カステイラなどは殊《こと》の外《ほか》御賞美で、折々カステイラを小さく割つて、近侍のものに賜ることがありました。（中略）何事につけても御利発で、御三歳（数え年）の頃から既に軍艦や船等の絵をお書きになり、片言交りのお言葉で御説明になつたのを未だに記憶して居ます[21]」

増田たま（乳人）「恰度《ちょうど》其の翌年（乳人を終えた翌明治三十六年）と思ひます。四女みよが生れて一緒に参内しますと、殿下には殊の外御機嫌が麗《うる》はしく、勿体《もったい》なくもお手元にあつた人形やゴム製の馬をみよに下されました[22]」

身近に接していた養育関係者らが裕仁親王の優しい性格を喜ぶ一方で、外部から訪れた人々は、将来の天皇としての資質の片鱗《へんりん》を見出していたようだ。

長與善郎《ながよよしろう》（作家）「（四、五歳の頃の印象として）御幼少ながら、子供らしい呑気《のんき》さとか、軽佻《けいちょう》な位の朗かさとか、がむしやらさといつたものとは、対蹠《たいしょ》的に縁の遠い、どこかお内気なといふ程の荘重な威が既に具《そな》はつていらつしやる」(23)

エセル・ハワード（島津家の家庭教師）「（川村家を訪ねて裕仁親王にお辞儀をすると）自発的に自分の小さな手を帽子のところへ持ち上げて大変威厳をもって敬礼をした。たった三歳の幼児に過ぎなかったのに、彼の体の中には誇り高き血が流れているのは誰の目にも明らかであった」(24)

明治三十五年六月二十五日、節子皇太子妃が第二皇子（雍仁《やすひと》親王、のちの秩父宮《ちちぶのみや》）を出産すると、その養育も川村に託された。川村自身が、皇孫の養育は兄弟一緒が望ましいと希望したからだ。

将来の天皇は兄弟愛の面でも国民の模範にならねばならないと、川村は考えていた。

家族の愛情

裕仁親王が弟の雍仁親王とともに川村純義のもとに預けられていた間、嘉仁皇太子はよく、両親王の様子を見に川村家を訪れている。

川村は静岡県沼津にある別邸を増築し、冬季は別邸で両親王を養育したが、それは、沼津御用邸に滞在することの多い皇太子夫妻と触れ合う機会をつくる目的もあったようだ。

明治三十六年二月十日《午後、御散策の帰途（川村別邸に）お立ち寄りの皇太子に御拝顔になる》

二月十一日《午後、（裕仁親王は）雍仁親王と共に沼津御用邸に御参邸になり、皇太子・同妃に御拝顔になる。皇太子・同妃の沼津御滞在中には、以後もしばしば御用邸に御参邸になる》[25]

皇太子も皇太子妃も、両親王がかわいくて仕方がなかったのだろう。

東宮医務顧問だったドイツ人医師ベルツの日記には、皇太子が両親王について、「父親らしい自慢」をしたと書かれている。

「全く自慢されるのも無理はない。二人とも立派な男の子だ。兄の迪宮は二歳半、いくぶんお父さん似で、色もお父さんのように浅黒く、丈夫な坊やである。弟の淳宮《あつのみや》は一歳半、色白でほおが赤く、すこぶる美しい顔立ちの、とても可愛《かわい》らしい子で、しかも歳の割には非常に利発だ」[26]

一方、公私の別に厳しい明治天皇が川村の家を訪れることはなかった。しかし川村は、親王養育の方針の一つに家族愛の育成を掲げており、両親王が明治天皇と触れ合う機会を積極的につくった。

三十五年十一月十九日《午前、（裕仁親王は）雍仁親王と共に沼津停車場にお成りになり、熊本県下における陸軍特別大演習の御統監より還幸《かんこう》途次の天皇に車中において御拝顔になる》(27)

この時の様子を、両親王の保母となる足立孝が戦後に回想している。

「明治大帝が汽車で沼津をお通り遊ばすので、川村さんが皇孫さまについて停車場へおいでになったそうです。すると明治大帝はもともとお言葉の少ない方ですので、ただ、にこにこされただけでお言葉も何もないものですから、川村さんがとても心配されたんです。ところが、大帝はあとで女官に『きょうはうれしかったよ。皇孫を川村が駅まで連れて来てくれて、元気なところに会ってうれしかった』って仰せになりましたそうです」(28)

明治天皇もまた、両親王がかわいくて仕方なかったのだ。

しかし、順調にみえた川村の親王養育は、長くは続かなかった。川村は三十六年十月ごろから腎臓炎を患い、日に日に悪化していったのだ。

『昭和天皇実録』によれば、三十六年十一月二十九日、川村の長男鉄太郎が東宮大夫のもとを訪れ、川村の病が「不治のものと覚悟した」と伝えている。

翌三十七年八月十二日、川村は東京の自宅で死去した。享年六十七。明治天皇は川村家に祭資金を下賜《かし》する沙汰書を出し、西南戦争での活躍や長年にわたる海軍での功績をたたえるとともに「迪宮淳宮ヲ保育シテ善ク其誠ヲ竭《つく》セリ」と賞した。(29)

川村の死後、裕仁親王と雍仁親王は、東宮御所の敷地内で育てられることになった。

川村に替わる重責を一任されたのは、東宮侍従長の木戸孝正である。安政四（一八五七）年生まれの当時四十七歳。維新の元勲、木戸孝允（桂小五郎）の甥で、木戸家の家督を相続し、明治二十二年から宮内省に出仕していた。(30) 木戸の長男幸一はのちに昭和天皇の側近中の側近となり、終戦の聖断に向けて奔走することになる。

木戸は、川村の後任となることに相当なプレッシャーを感じていたようだ。嘉仁皇太子から養育を依頼された三十七年十月十六日の日記に、「余甚タ苦慮ニ堪へす」と書いている。

木戸の迷いを断ち切ったのは、嘉仁皇太子と節子皇太子妃の、真心のこもった言葉だった。

「東宮及同妃殿下より、此度《このたび》予に両皇孫殿下御養育御申付相成《もうしつけあいな》りたるニ付《つき》、両皇孫殿下の孝正ニ対せらる丶御心得等誠ニ厚き御沙汰等被為在《あらせられ》、只々《ただただ》感激之至りニ不耐《たえず》、只管恐懼之《ひたすらきょうくの》外無之《ほかこれな》かりし」(31)

十一月九日、両親王は川村邸を引き払い、新たな生活がスタートした。親王の養育は臣下があたるという慣例上、父母の皇太子・同妃と一つ屋根の下で暮らすわけではないが、両親王が起居することになった皇孫仮御殿は東宮御所と庭続きで、皇太子・同妃と接する機会が格段に多くなる。

だが、そのことを大きく報じた新聞記事はない。当時の紙面は、日本の運命をかけた日露戦争の記事で埋め尽くされていたからだ。

この時、満洲では、第三軍司令官乃木希典の指揮の下、旅順要塞への総攻撃が行われようとしていた。

乃木希典と旅順攻囲戦

日露戦争が始まったのは裕仁親王二歳の冬、明治三十七（一九〇四）年二月である。国家の命運のかかる開戦を前に、双方の君主がみせた姿勢は対照的だった。明治天皇は平和を願い、こう詠んだ。

よもの海　みなはらからと　思ふ世に
なと波風の　たちさわくらむ

一方、ロシア皇帝ニコライ二世は日本人を「黄色いサル」と侮り、満洲から朝鮮半島へと、南下政策を強引に推し進めた[32]。

日本は、立ち上がらざるを得なかったのである。

当時、世界最強の陸軍国といわれたロシアの国力は日本のおよそ十倍。しかし、日本軍将兵の戦いぶりに世界中が驚嘆する。典型的な激戦の一つが、旅順攻囲戦だろう。

開戦早々、黒木為楨率いる第一軍が朝鮮半島からロシア軍を駆逐し、奥保鞏指揮の第二軍が遼東半島（現中国遼寧省）に上陸して橋頭堡《きょうとうほ》を築くなど、緒戦で連戦連勝を飾った日本陸軍だが、頭の痛い問題があった。

遼東半島の先端に構築された、難攻不落のロシア旅順要塞である。

ここに敵の大軍が居座る以上、満州を北上する陸軍の補給線が常に脅かされる。加えて要塞が守る旅順港にはロシア太平洋艦隊の主力（旅順艦隊）が引きこもり、海軍から、要塞を迅速に攻略してほしいと切実な要請があった。

そこで大本営は第三軍を編成する。指揮をとるのは、のちに裕仁親王の帝王教育に深くかかわることになる、陸軍中将乃木希典だ。

三十七年六月六日、遼東半島に上陸した乃木がまずしたことは、「直ニ負傷者ヲ見舞フ」ことだった[33]。将兵をいたわる乃木の姿は、編成間もない第三軍の結束を強めたに違いない。

翌日、乃木は金州に行き、激戦の末にロシア軍を駆逐した南山の戦場を巡視した。五月二十五日から二十六日にかけて行われた戦闘で日本軍は四千三百人が死傷。乃木の長男、勝典もここで戦死している。周囲にはまだ、両軍兵士の死臭が漂っていた。

乃木が「山川《さんせん》草木」を詩作したのは、この時である。

山川草木転《うたた》荒涼　十里風腥《なまぐさし》新戦場
征馬不前《すすまず》人不語《かたらず》　金州城外立《たつ》斜陽《しやように》(34)

六月下旬に進撃を開始した乃木の第三軍は敵の前進陣地を次々に突破し、七月末までに旅順要塞を包囲。八月十九日に第一回総攻撃を敢行した。

だが、コンクリートで固めた近代要塞の防御力は、当時の日本軍の想像を絶していた。小銃を手に突撃した日本兵は、たちまちロシア軍の機関銃になぎ倒され、砲弾に吹き飛ばされた。それでも日本兵は同胞の死体を踏み越えて堡塁《ほうるい》に取りすがったが、敵の防壁はあまりに厚く、無慈悲だった。

この戦闘で負傷した第二二連隊旗手の桜井忠温が、戦記文学の名著『肉弾』に書く。

「嗚呼《ああ》、何等《なんら》の惨《さん》ぞ！　其の死骸は二重三重と重なり、四重五重と積み、或る者は手を敵の砲台に掛けて倒れ、或る者は既に乗り越えて、敵の砲架を握れるままに死したるあり、そして苦しき呻《うめ》き声の深き地の底より起こるが如くに聞ゆるは、畳み重なった下に在る負傷者が発したのである。勇壮なる此の突撃縦隊が、味方の死屍《しし》を乗り越え踏み越え、近く敵塁に肉薄して、魚鱗《ぎょりん》掛かりに突き入ると、忽ち敵の精巧なる機関砲によって、攻め寄る者毎《ごと》に一々撃殺された為、死屍は数層のなだれを打って、敵塁直下に斯くは悲惨なる状況を現出したのである」(35)

戦闘は六日間にわたり、要塞周辺は日本兵の死体で埋め尽くされた。八月二十四日午後四

時、ついに乃木は攻撃中止の軍命令を下す。第一回総攻撃の死傷者は一万五千八百六十人で
ロシア側（約千五百人）のほぼ十倍。(36)日本軍の戦闘史上、最多の損害だ。
驚愕した陸軍中央は、失敗の原因はすべて乃木第三軍の無能にあると決めつけた。国民の
失望も深く、のちには乃木の留守宅に投石する者や、門前で「切腹するがよい」と叫ぶ者ま
で現れた。(37)

第三軍は十月二十六日から十一月一日までの第二回総攻撃にも失敗。乃木への批判がます
ます高まり、第三軍司令部の更迭さえ検討されるようになる。しかし、第三軍は乃木の統率
力のもと、固く結束していた。

第一回総攻撃後の九月六日、乃木は隷下の各師団長、各団隊長を集めて会議を開いた。第
三軍参謀の井上幾太郎はこの時、各師団長から多少の不平も出るだろうと懸念していたが、
批判めいた発言は一切なかった。

井上は日記に書く。

「各師団長とも乃木大将の人格に服せるにや、更に不平の色あるものを見ず、皆喜んで軍司
令官の意図を向へ、進んで其責任を果たさんとする色見へたり」(38)

乃木の将器のほどがうかがえよう。乃木と第三軍将兵は、これを最後と決めた第三回総攻
撃に、すべてをかけた。

十一月二十六日、激戦の火ぶたが切られる。決死の白襷《しろだすき》隊まで投入しての、文字通りの死

闘である。二十七日、戦況不利とみた乃木は攻撃の主目標を二〇三高地に転換。二十八日、第一師団の一部が山頂に達したものの、敵の増援部隊の逆襲を受けて撤退。以後、両軍は死傷も構わず次々と兵力を注ぎ込み、砲弾を撃ち込んだ。(39)

十二月五日、ついに二〇三高地は陥落する。旅順港を見下ろす山頂には観測所が設置され、港内に停泊するロシア旅順艦隊を砲撃した。(40)ここに乃木と第三軍は、その使命の大半を果たしたのである。

第三回総攻撃の死傷は一万六千九百三十八人。その中には乃木の次男、保典も含まれていた。

なお、乃木の戦術をめぐっては、最前線の将兵の命を代償に、無理攻めを繰り返したとする批判が現在も少なくない。しかし、第三軍の参謀日記などをみる限り、それは誤解である。最初の総攻撃で乃木は、事前に敵陣地を徹底的に砲撃してから歩兵が突撃する、強襲法をとった。この戦術は当時の陸戦の常識で、乃木は実際、一斉突撃の開始前に計約三万七千発もの砲弾を撃ち込んでいる。(41)だが、コンクリートで固められた永久堡塁を無力化することはできなかった。大本営が第三軍に与えた火砲の多くが旧式の青銅砲だったからだ。(42)失敗の原因は第三軍にではなく、旅順要塞を軽視し、強力な火砲を準備しなかった陸軍中央にあるといえよう。

一方、第一回総攻撃で空前の損害を出した乃木は強襲法を捨て、敵の堡塁近くまで塹壕《ざんごう》を掘り進めてから攻撃する正攻法に切り替える。正攻法では時間がかかるうえ、敵前で塹壕を掘れば被害が続出するとして、各師団の参謀長や工兵大隊長の多くは反対したが、乃木は決然と戦術転換を指示した。(43)

乃木は無理攻めを繰り返したのではない。失敗に学んでいたのだ。

近代的な永久要塞を攻略した乃木の力量は、国内よりも海外で評価が高い。ロシア革命の指導者レーニンも、乃木の戦術に多く学んだ一人だ。レーニンは同志たちに、乃木に見習えと檄《げき》を飛ばしている。

「もし戦術に誤りがあるとすれば、その誤りを取りのぞかなければならない。（中略）われわれの知っているように、（乃木が第一回総攻撃後にとった）新しい作戦は、予想以上にはるかに長い期間を要しはしたが、完全な勝利におわったのである」(44)。

二〇三高地の陥落からほぼ一カ月後、明治三十八年一月一日、ロシア旅順要塞司令官のステッセルは、乃木に降伏を申し入れた。乃木は五日後、ステッセルと旅順北西の水師営で会見したが、その際、勝者としてではなく一個人として接し、ステッセルと随員に勲章の着用と帯刀を許した。このときの対応が、武士道のあるべき姿として日本人の心に深く染み込み、悲運の将軍とも言われた乃木の名声を不動のものにする。

それから三十五年余り、昭和十五年六月二十二日、第二次世界大戦でフランスを破ったナチス・ドイツは、第一次世界大戦でドイツがフランスに降伏した因縁の地、コンビエーニュの森にフランス代表を呼びつけ、降伏文書に調印させた。

それを知った昭和天皇は、こう言って嘆息した。

《何ウシテアンナ仇討メイタコトヲスルカ、勝ツトア、云フ気持ニナルノカ、ソレトモ国民カア、セネハ承知セヌノカ、ア、云フヤリ方ノ為メニ結局戦争ハ絶エヌノデハナイカ(45)》

「幸福な家庭生活」

旅順要塞が陥落した明治三十八年の新春、日本国内は、もう一つの慶事に沸いた。

一月三日《午後七時二十八分、東宮御所御産所において、皇太子妃は第三男子を御分娩になる(46)》

この吉報を新聞は、宮内省の正式発表を待たずに速報した。翌四日の都新聞が書く。

「本年は何たる目出度《めでた》き年柄ぞや、旅順の敵降伏の報ありて、人々祝賀の情に堪へざる折も折、昨日皇太子妃殿下御分娩皇孫御降誕ありとの報、雲の上より漏れ承りぬ」

明治天皇は第三皇男子を宣仁《のぶひと》と名付け、光宮《てるのみや》の称号をおくった。のちの高松宮《たかまつのみや》である。

その頃、裕仁親王は雍仁親王とともに、避寒のため静岡県沼津の故川村純義別邸に長期滞在していた。兄弟三人がそろって会うのは二カ月余り後の三月二十二日、宣仁親王が節子皇太子妃とともに沼津を訪れたときである。もうすぐ四歳になる裕仁親王は、まだ生後八十日足らずの弟に、興味津々だったようだ。

東宮侍従長の木戸孝正はこの日の日記に、「迪宮（裕仁親王）及淳宮（雍仁親王）両殿下ハ至テ御機嫌克く、何より有難《ありがた》く存せり」と書いている[47]。

宣仁親王はしばらく沼津御用邸で育てられた。その間、裕仁親王は雍仁親王とともに、たびたび乳児の弟を見に行った。

四月六日《沼津御用邸に御参邸になり、宣仁親王と御対顔になる》

四月十一日《御庭にて御運動中のところ、宣仁親王海岸よりお成りにつき、御対顔になる[48]》

もっとも裕仁、雍仁両親王にとって、何より嬉しかったのは母、節子皇太子妃との触れ合いだ。東京で宣仁親王を出産した節子皇太子妃に会うのは四カ月半ぶりである。久しぶりの母のぬくもりを、裕仁親王はどう感じただろうか。

三月三十一日《午後、（裕仁親王は）御庭の土堤上より往来を隔てて、皇太子妃と御対顔になる》

四月七日《午後、雍仁親王と共に海岸へお出ましになり、同所を御散歩中の皇太子妃とお過ごしになる[49]》

一方、父の嘉仁皇太子は前年十二月から沼津御用邸に滞在しており、両親王と触れ合う機会が多かった。『昭和天皇実録』には、両親王が近くの山でツクシやタンポポを摘み、皇太子にあげる様子なども書かれている。

自身は病弱だった皇太子は、子供たちが元気に育っていることが、よほど嬉しかったのだろう。連日のように会おうとするため、東宮侍従長の木戸が「あまり繁々《しげしげ》と会うのはよろしくない」と諫言《かんげん》したほどだった[50]。この年の一月には、沼津御用邸に参邸した連合艦隊司令長官の東郷平八郎らに両親王の写真を与え、《以後、皇太子はしばしば賜謁者等に両親王の御写真を賜う》と『昭和天皇実録』にある。

皇太子一家が沼津にそろった三月三十一日、皇太子は東宮医務顧問のドイツ人医師ベルツに、三親王を診てほしいと頼んだ。

ベルツは日記に書く。

「皇子たちに対する東宮の、父親としての満悦ぶりには胸をうたれる。まず最初、先日拝見したばかりの、一番末の皇子を見舞う。誕生後八十日にしては立派な体格、見事な発育で、お母さん似だ。上の二人の息子は現在、ほぼ四歳と二歳半になるが、まことに可愛らしい。行儀のよい、優しくて快活な坊やである。長男の皇子は穏やかな音声と静かな挙止とで、非常に可愛らしく優しいところがある。次男の皇子はいっそうお母さん似で、すこぶる活発で元気だ。(中略)今では東宮一家は、日本の歴史の上で皇太子としては未曾有のことだが、西洋の意味でいう本当の幸福な家庭生活、すなわち親子一緒の生活を営んでおられる[51]」

裕仁親王が「幸福な家庭生活」を送っていた三十八年三月、満洲では、日露戦争で最大の陸戦となった奉天会戦が行われた。乃木希典率いる第三軍も参加したこの戦いで、日本陸軍二十五万はロシア陸軍三十一万を苦戦の末に退却させ、満洲最古の都、奉天を占領した。[52]

この勝利に、日本国中が歓喜熱狂した。全国各地で祝勝会が開かれ、都市部はもちろん農村部でも万歳の声が響き渡った。

その中には、幼い裕仁親王の声もあった。

木戸によれば三月二十六日、沼津で祝勝会が開かれ、市民らが故川村純義別邸の裏にある海岸に集合、整列して万歳を唱えた。この時、裕仁親王と雍仁親王も裏門前に出て、両手を挙げて一緒に万歳したという。

「一同敬礼を為したる時ハ（両親王も）御帽ニ手を挙ケさせられ、御受ケ被遊《あそばされ》、人民一同歓喜」と、木戸は日記に書く。

国民の熱気が、両親王の暮らしぶりにも影響を与えていた様子がうかがえよう。

四月十四日、もうすぐ四歳になる裕仁親王は雍仁親王とともに沼津を離れて帰京し、東宮御所と庭続きの皇孫仮御殿に移った。この時も裕仁親王は、新橋駅で出迎えた宮中関係者や居合わせた外国公使らに挙手の敬礼をし、周囲を感心させている。[53]

御産所を改修してつくられた皇孫仮御殿には、十五畳ほどの部屋が四つと、別棟に事務室、謁見所などがあり、裕仁親王はここで、大正二年九月に東宮仮御所に移るまで兄弟三人一緒に暮らすことになる。[54]

なお、当時の東京は、戦況などを伝える号外が連日のように出されていた。裕仁親王が皇孫仮御殿に移ると同時に保母として雇われた足立孝が、こう述懐する。

「御殿は外が近いもんですから、『号外、号外』チリン、チリン、チリンと歩くんです。すると皇孫さんが『鈴を出せ』とおっしゃるんです。皮のヒモに鈴の付いたのを差し上げると、紙を持って、『号外、号外』と御殿中ぐるぐる回っておられる。だれか来ると『号外』って言ってお渡しになる」[55]

陸戦のクライマックスともいえる奉天会戦の後、国民の最大関心事は、間もなく日本近海に姿をみせる露バルチック艦隊の動向にあった。

これを迎え撃つ連合艦隊の指揮をとるのは、のちに裕仁親王の帝王教育に深く関わることになる、海軍大将東郷平八郎である。

東郷平八郎と日本海海戦

日露戦争後、その活躍から海の東郷、陸の乃木と称された東郷平八郎と乃木希典は、何かと比較されることが多い[56]。二人とも謹厳実直を絵に描いたようで、のちに神格化され、国定教科書にも取り上げられた。そして二人とも、先の大戦後は学校でほとんど教えられなくなった。

ただ、東郷には乃木にないもの、「運」があった。

開戦を目前にした明治三十六年十二月、東郷を連合艦隊司令長官に抜擢《ばってき》した海相の山本権兵衛は、明治天皇にこう言ったという。

「東郷は運のいい男でございますから[57]」

もちろん山本は、運だけで東郷を選んだのではあるまい。

新たに編成された連合艦隊は戦艦、巡洋艦、駆逐艦などを組み合わせた第一、第二艦隊の計五十五隻を擁し、その司令長官には的確果断な決断力、実行力、統率力が求められる。

山本は、強運を呼びこむ東郷の決断力を、高く買っていたのだろう。

その決断力が試されたのが、日本海海戦だった。

東郷率いる連合艦隊の最大の敵は、明治三十七年十月十五日にバルト海の軍港リバウを出撃した、バルチック艦隊である。翌三十八年四月十四日、ベトナムのカムラン湾に到着したバルチック艦隊は、ロシア第三太平洋艦隊と合流、戦艦八隻を含む計五十隻の大艦隊となって極東へ船首を向けた。

だが東郷の、勝利への確信は微塵《みじん》も揺るがない。

これより前、艦体修理と戦況報告のため一時帰国した東郷は、明治天皇の前で明言した。

「ロシア本国より新来の敵艦隊に対しては、誓ってこれを撃滅し、宸襟《しんきん》を安んじ奉ります[58]」

明治三十八年五月二十七日午後一時五十五分、敵艦隊発見の報を受けて出撃した旗艦三笠の前部マストに、決戦を示す四色のZ旗が翻《ひるがえ》った。

「皇国ノ興廃此ノ一戦ニアリ 各員一層奮励努力セヨ」(59)

この日、天気晴朗なれども波高し。勝負を決めたのは東郷の運ではなく、その決断力と、連合艦隊将兵の士気、練度の高さだった。

敵との距離が八〇〇〇メートルに近づいた時だ。三笠の艦橋に立つ東郷は右手を上げ、それを左に回しながら降ろした。ときに午後二時五分。三笠が左に急転回し、後を追って二番艦の敷島、三番艦の富士なども順次転回する。のちに東郷ターンと呼ばれる、敵前大回頭である。

縦一列で進む艦隊が敵の射程圏内で回頭するのは、海戦の常識を逸脱した、いわば自殺行為である。しかし東郷は、危険を冒してでも優位な位置をしめようと、断然決行した。そして、見事に成功する。

連合艦隊の各艦はバルチック艦隊の進路を圧迫しつつ、距離六〇〇〇メートルで砲撃を開始。先頭の戦艦二隻、スウォーロフとオスラービャを猛射した。(60)

スウォーロフ乗組の海軍中佐、セメヨノフが書く。

「我等《われら》の頭上に特別の雷鳴が轟き渡つた。爆発する鉄の鋭い響きが、大きな重い物でも投げる様に聞えた。風切は折られ、燃えた破片は落ちて、見透かすことが出来ない黒い煙が我々の身体を包んだ」「敵は我等を打ち破るため、此の破損した甲鉄艦に優勢な砲火を浴びせた。

恐ろしい火と鉄との旋風のため、艦上の装具はどしどし倒れる……」(61)

バルチック艦隊も砲撃し、三笠は多くの命中弾を受けたが、巧《たく》みな艦隊運動で先頭を圧し続ける連合艦隊の優勢はかわらない。

間もなく敵の各艦に大火災が起こり、濛々《もうもう》たる爆煙が海と空を覆った。互いに飛び交う砲弾はやがて一方向にのみ流れ、風を切り、空を裂いた。

セメヨノフの言葉を借りれば、それはもはや「戦闘ではない。射撃教練……」だった。

連合艦隊の先任参謀、秋山真之はのちに「決戦は、三十分間で片が付いた」と語っている。(62)

東郷ターンにより進路を圧迫されたバルチック艦隊の各艦は火炎と爆煙に包まれ、三十分ほどで陣形を崩した。旗艦スウォーロフは大火災を起こして艦列から脱落し、司令長官ロジェストウェンスキーは瀕死《ひんし》の重傷を負い、戦艦オスラービャは午後三時七分に沈没した。

連合艦隊主力による砲撃は五時間以上にわたって断続的に続き、バルチック艦隊の戦艦四隻、仮装巡洋艦など二隻が海の藻くずと消えた。(63)

日没後は駆逐艦隊と水雷艇隊の出番だ。俊足の小型艦が敵の大型艦を追い回し、夜陰に乗じて肉薄する。敵艦が狂乱して海面を猛射する中、駆逐艦隊と水雷艇隊の攻撃は、前方から後方から、一隊去ってはまた一隊と繰り返され、戦艦二隻、巡洋艦四隻を大破撃沈した。このうち戦艦を沈めた第四駆逐隊の司令は、のちの首相、鈴木貫太郎である。

明けて二十八日、ウラジオストクに向けて遁走するバルチック艦隊は、戦艦二隻、装甲海防艦二隻、巡洋艦一隻に減っていた。

空は澄みわたり、敗残の艦隊を隠す靄《もや》ひとつない。ロジェストウェンスキーから指揮を譲られたネボガトフは、絶望的な気持ちだっただろう。

午前十時三十分、島根県竹島の沖合で連合艦隊に包囲されたネボガトフは、戦わずして降伏した[64]。

二日間にわたる日本海海戦で、バルチック艦隊の戦闘艦二十九隻のうち二十二隻が撃沈、自沈、捕獲された。ウラジオストクに逃げ込んだのは巡洋艦一隻、駆逐艦二隻だけだ。対する連合艦隊の損失は水雷艇三隻が沈没したに過ぎない。

東郷は敵艦隊を、文字通り「撃滅」したのである。


海戦の様子は裕仁親王の耳にも届き、小さな胸を高ぶらせた。

日本海海戦の翌日、五月二十九日《午後、（裕仁親王は）二十七・二十八両日に対馬沖において行われたロシア艦隊との海戦の捷報《しょうほう》を東宮職御用掛桑野鋭よりお聞きになる。夜、海戦の戦況につき、侍医補原田貞夫よりお聞きになる[65]》。

日露戦争中、静岡県沼津の故川村純義別邸や神奈川県箱根の富士屋ホテル別館に滞在することの多かった裕仁親王は、弟の雍仁親王と、海に山にのびのびと過ごしていたが、お付きの者たちが語り聞かせてくれる戦争の話に、子供らしい関心を抱いていたようだ。

この年の十月十二日に靖国神社へ行った際、英霊が祀られていると教えられ、「この中に

もあった。

広瀬中佐もいるの？」と尋ねたと、『昭和天皇実録』に記されている。(66)避暑先の栃木県日光で近在の子供たちが戦争ごっこをして遊んでいるのを、雍仁親王と一緒に見つめていたこともあった。(67)

ロシア皇帝ニコライ二世がアメリカ大統領セオドア・ルーズベルトの斡旋《あっせん》を受け入れ、日露講和のポーツマス条約が調印されたのは、日本海海戦からほぼ三カ月後の九月五日である。近代戦で初めて、有色人種の国が白色人種の大国を打ち破ったのだ。日本の勝利は、欧米列強の植民地だったアジア諸地域の人々にも、独立への勇気を与えたといえるだろう。

インドネシアの高校歴史教科書（二〇〇〇年版）には、こう書かれている。

「日本のロシアに対する勝利は、アジア民族に政治的自覚をもたらすとともに、アジア諸民族を西洋帝国主義に抵抗すべく立ち上がらせ、各地で独立を取り戻すための民族運動が起きた。（中略）太陽の国が、いまだ闇の中にいたアジアに明るい光を与えたのである」(68)

一方、欧米列強では、フランスやドイツなどで日本を脅威とする黄禍論が高まった。アメリカのメディア論調も、当初は日本に好意的だったが、次第に日本をライバル視する傾向が強くなる。(69)

日本国内でも、勝利の余韻は長く続かなかった。講和条約でロシアから賠償金を取れなかったことに反発し、暴徒が内相官邸などを襲う日比谷焼打事件が発生。巨額の債務の穴埋めと国民の批判をかわすため、政府は以後、対外強硬路線に傾くようになる。

日露戦争の勝利により、日本は列強の一員として歩み出した。しかしそれは、新たな国際摩擦への一歩でもあった。

裕仁親王、四歳の夏である。

遊び相手

日露戦争が終わって間もない明治三十八年九月二十六日、裕仁親王と雍仁親王の養育責任者だった東宮侍従長の木戸孝正が、体調不良を理由に養育の務めを辞した。替わって大任を託されたのは、嘉仁皇太子の信任が厚い東宮侍従、丸尾錦作である。

丸尾は皇太子の学習院初等学科時代の担任で、教育は「厳しいのがいちばん」が口癖だった(70)。

東宮侍従の甘露寺受長が、こんなエピソードを書き残している。

――ある日のこと、裕仁親王は庭での遊びに夢中になり、帰りの時間が遅れてしまった。すると丸尾は、「時間をお忘れになるとは何事です。うちへお入れしません」と叱りつけ、玄関に立ちふさがってどうしても通さなかった――(71)。

のちに裕仁親王は、人と会うときなど「一分も早くなく、一分も遅くなく」と自らを律するが、それは丸尾の影響もあったと甘露寺は書く。

丸尾が皇孫御養育掛長に就任した翌月、裕仁親王の生活環境を変える、もう一つのことがあった。

遊びの「御相手」ができたのだ。

十月十三日《午後、裕仁親王・雍仁親王の御相手として参殿の華族女学校幼稚園児久松定謙・稲葉直通・千田貞清・山岡重幸の四名及び付き添いの学監下田歌子・助教野口ゆかに謁を賜い、御庭にて御相手と御一緒にお遊びになる[72]》

十月二十一日《午後、(裕仁親王は)雍仁親王と共に、御相手を伴い東宮御所に御参殿になり、皇太子・皇太子妃へ御相手を御紹介になる[73]》

この頃つくられた「皇孫御養育掛分課内規」によれば、御相手は「華族及宮内高等官ノ子弟ニシテ皇孫ト御同年齢ノ者」から選ばれ、「皇孫御遊戯等ノ御合手ヲ為ス」とされた。以後、御相手は少しずつ増え、交代で遊びにくるようになる。

それまで裕仁親王の同年代の遊び相手は、一歳下の雍仁親王だけだった。大勢の子供たちが戦争ごっこなどに興じるのを、遠くに見ているしかなかった。

しかし、これからは違う。

『昭和天皇実録』には、両親王が御相手と一緒に芋掘りをしたり、鬼ごっこをしたりする様子がしばしば記されている。子供は順応が早い。両親王はすぐに打ち解けたことだろう。

一方、養育担当者からみて、好ましくない影響もあったようだ。

三十九年六月十四日《頃日、御相手の用いる「此やつ」「ヤイ」「ウン」等の言葉を御使用につき、皇孫御養育掛長丸尾錦作より、御使用を慎むべき旨の言上を受けられる》[74]

なお、幼少期の裕仁親王の発育状況を知る資料として昭和五十四年に見つかった「迪宮殿下淳宮殿下御状況報告」がある。[75]明治から大正にかけて内相や首相を歴任した原敬が保管していたもので、裕仁親王四歳、雍仁親王三歳のときの記憶力、理解力、推理力などについて、以下のような内容が記録されている。

明治三十八年十二月報告

【記憶】〈裕仁親王〉姓名、人の所作などの記憶がとてもよく、一年あるいは二年前のことでもよく記憶していて、日々驚かされることが多い。〈雍仁親王〉迪宮ほどではないが、普通児よりははるかによく、一度止めたことは決して再びすることはない。「いけない　いうたから　しない」と言っている。

【理解】〈裕仁親王〉数については、七月頃にはまだ二という数の概念も十分でなく、物の数をかぞえようという考えはほとんどなかったが、次第に進歩し、今は五までは会得している。〈雍仁親王〉数についての概念は、とても少なかったが、今は四まではしっかり数えられる。

【推理】〈裕仁親王〉想像力が強いとともに、何事によらず推理されることも多い。〈雍仁親王〉年にもまして、とても強い。

【友愛】〈裕仁親王〉弟宮たちを思う心の厚いことは、とても立派で、一片の紙すら自分が得たなら必ず淳宮にと言う。〈雍仁親王〉五、六月頃には、少しでも兄宮の手が自分の玩具に触れることがあれば、「いけない、悪いおにいちゃま」と言っていたが、今は折り紙一つあげても「御兄様のないから、拵《こし》らえてくれ」と言う。

【気象】〈裕仁親王〉積極的、破壊的、創造的であり、玩具で動物園一つ作っても、壊してはまた作り直し、幾度となくさまざまに工夫して遊ぶ。〈雍仁親王〉守成的であり、積み木なども、一つ積み立てるとなかなか壊さず、見て楽しむ。

このほか報告には、裕仁親王が以前はハエやバッタなどを捕まえて酷たらしく扱っていたこと、しかし最近は何事でも「かわいそうだから」と言えば許すようになったこと、沈着した態度は「いまた御発達あそばされ」ないことなどが、詳細に記されている。

皇孫御養育掛長の丸尾錦作らは、こうした観察を定期的に行うことで、両親王の短所を改め、長所を伸ばしていったのだろう。

幼稚園課業

明治三十九年五月四日《この日より（裕仁親王は）雍仁親王と共に、規則を立てての幼稚園課業をお始めになる》[76]

裕仁親王は五歳になったばかり、雍仁親王はもうすぐ四歳。ただし幼稚園課業といっても、多数の園児のいる施設に通うのではなく、皇孫仮御殿内で同年代の「御相手」と一緒に学ぶ形式だ。

課業の内容は礼の作法、粘土細工、自由遊戯、唱歌など。御相手は八人で、学習院通学の一人を除く七人が二組に分かれ、一日おきに仮御殿に通った。

皇孫御養育掛長の丸尾錦作によれば、起床は遅くても午前六時半。まず侍医の診察を受け、伊勢皇大神宮の神札と天皇皇后、皇太子同妃の御真影に朝拝。朝食後に三十分の休憩があり、午前九時から課業。午後は御相手と一緒に「運動遊戯を遊ばす」というのが日課である。[77]

幼稚園の様子を嘉仁皇太子や節子皇太子妃が見学することもしばしばあった。『昭和天皇実録』には《皇太子妃がお成りになり、端午の節句の人形飾り、幼稚園の御模様を御覧になる》[78]、《皇太子・同妃御参殿につき、（裕仁親王は）雍仁親王と共に皇孫仮御殿内の幼稚園へ御案内になり、積木・唱歌等の様子を披露される》(79)などの記述が散見される。

御相手がいることで、遊びのバリエーションも増えた。木登り、椅子取り、鬼事、尻尾取り……。(80)御相手はそれぞれの親などから、遠慮しないよう、わざと負けたりしないよう言い含められており、ときには玩具の取り合いなどもしたことだろう。

戦争ごっこもした。

《（裕仁親王は）かねてより雍仁親王及び御相手と共に、戦事のお遊びをしばしばされる。この日は初めてランドセルを背負われ、鉄砲玩具をお持ちにて僊錦閣《せんきんかく》前までお出ましになり、御自身で御工夫の戦事をされる》(81)

裕仁親王は、いつも一方の指揮官役だった。当時の様子を、のちに丸尾がこう述懐している。

「御相手と申しても無邪気な子供のことであるから、我儘《わがまま》を言つて容易に、御《お》仰《おお》せに従はない時もあるが、其《それ》を巧に統御遊ばして行かれる段は傍で拝見してゐて感に打たれることが屢々《しばしば》あつた」(82)

保母の足立孝もこう振り返る。

「何時も、陛下（裕仁親王）には指揮官とお成り遊ばし、淳宮殿下（雍仁親王）は御兄宮様の部下にお成りになつて、決して敵味方にお別れになるやうなことはありませんでした。そのお仲のお睦《むつ》じいことは、お側に奉仕する者の何時もお喜び申上げてゐたことで御座《ござ》います」(83)

裕仁親王の幼稚園時代は、嘉仁皇太子や節子皇太子妃、同年代の「御相手」の愛情、友情に包まれ、充実していたといえる。

東宮御所と皇孫仮御殿とは庭つづきで、両親の愛情を身近に感じることもできた。東宮侍従を務めた甘露寺受長が、こう述懐する。

「大正さま（嘉仁皇太子）は、ごくお気軽なお方で、縁のほうからドンドン（皇孫仮御殿の敷地内に）おはいりになった。妃殿下もご一緒だった。そして、迪宮さまや、淳宮さまや、光宮さまや、お学友たちにまじって、鬼ゴッコやしっぽ取りなどをしてお遊びになった。妃殿下も、われわれ侍従も、武官も、養育掛も、女官も、いっしょになってやったこともあった。まったく楽しい雰囲気だった(84)」

もっとも、家族が一つ屋根の下で一緒に暮らしているわけではない。夏と冬は栃木県日光や静岡県沼津に長期滞在するため、離ればなれになる。両親に甘えたい盛りに、自由に会えない寂しさはあっただろう。

明治四十年三月、沼津の御用邸西附属邸（旧川村純義別邸）に避寒で滞在していた時のことだ。嘉仁皇太子と節子皇太子妃が近接する本邸に来ることになったため、裕仁親王は門前で待っていた。しかし馬車が通り過ぎる時、皇太子妃とは目を合わせたが、反対側に座っている皇太子の顔を見ることができなかった。

五歳の裕仁親王は、じっとしていられなかった。

《(裕仁親王は)二、三歩前に進み出られ、「おもう様、おもう様」と声を限りに呼びかけられる。それより皇太子に御拝顔のため直ちに本邸にお入りになることを希望されるも、側近に諫《いさ》められ、一旦御帰邸の後、改めて(中略)本邸に参邸され、皇后並びに皇太子・同妃に御拝顔になる(85)》

裕仁親王は、久しぶりに会う「おもう様(父)」と「おたた様(母)」に、思いっきり甘えたかったのだろう。『昭和天皇実録』には、むずかる裕仁親王を皇太子と皇太子妃が優しくなだめる様子も描かれている。

だが、やがて天皇となる身だ。甘えられる時期は短い。四十一年四月、裕仁親王は学習院初等学科に入学する。いよいよ帝王教育が本格的に始まるのだ。

出迎えたのは、学習院長の乃木希典である。

註

（1）『実録』一巻二頁から引用
（2）文中の「辛丑」は干支《えと》のひとつで、暦では一九〇一年。「祥雲」はめでたい雲、「瑞靄」はめでたい靄《もや》。ともに吉兆を示す
（3）『実録』一巻八～九頁から引用
（4）『実録』一巻より
（5）明治三十四年五月七日の国民新聞より
（6）同月六日の時事新報、七日の国民新聞より
（7）『実録』一巻九頁から引用
（8）田中光顕（元宮内大臣）監修『聖上御盛徳録』より
（9）薩摩、長州両藩出身者が閣僚の大半を占め、国家を左右する政治形態
（10）『原敬日記』一巻より
（11）『聖上御盛徳録』より
（12）甘露寺受長『背広の天皇』より
（13）明治三十四年五月五日の国民新聞より
（14）『実録』一巻一二頁から引用
（15）『ベルツの日記』上巻二三〇～二三二頁（明治三十四年九月十六日付）から引用
（16）『実録』一巻二〇、二二、二五、二六、三三、四二、四五頁から引用
（17）、（18）『聖上御盛徳録』より
（19）『背広の天皇』より
（20）『聖上御盛徳録』四八～四九頁から要約（原文は古文）
（21）柳原花子回想録（『聖上御盛徳録』所収）から引用
（22）増田たま謹話（同）から引用
（23）長與善郎「自分のうけた印象」（安倍能成代表著『天皇の印象』所収）から引用
（24）エセル・ハワード『明治日本見聞録』二八二頁から引用
（25）『実録』一巻四二頁から引用
（26）『ベルツの日記』下巻一八頁（明治三十七年二月十二日付）から引用
（27）『実録』一巻三七頁から引用
（28）鈴木（旧姓足立）孝「天皇・運命の誕生」（文藝春秋編『昭和天皇の時代』所収）から引用。足立はのちに鈴木貫太郎首相の妻となる
（29）『実録』一巻より
（30）国立歴史民俗博物館所蔵「木戸家文書」より
（31）明治三十七年十一月八日付「木戸孝正日記」（宮内庁書陵部編『書陵部紀要』第五三号所収）から引用
（32）エレーヌ・カレール＝ダンコース『甦るニコ

ライ二世』より
(33)、(34)和田政雄編『乃木希典日記』より
(35)桜井忠温『肉弾』二二〇頁から引用（一部要約）
(36)参謀本部編『明治卅七八年日露戦史』より
(37)佐々木英昭『乃木希典』より
(38)井上幾太郎「日露戦役従軍日記」（長南政義編『日露戦争第三軍関係史料集』所収）より
(39)『明治卅七八年日露戦史』より
(40)ロシアの旅順艦隊は八月十日の黄海海戦で日本の連合艦隊に敗れ、ほぼ無力化していたが、海軍はそれを察知できず、二〇三高地攻略によって全滅が確認された
(41)「日露戦役従軍日記」より
(42)井上幾太郎講演録「日露戦役経歴談」（『日露戦争第三軍関係史料集』所収）より
(43)「日露戦役従軍日記」より
(44)一九二一年の第七回モスクワ県党会議におけるレーニンの報告（『レーニン全集』三三巻所収）より
(45)『実録』二七巻一二四頁から引用
(46)『実録』一巻七二頁から引用
(47)「木戸孝正日記」（『書陵部紀要』五四号所収）から引用
(48)『実録』一巻七八、七九頁から引用
(49)『実録』一巻七八頁から引用
(50)「木戸孝正日記」明治三十八年二月二十二日付より
(51)『ベルツの日記』下巻三六六～三六七頁から引用
(52)旧参謀本部編『日本の戦史　日露戦争』下巻より
(53)「木戸孝正日記」より
(54)永積寅彦『昭和天皇と私』より
(55)「天皇・運命の誕生」から引用
(56)海の東郷、陸の大山（巌・満洲軍総司令官）と称されることもある
(57)伊藤正徳『大海軍を想う』より
(58)　小笠原長生編著『聖将東郷全傳』一巻より。宸襟は「天子（天皇）のお心」
(59)海軍軍令部編『明治三十七八年海戦史』より
(60)、(63)、(64)海戦の推移は海軍軍令部編『極秘　明治三十七八年海戦史』、『明治三十七八年海戦史』より
(61)ウラジミル・セメヨノフ『日本海大海戦　殉国記』五四～五七頁から引用
(62)大正二年の秋山真之講演録「日本海々戦の回想」（秋山真之『軍談』所収）より

(65)『実録』一巻八三頁から引用
(66)『実録』一巻九九頁より。広瀬中佐は連合艦隊による旅順閉塞《へいそく》作戦で戦死した広瀬武夫
(67)『実録』一巻九一頁より
(68)イ・ワヤン・バドリカ『インドネシアの歴史』二四三頁から引用
(69)平間洋一編著『日露戦争を世界はどう報じたか』より
(70)髙橋紘『人間 昭和天皇』上巻より
(71)『背広の天皇』より
(72)『実録』一巻九九頁から引用。「御相手」の久松定謙は伯爵・久松定謨の子、稲葉直通は子爵・稲葉順通の子、千田貞清は男爵・千田貞暁の孫、山岡重幸は陸軍砲兵中佐・山岡熊治の子
(73)『実録』一巻一〇〇頁から引用
(74)『実録』一巻一三六頁から引用
(75)『原敬関係文書』別巻に所収。以下、報告の内容は同書五〇七～五一四頁より（原文は一部片仮名交じりの古文で敬語表記）
(76)『実録』一巻一三〇頁から引用
(77)『聖上御盛徳録』より
(78)『実録』一巻一三一頁から引用
(79)『実録』一巻一三五頁から引用
(80)鬼事は鬼ごっこ、尻尾取りはズボンの後ろにハンカチをはさんで取り合うゲーム。裕仁親王のお気に入りだった
(81)『実録』二巻二五頁から引用。僊錦閣は御用地内にあった建物
(82)丸尾錦作謹話「天晴未来の明君」（『聖上御盛徳録』所収）から引用
(83)鈴木（旧姓足立）孝謹話「幼稚園御修業のころ」（『聖上御盛徳録』所収）から引用
(84)『背広の天皇』一四頁から引用
(85)『実録』二巻一四頁から引用

第二章——帝王教育

学習院と乃木院長

学習院——。主に華族の子弟が学ぶ教育機関として明治十年に創立された、宮内省直轄の官立学校だ。華族中心ながら当時は武術、馬術など武課教育を重視しており、学習院の名称は明治天皇が定めた(1)。

この学習院の第十代院長に、明治天皇の意向で軍事参議官の乃木希典が就任したのは明治四十年一月、裕仁親王が入学する一年前である。

明治天皇は詠んだ。

いさをある　人ををしへの　親にして
おほしたてなむ　やまとなでしこ(2)

乃木の院長就任により、学習院の空気は一変した。同校はその頃、柔弱華美の弊に流れていると批判されることもあったが、「(乃木院長が)明治四十年代の学習院に大きな影響を与え」たと、『学習院百年史』に書かれている。[3]

乃木が学習院に持ち込んだのは、質実剛健、質素勤勉の気風である。中・高等学科を全寮制として自ら住み込み、生徒と寝食をともにし、「贅沢《ぜいたく》ほど人を馬鹿にするものはない」「寒い時は暑いと思ひ、暑い時は寒いと思へ」と訓示した。[4] 規律は厳格で、華族だろうと年少だろうと容赦はしない。

院長就任後の四十年四月四日の寒日、乃木は早速、皇孫仮御殿を訪れた。

《学習院長乃木希典参殿につき、（裕仁親王は）雍仁親王と共にそれぞれ謁を賜う。乃木より、今日の様に寒い時や雪などが降って手のこごえる時などでも、運動をすればあたたかくなりますが、殿下はいかがでございますかと尋ねられ、ええ運動しますとお答えになる》[5]

裕仁親王は、火鉢にでも当たっていたのだろう。乃木は断然、外遊びを促した。学習院に入学する一年前からこの調子である。

四十一年四月十一日、学習院初等学科の入学式。約百人の新入生が整列する講堂の前列中央に、制服姿の裕仁親王はいた。

開式後、乃木が厳かに教育勅語を奉読する。それを裕仁親王は、「他の学生に劣らざる不動の姿勢もて終始整然と御直立」して聞いた。[6]

その健気な姿勢に、乃木は、将来の天皇の初等教育を担う自らの責任を再認識したことだろう。

当時の初等学科一学年は東西二学級編成で、裕仁親王は同学年の華頂宮《かちょうのみや》博忠王、久邇宮《くにのみや》邦久王とともに西組に所属した。クラスメートは十二人。「華族以上ノ子弟ニシテ品行方正且家庭ノ正シキ者」から選ばれた。

平日は四時限ないし五時限、土曜は三時限で、以下の時間割だ。[7]

月曜	①訓話または国語	②算術	③唱歌または遊戯	④国語	⑤手工
火曜	①国語	②算術	③遊戯または唱歌	④国語	
水曜	①訓話	②算術	③図画	④国語	⑤唱歌または遊戯
木曜	①国語	②算術	③遊戯または唱歌	④国語	
金曜	①訓話または国語	②算術	③国語	④唱歌または遊戯	⑤国語
土曜	①算術	②遊戯または唱歌	③国語		

『昭和天皇実録』によれば《四時限の日は正午前に、五時限の日は午後二時前に御帰殿になる。（中略）御帰殿後は御学友が交代で出仕し、復習や運動・お遊びのお相手を勤める[8]》のが日課である。

東京・青山の皇孫仮御殿から四谷の学習院まで、最初は馬車で通っていたが、一学年の十一月以降、晴天の日は徒歩で通学した。質実剛健、質素勤勉を重んじる乃木の方針だろう。

裕仁親王は、そんな学校生活を楽しんだようだ。四十一年十二月二日の『昭和天皇実録』には、《未明に御吐逆あり、御朝食後も御吐逆になる。しかるに授業御欠席を肯んぜられず、御登校を御懇望につき例刻登校されるも、二時限までの御学習にて御帰還になり、直ちに御仮床になる》(9)との記述もある。

ただ、低学年の頃は病弱気味で、冬季に避寒のため静岡県沼津や熱海などに長期滞在する習慣は、学習院入学後も続けられた。毎年一月から三月までの三学期は御用邸敷地内に設けられた学習院教場で授業を受ける。学友も避寒先で過ごし、裕仁親王と机を並べた。弟の雍仁親王、宣仁親王も一緒だ。

「ご健康第一ということで転地をなさったのだと思います。時々風邪をお引きになられたし、それ程お弱いというのではありませんでしたが、頑強なほうでもなかったのでしょう。（中略）沼津で殿下と私共が学んだ所は、現在も残っております沼津御用邸の東附属邸ですが、その東附属邸の一部に私どもも泊まっていたので、三殿下のお学友四人ずつ十二人全員が揃《そろ》った頃は、かなり賑《にぎ》やかでした」と、学友の永積寅彦（のちの侍従次長）は述懐する。(10)

一方、乃木が直接授業を行うことはない。乃木の役目は、日々時々に発する訓示だ。裕仁親王をはじめ初等科の児童を、こう戒めた。

一、口を結べ。口を開いて居るやうな人間は心にもしまりがない

一、眼のつけ方には注意せよ。始終きよろ〳〵して居るのは心の定まらない証拠である
一、男子は男子らしくなくてはいかん。弁当の風呂敷でも赤いのや美しい模様のあるのを喜ぶようでは駄目だ
一、恥を知れ。道にはづれたことをして、恥を知らないものは禽獣《きんじゆう》に劣る
一、洋服や靴は大きく作れ。恰好《かつこう》などはかまふな……(11)

乃木は、華族が中心の保護者に向けた講話でも、歯に衣着せなかった。

一、学問の出来ると出来ないとは生来もあることで仕方がないが、躾《しつけ》方の良いと悪いとは家庭の責任
一、礼は洒掃《さいそう》応対に始まるといつて、小さい時から掃除をさせたり家事を手伝はせたりして、自然に礼儀作法を教へることが大切である。それだのに近頃の子供は飯の食ひ様も知らぬ程で苦々しく思ふ。家庭の注意を要する
一、学習院の寄宿舎ではまづい物許り食べさせるやうに家庭で思はれるかも知れないが、なかなかそんなことはない。私も始終同じものを食べて居るが、私などには少し贅沢すぎる位のものであるから、学生がたまに家に帰つたとて御馳走など無暗に大切にするには及ばない……(12)

贅沢華美になりがちだった学習院に持ち込まれた、乃木式の質素勤勉教育——。それは必ずしも、生徒全員に受け入れられたわけではない。当時、学習院の一部生徒や卒業生らが文芸雑誌『白樺《しらかば》』を創刊し、のちに白樺派として文学界をリードするが、彼ら文学青年の多くは乃木に批判的だった。

裕仁親王より三歳年長で学習院に在籍していた白樺派の一人、長與善郎は戦後の自伝小説の中で、乃木が学習院に持ち込んだのは上辺だけの質朴剛健だったとして、こう書き残している。

「乃木さん自身は別に軍国主義を強制したわけではなく、誠意過多症と誰かが適評したごとく、信念に忠実なあまりの熱心さと、その最期が示す通りの激しい忠義一徹の純情とから、（中略）一寸したことも見て見ぬふりの出来ぬ、重箱の隅までほじくる干渉のやかましさとなったので、いわば古武士の悲劇的ドン・キホーテだったのだと思う[13]」

ただ、乃木は口で聞かせるだけでなく、自ら寄宿舎に寝泊まりし、質素勤勉を自身の態度で見せた。上辺だけでなく、心底感化された生徒も多かっただろう。

裕仁親王もその一人だ。

教員（唱歌担当）の小松耕輔によれば、消しゴムは豆粒くらいになるまで使い、鉛筆も一センチほどの短さまで使った[14]。

保母役だった足立孝が述懐する。

「ある日、お帰りになって、『院長閣下が、着物の穴の開いてるのを着ちゃいけないが、つぎの当ったのを着るのはちっとも恥じゃない、とおっしゃるから、穴の開いてるのにつぎを当てろ』とおっしゃられて、私どもは穴のあいてる御洋服や靴下につぎを当てました」[15]

乃木が身体を張って教えた質素勤勉は、裕仁親王の胸奥に、しっかりと実を結んでいたようだ。

学者の素地

ある日のこと、養育係の一人が、ミノムシに似た珍しい虫を見つけたので、裕仁親王に見せに行った。すると裕仁親王は、「ああ、それはこの本にある」といってドイツの動物絵本を取り出し、百ページ以上もある挿絵の中から迷わず同種の虫を指し示した――。

内相や首相を歴任した原敬が保管していた「迪宮殿下御心意状態」[16]に記されている、裕仁親王九歳の頃のエピソードだ。

同文書にはこのほか、明治四十三年度の報告として、学習院初等学科三年の裕仁親王の発育状況が、具体例とともに記されている。

「年齢及学年ノ増進ニ伴ヒテ　体力及諸心力ノ発達　非常ニ著シクアラセラレ　学事上ニ関スルコトハ勿論《もちろん》其他一般日常生活　殊ニ遊戯等ニ於カセラレテハ　一層知的ニ進マセラレ

高尚複雑ニナラセラレシノミナラズ（中略）従来ノゴトク単ニ架空的想像的ノモノヨリモ
漸々実際的ニナラセラレタリ」

養育担当者らの報告なので、割り引いて考えなければならないが、体力も知力も、周囲の期待以上に向上していたといえるだろう。

「意志モ常ニ鞏固《きょうこ》ニアラセラレ　学習院ノ規則其他何事ニテモ一度規定アラセラレタル事ハ
極メテ正確ニ守リ遊バサル　サレド又《また》少シニテモ納得アソバシカヌル事ノアラセラル、時
ニハ　飽クマデモ追及アソバサレ　然ル後服従アラセラル」

同文書では、この頃の裕仁親王の長所として、観察力と記憶力が優れていること、動物や昆虫の採集、分類、標本づくりなどの才能が際立っていること、人を思いやる心があることなどを挙げている。その半面、たまに規則を自分の都合のよいように解釈することや、授業で発表するときの発音（とくに濁音や促音など）に問題があることを指摘する。[17]

担当教員らの回想によると、学業では算術が良くでき、次いで理科、地理、歴史などが得意科目だった。一方、不器用なところがあり、図画や手工、体育は不得意だったという。[18]やや神経質ともいえるほど潔癖な面も、その頃からみられた。机上など「常ニ整然トシテ一糸乱レズ　弟宮方ノ御机上トハ格段ノ御違ヒ」であり、雑誌なども号を順番にそろえて整理しておく性格だった。[19]

学友の松平直国は、「ゲームの時にはよく曖昧なことを我々がやることに対して、相当な抗議をなされました」と述懐する。[20]

このほか『昭和天皇実録』の学習院初等学科時代の記述には、成人後の性格や言動につながるエピソードが幾つも盛り込まれている。

明治四十三年夏、九歳の裕仁親王は、海で小魚を捕まえたり、山で虫取りしたりするのが何より好きな少年だった。

八月一日《(神奈川県葉山の御用邸に滞在中)海岸ではしばしば魚介類や藻類を御採集になり、また御用邸近傍の地においては捕虫網にて蝶《ちょう》などの虫捕りを行われることが多く、捕獲された昆虫類は標本箱にて御整理になる》

八月三日《子爵松平乗承《のりつぐ》参邸につき謁を賜い、妹尾秀美ほか著『日本有用魚介藻類図説』の献上をお受けになる。(中略)同書はその後もお手許《てもと》に留め置かれ、御愛読になる》

八月二十八日《西洋罫紙《けいし》に「てふとがとせゝり」(蝶と蛾とセセリチョウ)を題に、鉛筆にて「本州に居るもの」とお書きになり、名和昆虫研究所工芸部製作「蝶蛾鱗粉《りんぷん》転写標本」により五十種ほどの名称を抜粋し、分類してお書き取りになる》(21)

のちに生物学研究で多くの専門書を著す〝学者天皇〟の素地は、この頃から備わっていたようだ。

生涯を通じての相撲好きも、初等学科時代から本格化していた。

四十三年三月六日《皇后より拝領のゼンマイ仕掛けの力士玩具などにてお遊びになる。な

お、この頃親王は御学友・側近等と相撲を取られるほか、御自ら四十八手を御考案になるなど、相撲に格別の御興味を示される》

六月六日《雍仁親王・宣仁親王と共に馬車にて両国の国技館にお成りになる。東京大角《おおずもう》力協会員等の奉迎《ほうげい》を受けられ、（中略）貴賓席において力士の土俵入り及び取組を御覧になる》(22)

相撲観戦に付き添った側近の記録によれば、裕仁親王はこの日、取組表を手元に置き、時々「最近角力便覧表」を取りだしては東西力士の年齢、身長、体重、得意技を比較して勝敗を予想するなど、「格別御興味深ク御観察」していたという。

大関国見山の熱戦の後、裕仁親王は言った。

「国見山、はじめ『突出し』で後で『咽喉輪《のどわ》』よ。そうしてまた突いたの」(23)

一瞬のうちに決まり手を正しくみてとった観察力に、側近は舌を巻いた。

明治天皇の崩御

明治四十四年四月、学習院初等学科四年生になった裕仁親王は、静岡県沼津に滞在中の皇后（昭憲皇太后）に、こんな手紙を出した。

――だん〴〵お暖になりまして、東京は桜もちつて今は若葉の美しいころとなりました。御ばば様おかはりはあらせられませんか、おうかがひ申上げます。沼津ではたび〳〵うかがひまして、種々な物をいただきましてありがたうございます。

又、度々おなりをねがひましておそれ入りました。

東京では淳宮（雍仁親王）も光宮（宣仁親王）もわたくしもぢやうぶで居りますから御安心あそばせ。休みの間はしんじゆくや、どう物園などへまゐりました。

学校は今日からはじまりまして、光宮も学習院にまゐりました。

御ばば様おからだをおだいじにあそばせ。光宮からもよろしく申上げます。

四月十二日　　　　　　　　　　　　　　　　裕仁

御ばば様――(24)

皇后は、三人の皇孫をことのほか可愛がった。裕仁親王らが沼津の御用邸西附属邸で避寒中は、自身も本邸に滞在し、《種々談話され》たことが、『昭和天皇実録』に書かれている。新学期で帰京した裕仁親王は、しばらく皇后とは会えない。皇后も寂しいだろうと、思ったのだろうか。

その頃、節子皇太子妃が腸チフスに感染し、神奈川県葉山の御用邸で長期間静養していた。裕仁親王は、手紙を書いた。

──おたたさま　日一日とおよろしくおなりあそばしてうれしうございます。もうおにはさき（お庭先）のごうんどうもあそばしますか、おしよくじもようめしあがりますか。

私共はまいにちげんきよく学校にかよつてをりますからごあんしんくださいませ。

（中略）五月二十七日には水交社ですまふ（相撲）を見、六月六日には校外教授で水交社の参考館に行つて日露日清の戦争の記念物を多く見ました。

おたたさま　ます〳〵お暑くなりますからなほ〳〵おだいじにあそばして一日も早くごぜんかいをいのります。

六月十日　　　　　　　　　　　　　　　　　裕仁

御母上様──(25)

多数の養育係らに囲まれ、手厚く育てられていた裕仁親王だが、心のよりどころは家族だったのだろう。

だが、そんな生活環境を激変させることが起きる。

明治天皇の様子に、明らかな異変がみられたのは明治四十五年七月十五日、枢密院会議の席上だった。

ふだんの明治天皇は、会議で玉座につくや端然とし、微塵も姿勢を崩さない。ところがこの日は、閣僚や枢密顧問官が居並ぶ中で、居眠りをしたのだ。

日露の秘密協約に関する会議である。交渉経過を説明するはずだった首相の西園寺公望らは、はじめて見る異変に戸惑い、狼狽《ろうばい》したことだろう。

何より明治天皇自身が驚いた。会議終了後、左右の近侍に「重要な会議なのに疲労に堪えず、覚えず座睡を三回もしてしまった」と漏らしたと、宮内省編纂の『明治天皇紀』に記されている。(26)

明治天皇は翌十六、十七日も公務につくが、不整脈がみられ、十八日には「終日恍惚《こうこつ》として仮眠」する状態だった。そして十九日の夕食時、「眼がかすむようだ」と言って椅子から立ち上がり、よろけるように倒れた。近侍らが慌てて布団に寝かせたが、四〇・五度の高熱で、やがて昏睡《こんすい》状態に陥った。(27)

翌朝、東京帝国大学医科大学教授の医師二人が尿毒症と診断。急ぎ参内した元老、閣僚、陸海軍大将、枢密顧問官らは愕然として色を失った。

慶応三（一八六七）年に十四歳で即位した明治天皇は、極東の小国から世界の一等国へと急成長を遂げた近代日本の、大黒柱そのものだった。外は日清日露の戦役に勝利し、内は大日本帝国憲法を制定して法治国家となりえたのも、絶大なカリスマだった明治天皇の存在抜きには語れない。

二十一日、新聞各紙が「聖上陛下御重態」と一斉に報じると、皇居二重橋前には無数の国民が連日群がり、夜になっても去らなかった。

皇居には皇族や重臣らが入れ代わり立ち代わり参内し、明治天皇を見舞った。当時十一歳の裕仁親王も、九歳の雍仁親王も、一日おきに参内した。

　戦後、雍仁親王がこう綴っている。

「お見舞に参内するたびに僕らを驚かせたものは、七月末の炎熱下、二重橋前の砂利の上に坐って、幾百人、否、幾千人であろう人々が、天皇陛下の平癒を祈る姿であった。僕らは日ごろから、祖父上を肉親というよりは公人、天皇として偉い方だと考えるように習慣づけられていたのだが、この光景を見ては、これほどにお偉いのか、といまさらのように驚嘆の瞳を見開かないわけにはいかなかった」[28]

　雍仁親王にとって明治天皇は、「肉親というよりは公人」だった。病床の祖父を見舞う際には、複雑な思いもあったようだ。

「このおじい様は、世間のおじい様が、眼の中に入れても痛くない、というような孫の可愛いがり方は、一度だってされたことはない。（中略）ただ、物心もつかないころから周囲の人々によって、先入主的に教えこまれた形式的の敬慕、といったようなものがあっただけである。いつわらないところは、むしろ『こわい』『おそろしい』といったものであった」

「いよいよ御病室の近くに行くと、静かにと注意された。入口をまわって室の外、お枕の方からお辞儀をし、御様子を伺ったが、わずかに頭髪がやっと見えるくらいのものだった。実はおそろしくてそれ以上は見ようとしなかったのだ。断続的に、お苦しそうな声が聞えるのだから、いたたまれない気持でいっぱいで、もじもじしながら、なるべく眼をそらせて、しばらくそこに坐っていた」[29]

国民を赤子《せきし》とする明治天皇は、肉親への愛情表現を極度に抑制するところがあり、皇女が参内しても会わなかったと伝えられる。[30] 年少の雍仁親王が、祖父に対して「むしろ『こわい』『おそろしい』といった」感情を抱いたのも無理はない。

一方、裕仁親王は、雍仁親王とは異なる感情を抱いたようだ。侍女だった足立孝が当時を述懐する。

「（明治天皇を見舞った裕仁親王が）還御されるとき廊下の所でおむずかりになるんです。『どう遊ばしたんですか』と言うと、『きょうはおじじさまの御対面が短かった』とおっしゃる」[31]

足立によれば、大抵の人は明治天皇の前に立つと萎縮し、何も話せなくなるが、「迪宮さま（裕仁親王）だけは平気で、『おじじさまこれを拝見』と、置いてある置物などを御拝見になった」という。[32]

見舞いのときに裕仁親王は、これが祖父、明治天皇との最後の対面になるかも知れないことを悟り、面会時間の短さを嘆いたのではないか。

四十五年七月二十九日《午後十時四十三分、天皇崩御す。急報により、午後十一時十二分（裕仁親王は）雍仁親王・宣仁親王と共に御出門、御参内になり、御尊骸に御拝礼になる。

皇后より御尊顔を御記憶になるべき旨のお言葉あり》[33]
敬愛する祖父であり、偉大な天皇であった最期の顔は、裕仁親王の小さな胸にどう刻まれたことだろう。
ただ、悲しみの谷底は、まだ先にもあった。
学習院長の乃木希典が、明治天皇のあとを追って殉死するのである。

乃木希典の殉死

明治天皇の崩御により、嘉仁皇太子は天皇に即位し、裕仁親王は皇太子となった。その皇太子のもとを学習院長、乃木希典が訪れたのは大正元年九月十日、明治天皇の大喪儀が行われる三日前である。

雍仁親王によれば、乃木は頰髭《ほおひげ》も顎《あご》髭も伸びたままで、「ふだんの面影なく、あまりの変り方に唖然《あぜん》」とするほどやつれていたという[34]。

皇太子に拝謁した乃木は、これまで以上に勉学に励まれること、身体を大切にすることを諭し、『中朝事実』など書物二冊を差し出した。

「これは希典が平素愛読しております本で、肝要のところには希典が朱点をつけております。今はまだお分かりにはなりませんでしょうが、殿下のおためになる本ですので献上致します」[35]

江戸初期の儒学者、山鹿素行が著わした『中朝事実』は、儒教の思想は易姓革命を繰り返す中国ではなく、万世一系の皇室をいただく日本に根付いており、日本こそが「中朝」であるとして、中華思想に染まった当時の知識層に民族的な自覚を促した大著だ。[36]明治維新以降、急速な西洋化とともに日本古来の行動規範が希薄化する中、乃木は皇太子に、原点をふまえて前に進むよう、教えたかったのではないか。

ふだんと違う様子に皇太子は、「院長閣下は、どこかへ行かれるのですか」と尋ねたという。[37]

十三日、大喪儀の夜、午後八時に号砲が轟き、五頭の牛にひかれた明治天皇の霊轜車《れいじしゃ》が皇居車寄から青山練兵場内葬場殿に向けて出発したそのとき、乃木は妻の静子とともに自刃した。[38]

警視庁の「死体検案始末書」によれば、軍服の乃木はシャツのボタンを外し、軍刀で腹を十字に切り、再びボタンをとめてから、喉を深く突いて絶命した。作法にそった、見事な切腹だった。

室内の小机には明治天皇の御真影とともに複数の遺書が置かれていた。その中には静子に宛てたものもある。乃木は当初、ひとりで自刃するつもりだったのだろう。だが、日露戦争で息子を二人とも亡くしている静子は、私だけ残さないでほしい、一緒に死なせてほしいと懇請したのではないか。静子は乃木と対座し、乃木の自刃とほぼ同時に懐剣で心臓を貫いた。[39]

うつし世を　神さりまし　大君の
みあとしたひて　我はゆくなり(40)

乃木、享年六十二、静子五十二――。家の外では、明治天皇の霊轜車を中心とした大葬列が、沿道を埋めた数十万の国民に見送られながらゆっくり葬場殿へと向かっていた。

翌十四日午前、裕仁親王は《乃木自刃の旨並びに辞世などをお聞きになり、御落涙になる》(41)。

明治天皇の崩御と乃木の殉死は、国民に激しい衝撃を与え、それは小説など文化活動にも反映されて今に伝えられている。

中でも夏目漱石が代表作『こゝろ』に綴った一節は、明治世代の日本人の心情を、表象しているといえよう。

「夏の暑い盛りに明治天皇が崩御になりました。其時私は明治の精神が天皇に始まつて天皇に終つたやうな気がしました。最も強く明治の影響を受けた私どもが、其後に生き残つてゐるのは必竟時勢遅れだといふ感じが烈《はげ》しく私の胸を打ちました」

「御大葬の夜私は何時もの通り書斎に坐つて、相図《あいず》の号砲を聞きました。私にはそれが明治が永久に去つた報知の如く聞こえました。後で考へると、それが乃木大将の永久に去つた報知にもなつてゐたのです」

「それから二三日して、私はとう〳〵自殺する決心をしたのです。私に乃木さんの死んだ理由が能《よ》く解らないやうに、貴方にも私の自殺する訳が明らかに呑み込めないかも知れませんが、もし左右《さう》だとすると、それは時勢の推移から来る人間の相違だから仕方がありません(42)」

このほか、新渡戸稲造は乃木の殉死を「武士道といふものから見ては実に一分の余地も残さぬ実に立派なもの」と評し(43)、森鷗外は「阿部一族」「興津弥五右衛門《おきつやごえもん》の遺書」など殉死をモチーフにした秀作を残した。

だが一方、漱石が「時勢の推移から来る人間の相違」と書いたように、乃木の殉死を時代錯誤とみなし、むしろ茶化すような風潮が、とくに若い世代の一部に生まれていたのも事実だ。

学習院出身で白樺派の代表格だった志賀直哉は日記で、乃木の殉死を「『馬鹿な奴《やつ》だ』といふ気が、丁度《ちようど》下女かなにかゞ無考へに何かした時感ずる心持と同じやうな感じ方で感じられた」と突き放した(44)。

芥川龍之介も小説「将軍」の中で乃木を茶化し、登場人物に「(乃木の)至誠が僕等には、どうもはつきりのみこめないのです。僕等より後の人間には、尚更《なおさら》通じるとは思はれません」と語らせている(45)。

明治維新以降、日本は西欧列強の脅威を受けながら、富国強兵の道を一途《いちず》に、がむしゃらに進んできた。しかし日清日露の戦役に勝利し、列強の仲間入りを果たすと、外に向いていたエネルギーが内に向くようになる。明治の終焉《しゅうえん》――。それは良くも悪くも、大正ロマンや大正デモクラシーといった、新しい流れを生み出していく。

一方、国外ではその頃、朝鮮半島情勢が激しく揺れ動き、それが日本と裕仁親王の将来に、暗雲となって覆いかぶさることになる。

伊藤博文の韓国改革

明治維新以降、朝鮮半島の情勢は、常に日本のアキレス腱《けん》であった。この地に西欧列強の、ことにロシアの勢力が深く入り込めば、極東の安全保障は重大な危機に陥る。

日本が近代化を成功させつつあった頃、朝鮮半島を治める李氏朝鮮は中国（清）を宗主国とする冊封《さくほう》体制下(46)にあった。朝鮮の地位が、列強の侵食が進む清の従属国のままでは将来が危うい。明治二十七年、日本は朝鮮の独立と指導権獲得を求めて清と開戦、勝利する。だが、日清戦争後も情勢は安定しなかった。朝鮮王室を中心とする勢力が、南下政策を進めるロシアに接近していったからだ。

日本は朝鮮の内政改革を進めようとしたが、実権を握る閔妃《ミンピ》(47)ら守旧派の妨害もあり、成果をあげられなかった。

イギリスの女性旅行家、イザベラ・バードが書く。

「日本が改革に着手したとき、朝鮮には階層が二つしかなかった。盗む側と盗まれる側である。そして盗む側には官界をなす膨大な数の人間が含まれる。『搾取』と着服は上層部から下級官吏にいたるまで全体を通じての習わしであり、どの職位も売買の対象となっていた」(48)

改革が進まない中、日本軍守備隊や大陸浪人、朝鮮訓練隊などが王宮内に乱入し、閔妃を殺害する重大事件が起きる。事件の背景や殺害の実行犯については諸説あるが、日本の全権公使、三浦梧楼が主導的に関わっていたことは明らかで、日本外交史上、最悪の汚点といえるだろう。

事件後、国王の高宗はますますロシアに接近、混乱と危機が深まっていく。日露関係は緊張し、日本は国防上、ロシアと開戦せざるをえなかった。

日本が朝鮮半島の指導権を確立するのは、日露戦争に勝利してからだ。明治三十八年、日本は韓国と第二次日韓協約(49)を締結し、その外交権を接収した。

ただ、韓国外交を管轄する初代統監となった伊藤博文には、韓国の独立までを奪う気持ちはなかった。

伊藤は三十九年二月、韓国赴任を前にした立憲政友会主催の送別会で、こう演説している。

「日本は日本の独立を保全する為め已むを得ず彼れ（韓国）を保護するにありて決して害意のものにあらざるを知らしむるを要する」(50)

韓国の独立を維持するには、前近代的な政治社会と決別し、法治を根付かせ、文明国の一員としなければならない。それが自分にはできると、かつて日本の近代化をリードした伊藤は思っていたのだ。

統監となった伊藤は韓国閣僚との協議会で、こうも述べた。

「自分ノ此ノ地ニ来任セルハ韓国ヲ世界ノ文明国タラシメント欲スルカ故ナリ」(51)

この言葉に、偽りはなかっただろう。統監の職務は外交だが、伊藤は韓国の政治指導者らの協力を得て、内政改革に奔走した。日本から膨大な借款を引き出し、農業支援やインフラ整備、教育振興などに注ぎ込むとともに、治外法権の撤廃に向けた司法制度改革にも積極的に取り組んだ。(52)

むろん伊藤は、韓国よりも日本の利益を重視している。列強が触手を伸ばすのは、列強の尺度からみて非文明の諸地域だ。「韓国ヲ世界ノ文明国タラシメ」ることは、日本の安全保障に直結する。また、韓国が近代化して財政的に自立すれば、日本の負担も軽減されるだろう。

とはいえ、韓国を併合して強引に改革を進めれば、プライドの高い韓国知識層は激昂し、抗日闘争が激化して、これを抑えるための軍事的、財政的負担が増大する。韓国の独立を維持したまま、知識層の理解と協力を得ながら近代化を進めてこそ、日韓共通の利益になると

信じていたのである。(53)

だが、排日機運は高まる一方だ。伊藤は言論の自由に理解を示し、この頃、韓国内では新聞などの創刊が相次いだが、多くは伊藤に批判的で、親日派の閣僚らを攻撃した。(54)抗日闘争も収まらず、その一部が宮廷と内通していることも伊藤を悩ませた。

統監就任から一年が過ぎても情勢が好転しないことに、伊藤は自らの緩和政策に自信を失っていく。

そんな時、オランダのハーグで、伊藤に政策の一八〇度転換を迫る国際事件が起きるのである。

韓国併合と伊藤暗殺

一九〇七(明治四十)年六月、世界各国の軍事・外交関係者らが集まる第二回万国平和会議が開かれているオランダのハーグに、不可解な活動をする三人の韓国人が現れた。

三人は韓国皇帝高宗が送り込んだ密使で、宿泊先のホテルの門前に韓国国旗を掲揚、英米仏露の各代表のもとを訪れ、自分たちを韓国代表として万国平和会議に出席させるよう求めた。会議で、(一)日本が韓国の外交権を接収した第二次日韓協約は無効であること(二)

日本が韓国で行っている保護政策は不法であること――を訴えるというのだ。[55]

密使は各国メディアなどに向けた演説会も行い、「日韓条約の無効なるを述ぶること滔々数万言、流暢《りゅうちょう》なる仏語を以て日本が韓国に対する虐政不道徳を指摘」したと、四十年七月十日の大阪毎日新聞が伝える。

だが、第二次日韓協約を各国は承認している。密使が接触した各国代表はいずれも、まともに取り合おうとはしなかった。

結局、密使は会議に出席できず、外交に疎い韓国皇帝が起こした珍事として片付けられたが、この事件が日本の国内世論と韓国統監の伊藤博文に与えた衝撃は大きかった。

これより二カ月前、伊藤は高宗が密使派遣などを画策しているとの情報をつかみ、高宗に警告していた。[56]にもかかわらず事件が起きたことに伊藤は憤慨し、同時に危機感を抱いた。

韓国の独立を維持したまま近代化を進めても、韓国は再び国際騒動を起こすだろう。今回は各国から相手にされなかったが、今後の情勢次第では、日清日露に続く第三の戦争の火種にもなりかねない――。

ついに伊藤は、緩和政策を転換する。高宗を譲位に追い込んだ上、韓国の内政権も接収する第三次日韓協約を締結し、さらには山県有朋らが主張する併合政策をも容認するようになる。

明治四十二年六月、伊藤は、失意のうちに統監を辞任した。

ただ、後任には副統監の曽祢《そね》荒助を推し、併合はやむを得ないとしても、なるべく穏便に、慎重に進めようとしたようだ。

伊藤は、併合後も韓国人による責任内閣を組織させるなど、一定の自治権を付与する構想を抱いていた。[57] もしもこの構想が実現していたなら、今日に至る日韓関係も、少しは違ったものになったかも知れない。

しかし、一人のテロリストが、伊藤の構想を無残に打ち砕いてしまう。

事件が起きたのは、四カ月後の十月二十六日である。この日、伊藤はロシア蔵相ウラジーミル・ココツェフと朝鮮・満洲問題について意見交換するため、ロシアが運営する東清鉄道ハルビン駅を訪れた。同駅に到着した伊藤は、ココツェフに導かれてロシア守備隊を閲兵し、各国領事団と握手を交わした。そして、歓迎のため集まっていたハルビン在住の日本人の方へ歩み寄ったとき、その中から、一人の男が躍り出た。

男の名は安重根。上着の内ポケットからブローニング拳銃を引き抜き、伊藤に向けて三発撃つ。安は、川上俊彦ハルビン駐在日本総領事らにも銃弾を浴びせ、ロシア守備隊兵に組み伏せられるや、ロシア語で「コレア、ウラー」(韓国万歳)と叫んだ。[58]

伊藤は特別列車内に担ぎ込まれ、随行医師らの手当てを受けたが、胸と腹を撃たれ、手の施しようがなかった。加害者が韓国人だと知らされた伊藤は、薄れゆく意識の中で、ただ一言つぶやいたという。

「馬鹿な奴じゃ[59]」

伊藤は、これからの韓国がどうなるかが、見えていたのだろう。

伊藤なき後、韓国併合政策は武断派の元老山県有朋と、その腹心の陸相寺内正毅によって進められていく。伊藤は併合後も一定の自治権を残す構想を抱いていたが、山県らにそのつもりはなかった。病気療養中だった第二代韓国統監の曽祢荒助を更迭し、その後任を寺内が陸相のまま兼務する。

明治四十三年八月二十二日、日韓併合条約が調印され、韓国は日本の一部となった。条約そのものは合法だが、韓国民の支持と協力をほとんど得られなかったのは、言うまでもない[60]。以後、朝鮮半島の近代化は急速に進められた。学校が増設されて識字率が上昇し、インフラ整備や土地改良によって商・工・農業いずれも発達し、庶民の生活水準は向上した[61]。反面、自治権は限定され、統治への反対活動は弾圧された。このため抗日機運は解消されず、大正八年の三・一独立運動などにもつながっていく。日本は多大な軍事的、財政的負担を強いられ、それは先の大戦時まで変わらなかった。

日韓併合の一年半後、中国では辛亥革命により清朝が崩壊する。アジアの歴史の歯車が、音を立てて回転しはじめたのだ。

このとき、皇太子となった裕仁親王の生活も、大きく変わろうとしていた。

兄弟別離

大正元年十月十日、裕仁親王は《この日初めて軍刀を携えられ、東宮武官西義一の奉仕にて、陸軍正式礼（刀礼）の稽古を行われる。翌日も陸軍正式礼の稽古を行われる[62]》。明治天皇の崩御により皇太子となった裕仁親王は、規定により陸海軍の少尉に任官、大正天皇から大勲位に叙された。以後、皇太子として、陸海軍の公務にもつくようになる。

十月十二日《近衛師団司令部及び近衛歩兵第一聯隊へ行啓される。午前九時、陸軍通常礼装にて御出門、（中略、司令部までの道中）近衛師団所属諸隊が堵列《とれつ》奉迎につき、これに応え御会釈を賜う》

十月二十五日《陸軍通常礼装に大勲位副章を御佩用《はいよう》になり、陸軍大臣上原勇作・教育総監浅田信興に謁を賜う。ついで海軍服にお召替えの上、同じく同副章を御佩用になり、海軍大臣斎藤実に謁を賜う》

十一月十日《第一艦隊へ行啓され、皇太子の御資格による初めての御乗艦式、並びに第一艦隊附御赴任布達式に臨まれる。（中略、乗艦した御召艦の）平戸に皇太子旗が掲揚され、所在各艦は平戸に倣い一斉に満艦飾をなし、皇礼砲を行う[63]》

まだ十一歳。雍仁親王によれば、陸海軍正装を身につけ、勲章を佩用した裕仁皇太子は、

「ちょうどおもちゃの兵隊といった感じ」だったという。
「しかし僕（雍仁親王）には、まだはっきりと皇太子という意味がわからなかったものとみえる。それで崩御後まもないころ、兄上に、『おにい様、皇太子殿下には、御結婚遊ばすと、おなりになるのでしょう』と、話しかけた。父上の場合を頭に描いて、皇太子は夫婦でなければならないとでも思ったのであろう。と、そばにいた弟（宣仁親王）は、『オニイサマ、ゴケッコンッテ、ナーニ？　ニワトリナノ？』と。まさに傑作の落し話である[64]」

皇太子になるまでは、雍仁親王と宣仁親王と、兄弟三人いつも一緒だった。弟思いの長男、兄思いの次男、まだ幼く無邪気な三男——。三人は寝食をともにし、家には笑いが絶えなかった。

しかし、これからは違う。専属の東宮職員が世話をするようになり、馬車も弟たちとは別々に乗るようになった。これまで周囲から迪宮さま、皇孫さまと呼ばれていたのが、「皇太子殿下」に変わった。

そして、その日がきた。

十二月三十一日、裕仁皇太子は《御避寒のため熱海御用邸に行啓される。なお同日、雍仁親王・宣仁親王は沼津御用邸に御避寒になり、本日を以て両親王と御別居になる[65]》。

雍仁親王は述懐する。

「いつかは来るべきものではあったにしろ、その時が、いつであろうなどとは考えたこともなかったのだから、さびしさこの上もないものがあった。僕の方は二人だからまだよいとして、一人ぼっちになる兄上は、言葉以上につらいものがあられたに相違ない。いくら悔んでも、愚痴をこぼしても甲斐のないことだが、明治天皇のおなくなりになったことを恨まないではいられなかった」(66)

もちろん、裕仁皇太子は寂しかっただろう。熱海御用邸に避寒中の大正二年一月から三月まで、《折に触れ（沼津御用邸にいる）両親王と御手紙を交わされる》と、『昭和天皇実録』に記されている。(67)

大正二年三月二十五日、裕仁皇太子は東京・高輪の東宮仮御所に移り住んだ。赤穂浪士が切腹した場所、細川家の下屋敷跡地に建てられたもので、敷地総面積一万四〇〇〇平方メートル。和風二階建ての御座所のほか、西洋館、図書館、雨天体操場などもあった。だが、雍仁親王や宣仁親王のいる東京・青山の皇子仮御殿とは離れている。

東宮侍従の本多正復《まさもと》や甘露寺受長らは、裕仁皇太子の生活環境の激変を気遣い、兄弟で昼食をとるなどの機会を積極的につくったようだ。

五月一日には、東宮仮御所と皇子仮御殿を結ぶ卓上電話が設置され、《これより毎夕十分程度、（雍仁親王や宣仁親王と）電話にて話されることとなる》(68)。

新たな〝御相手〟もできた。

四月二十七日《天皇よりキクと名づけられた犬（グレーハウンド種）を賜わる。御帰殿後、

キクをお相手に過ごされる[69]》

中には、こんな〝珍客〟も。

七月六日《蟻地獄を御採集になり、これ以降約二十日間、御自身にて餌をお集めになり、御飼養になる[70]》

しかし、長年生活を共にした兄弟に勝るものはない。

十月七日《東宮武官長山根一貫に謁を賜う。その折、来る十一日に、近衛歩兵第一聯隊へ行啓されたき旨の言上を受けられる。しかるに同日は雍仁親王・宣仁親王との御対面を恒例とする土曜日であることを涙ながらに訴えられ、土曜日以外への変更を求められる[71]》

一方、この年の春に学習院初等学科六学年に進級した裕仁皇太子には、将来の天皇としての自覚も芽生えていた。

『昭和天皇実録』によれば、外国の地理や政情にも関心を持ち始め、辛亥革命後の中国の内乱状態について、侍医から経緯を聞いたりしている。

読書量も増えた。

その年の夏、《『世界名君伝』を熱心にお読みになる》。

冬には《『世界名君伝』『世界名臣伝』『天界之観察』『発明ト偉人』『世界動植物奇談』『西洋十大戦争』『日本十大戦争』等の書籍をお読みになる[72]》。

ただ、小説は好みでなかったようだ。

二年五月十六日《頃日、『少年』『小学生』等の少年雑誌をしばしばお読みになり、特に理科・歴史に関する学術記事に特段の興味を示されるも、小説類には関心を示されず(73)》

その半面、理科的分野には、より一段と興味を示した。

七月十五日《雍仁親王参殿につき、御一緒に水圧実験や電流実験などをされ、また雍仁親王より贈進の無線電信の玩具にて遊ばれる》

十二月十六日《雪の結晶を顕微鏡にて御観察になり、雪を用いた生卵の凍結実験をされる》

三年一月四日《天皇・皇后より御年玉として、排気機・ハートル氏光線屈折装置・エックス光線装置・手動起電機等の理科実験器械を賜わり、この日より連日の如く、これらの理科実験器械にて理科実験を行われる(74)》

ある日、裕仁皇太子は側近にこう漏らした。

「博物博士になりたい(75)」

むろん、自ら職業を選べる立場でないことは分かっている。それでもあふれる理科への情熱を、誰かに話さないではいられなかったのだろうか。

三年四月二日、学習院初等学科卒業――。翌五月から、本格的な帝王学を修業すべく、新設の東宮御学問所に進学する。

御学問所の総裁として裕仁皇太子を待っていたのは、日本海海戦の英雄、東郷平八郎だ。

東宮御学問所

裕仁皇太子が進学する東宮御学問所の創設は、殉死した学習院長、乃木希典の発案だとされる。

乃木は、天皇に必要な資質として、陸海軍に君臨する大元帥としての一面を重視していた。しかし学習院中等学科には軍人志望以外の生徒も多く、軍事教育を行う環境ではないと考えたのだろう。

乃木の構想では、生活指導や教育全般を担当する将官一人を主任とし、補佐の佐官二人、衣食住に関わる尉官三人を置いて御学問所を運営、学友は六人から八人の少人数で陸海軍志望者に限るという、軍事的色彩の強いものだった。[76] また、主任の将官は東宮仮御所内に居住するとされ、おそらく乃木自身が、その役を担う覚悟でいたのだろう。

だが、乃木は殉死した。その代わりに、乃木の名声に匹敵する人物として、元帥海軍大将の東郷平八郎に白羽の矢が立ったのである。

東郷は当時六十六歳、すでに軍務の一線からは退いており、最後のご奉公の思いで大任を引き受けた。以後、総裁在任中、仮御所内に居住はしなかったものの、毎朝七時四十分に出勤、学問所の運営に精勤する。[77]

なお、宮内省の意向もあり軍事的色彩は弱められ、副総裁に東宮大夫の波多野敬直《よしなお》が就任したほか、評議員の一人に東京帝国大学総長の山川健次郎が選ばれた。

東宮御学問所の開設は、当初の予定より一カ月遅れた(78)。大正三年四月九日に、狭心症で療養中だった昭憲皇太后の容体が急変し、崩御したからだ。

親しく話すことの多かった〝おばゝ様〟の崩御――。『昭和天皇実録』には、裕仁皇太子が青山御所内の殯宮をたびたび訪れ、霊柩《れいきゅう》に菓子などを供える様子が記されている(79)。

五月四日、東宮御学問所開所式の日。裕仁皇太子は「憂愁の御意浅からず」だったと、東京日日新聞が報じている。「御開始式の御事ありて後、侍臣を顧み給ひ『おばゝ様が御存生であらせ給はゞ、今日の儀をさぞ御喜び下さるであらう……』と仰せて、沈痛の御気色を拝したさうである」(80)

とはいえ、いつまでも悲しんではいられない。

東郷が、厳かに言った。

「平八郎、謹みて言上し奉ります。殿下には今日より当御学問所に於かせられ御修学遊ばさるゝに就《つ》きましては、益々御尊体を御丈夫様に遊ばされまして、御学問を御励み遊ばさるゝやう偏《ひとえ》に冀《こいね》がひ奉ります」(81)

こうして始まった本格的な帝王教育。十三歳の裕仁皇太子は毎朝午前六時半までに起床し、朝拝、朝食の後、学問所に入って午前八時から呼吸体操、八時十五分から授業を受けた。

時間割は以下の通りだ。

月曜	①倫理	②外国語	③漢文	④習字	⑤武課及体操
火曜	①算術	②歴史	③外国語	④国語	⑤武課及体操
水曜	①国語	②外国語	③地理	④武課及体操	
木曜	①倫理	②漢文	③歴史	④馬術	
金曜	①算術	②外国語	③国語	④地理	⑤武課及体操
土曜	①歴史	②博物[82]			

各四十五分授業で、のちに算術は数学にかわり、理化学、法制経済、美術史なども加えられた。なお、外国語は英語ではなく、フランス語である[83]。

各科目のうち地理、算術、漢文などは石井国次や飯島忠夫ら学習院教授が受け持った。馬術は東宮武官の壬生《みぶ》基義《もとよし》ら。武課など軍事教育は陸海軍の現役将校が交代で指導した。

問題は倫理、すなわち学問としての帝王学を誰が教えるかだ。将来の天皇の思想形成に直結する科目である。哲学の専門家なら誰でもいいというわけにはいかない。

当初、候補にあがったのは現職の東京帝国大学総長、山川健次郎と、一高（現東京大学教養学部）の名校長といわれた元京都帝国大学文科大学長（文学部長）、狩野亨吉《かのうこうきち》だった。しかし二人が固辞したため人選は難航し、東宮御学問所の授業が始まっても決まらなかった。

当時東宮侍従だった甘露寺受長によると、人選を急ぎたい東宮大夫の浜尾新（元東京帝国大学総長）が、山川にこう相談したという。

「大学教授の中で、適任者はいないでしょうか」

山川が答えた。

「お恥ずかしい話ですが、大学教授の中には一人もいません。しかし民間に、一人だけいます」[84]

このとき、山川が推したのが、杉浦重剛《じゅうごう》である。

安政二（一八五五）年に近江国膳所《ぜぜ》藩の儒者の家に生まれ、文部省留学生としてイギリスで化学を修学、数え二十八歳で大学予備門（のちの一高）校長に抜擢されたエリートだ。東京英語学校（のちの日本中学、現日本学園）を設立する一方、雑誌『日本人』などの刊行に尽力し、東京朝日新聞の論説記事も長年執筆するなど、教育・言論界で幅広く活躍した。

だが、当時は持病の神経衰弱のため、長期にわたり転地療養を繰り返しており、新聞にも故人扱いされるほど世間から遠ざかっていた。[85]

この杉浦が、東宮御学問所を活気づかせ、さらには皇太子妃選定にも大きな影響を及ぼすことになる。

杉浦重剛の帝王学

裕仁皇太子に学問としての帝王学を教える、杉浦重剛とはどんな人物か。

知友の三宅雪嶺（哲学者）によれば「吉田松陰につながる系統」の教育者であり、門下生の河野謙三（戦後の参議院議長）の言葉を借りれば「徹底した民族主義者でありながら進歩的な文化人」となる(86)。

戦後は、国粋主義者の一言で片付けられることが少なくない。しかし杉浦の「国粋」はいたって開明的で、いわば和魂洋才の実践者であった。

杉浦は言う。

「我国は古より能く外国の文物を学び、その長を採り、我が短を補ひて以て自国の文明を進展せしめたり。故に今後と雖《いえど》も、固より彼の長を取りて我が短を補ふこと肝要なりとす。英も学ぶべし。仏も学ぶべし。然れどもこの精神に至りては断じて古来の美を消磨《しょうま》せしむることあるべからず(87)」

東宮大夫の浜尾新の懇請を受け、杉浦が東宮御学問所の倫理、すなわち帝王学の授業を受け持つ決意を固めたのは大正三年五月十六日、御学問所の開設から十日以上が過ぎていた。

ただし人事の最終責任者は御学問所総裁、東郷平八郎だ。東郷は、腹心の御学問所幹事

（教頭に相当）、小笠原長生に経歴などを調べさせて聞いた。
「杉浦をどう思うか」
「命がけで事に当たる人だと思います」(88)
「そうか、それだけ聞けばよろしい」

正式採用は五月二十三日。帝王学といっても、教科書などがあるわけではない。さて何を教えるべきか、杉浦は準備に一カ月を要した。

六月二十二日、いよいよ授業開始である。この日、杉浦は早朝に靖国神社に参拝、講義内容の草稿を神前に供えてから出勤した。

当時は東宮御学問所の校舎が完成しておらず、東宮御所内の一室を仮教室としていた。二十坪ほどの広さで、横に三つ並べた机が二列、前列中央に裕仁皇太子が座り、左右と後列に学友五人が座る。(89)教室の後ろに背もたれのない椅子が幾つかあり、東郷、小笠原、浜尾ら参観者が腰を下ろした。

杉浦は、身を固くしたことだろう。目の前に、将来の天皇がいる。その後ろから、日本海海戦の国民的英雄がまっすぐに自分を見つめている。

一方、裕仁皇太子と学友も、ほかの先生たちとは異なる風貌と雰囲気に、いつにもまして姿勢を正したのではないか。白い頬髭を獅子のごとくたくわえ、顎髭は胸まで伸び、眼光は射貫くように鋭い。

その杉浦が、口を開いた。

第一回の授業のテーマは、「三種の神器」だ。

「皇祖天照大神《あまてらすおおみかみ》は、瓊瓊杵尊《ににぎのみこと》を大八洲《おおやしま》（日本）に降ろされるとき、三種の神器を授けられました。三種の神器は皇位の御証《みしるし》であるだけでなく、これをもって至大の聖訓を示されたのです。すなわち万物を照らす鏡は知を、円満にして温潤な玉は仁を、剣は説明するまでもなく勇を――。つまり三種の神器は、知仁勇の三徳を実物に託して示されたものなのです」[90]……

右の授業内容は、杉浦の死後に助手が刊行した『倫理御進講草案』から概略をうかがえる。杉浦は、知仁勇の三徳は中国でも西洋でも尊ばれているとし、「ただ、彼（中国や西洋）においては理論によって三徳を説き、我にあっては三種の神器によって示されている違いがあるだけです。王者が三徳を修得すれば、天下国家も平穏になることでしょう」と諭した。

そして、裕仁皇太子の目を見つめながら、最後をこう締めくくる。

「倫理というのは、口で論じるだけでは何の意味もありません。実践躬行《きゅうこう》の四字あるのみです。こいねがわくは、殿下もよく実行されますように[91]」

四十五分間の定刻より五分ほど早く、杉浦は授業を終えた。ほっとしたことだろう。同時に、将来の天皇に帝王学を教える責任を、改めて実感したはずだ。

翌日、こう詠んでいる。

数ならぬ　身にしあれども　今日よりは
我身にあらぬ　我身とぞ思ふ(92)

『倫理御進講草案』によれば、「三種の神器」に続く二回目以降のテーマは「日章旗」「国」「兵」「神社」「米」「刀」「富士山」「相撲」――など。第二学年には「仁愛」「公平」「正義」など精神面について講義し、第三学年以降は「綸言汗の如し」「五条御誓文」「大義名分」「和魂漢才」などを教えた。

人物も取り上げている。日本人では上杉謙信、徳川光圀、中大兄皇子など。外国人ではワシントン、ルソー、マホメット、孔子などをテーマにした。

なお、授業中にノートはとらせない。「筆記をされると、肝要のところの精神が通じない」と考えたからだ(93)。生徒が集中力を欠いているとみるや、あえて脱線して引きつける〝技〟も持っていた。

そんな授業を、裕仁皇太子はどう思っただろう。

一緒に受けた学友、永積寅彦はこう述懐する。

「生徒の緊張が緩む頃を見計らってでしょうか、時々大きな声で万葉和歌や漢詩を詠いましてね。その時は笑顔に変わるんです。とにかく、自信に満ちた堂々とした講義でした。引き込まれました(94)」

東宮御学問所では、帝王学を教える杉浦の倫理と並んで、裕仁皇太子や学友たちの興味を引きつける授業がもう一つあった。

邪馬台国論争で知られる白鳥庫吉《くらきち》の、歴史だ。

白鳥は教務主任を務める傍ら、学習院と東京帝国大学の教授も兼務していた。京都帝国大学教授の内藤湖南と並んで「東の白鳥、西の内藤」と称された、東洋史学の泰斗である。実証学派の内藤が、大和朝廷以前の邪馬台国は畿内にあったと主張したのに対し、文献学派の白鳥は九州説を唱え、当時の学会を二分した論争は世代を超えて現在も続いている。

白鳥の歴史の授業は、第一章が「帝国の領土及び位置」などの総説、第二章が「天孫降臨」など神代、第三章が「神武天皇の東征」と続いていく。しかし白鳥は、「神代史は神話であって、歴史ではなく、神の物語り。我々の祖先が皇室に対していかなる考えを有していたか、その信念思想の現われ」と、明確に区分していた[95]。

永積が振り返る。

「白鳥先生はすでに学習院で乃木院長に『神話と歴史事実は別のものであることを、とくと生徒に話したいということを了解してもらいたい……』といわれたそうです。それを前提に授業をなさっていたと思います[96]」

裕仁皇太子は、学習院初等学科時代から歴史が好きだった。史実に沿った白鳥の授業により、歴史への関心がさらに深まったことだろう。

「（白鳥先生は）いつも飄々《ひょうひょう》としておられて、（中略）いつもゆっくりと体を左右に揺らしながらいかにも楽しげに講義をしておられたお姿をおぼえています」(97)

歴史は倫理とともに、帝王学には欠かせない学問だ。その点、白鳥と杉浦は好対照だった。杉浦が「三種の神器」を知仁勇の三徳の象徴と教えたのに対し、白鳥は権威のシンボルと説明した。風貌も、片やライオン髯《ひげ》の国士然、片や丸眼鏡の学者然である。

二人の授業は、物事を多角的に捉える思考力を養う面でも、裕仁皇太子に良好な影響を与えたに違いない。

東郷平八郎の教え

当時の帝王教育には、学問とは別に、必須の領域があった。陸海軍将兵を統帥する、大元帥としての資質の養成だ。

東宮御学問所では一学年から「武課及体操」が正式科目としてほぼ毎日あり、四学年からは「軍事学」の講義も加わった。

陸海軍演習の視察もある。このとき、裕仁皇太子に直接指導したのは御学問所総裁、東郷平八郎である。

大正四年十月一日、裕仁皇太子は《伊勢湾付近において実施の特種射撃を御覧のため、第一艦隊へ行啓される。東宮大夫浜尾新・東宮侍従長入江為守・東宮武官長山根一貫以下東宮侍従、東宮武官、東宮職出仕等が供奉《ぐぶ》し、東宮御学問所総裁東郷平八郎・同幹事小笠原長生も同行する》(98)。

特種射撃とは、廃船などを標的にして沈める実弾訓練のことだ。将来の大元帥、裕仁皇太子に日本海軍の練度などを知ってもらう、いい機会となる。

この日は、日露戦争後に建造された最新の金剛型巡洋戦艦二隻が、老朽艦の壱岐を撃沈させることになっていた。御召艦の後甲板で訓練開始を待つ裕仁皇太子の傍らに、東郷が立った。

「壱岐は、日本海海戦で我が連合艦隊に包囲され、降伏したロシア艦『ニコライ一世』であります。それから十年、帝国軍艦として尽くしてくれましたが、老朽して使用に堪えなくなったため、本日、僚艦の標的となり、最後のご奉公を務めるものでございます」

ふだんの東郷は、裕仁皇太子の教育指導を東宮御学問所の教授たちに任せ、自ら口を出すことはほとんどない。しかし御学問所幹事の小笠原によれば、この日の東郷は「三笠艦上に立てる面影を髣髴《ほうふつ》」とさせるものがあった(99)。

裕仁皇太子が、撃沈までどれくらい時間がかかるのかと聞いた。

「必ず短時間で撃沈いたしますでしょう」

東郷は、その予測時間を明言した。そばで聞いていた東宮侍従の甘露寺受長は、距離もあり、風浪もあるのに、東郷の予測通りに沈むだろうかと興味津々だったという。訓練が始まった。砲声が轟き、海上を白煙が覆う。砲弾は次々に命中、たちまち壱岐は傾き、十数分で海中に没した。

甘露寺が舌を巻く。「時計を検《しら》べてみると、総裁の言われた時間と一分も違っていなかった」(100)

東郷は、陸海軍の演習などにはいつも同行した。大正六年七月、御召艦の香取で山陰地方の海岸などを視察したときのことだ。あいにくの雨だった。雨具を着た裕仁皇太子は艦橋で、海岸の地勢や潮流を海図と見比べながら、東郷の説明を熱心に聞いていた。雨はますます激しくなり、裕仁皇太子の頰と東郷の髯を濡らした。周囲が中に入るよう勧めても、二人は艦橋から離れなかった。(101)

学習院時代の乃木希典は、しばしば裕仁皇太子に訓示した。一方、寡黙な東郷は自らの態度によって、将来の大元帥にあるべき姿を示したかったのだろう。

王者の答案

東宮御学問所で裕仁皇太子と机を並べるのは、大迫寅彦、松平直国、南部信鎮、堤経長、久松定孝の五人。いずれも学習院初等学科時代からの学友だが、身分は「東宮職出仕」と

なった。このうち大迫は、先の大戦後に侍従次長を務める永積寅彦である。(102)

永積によれば、裕仁皇太子が生活する東宮御所内の御座所は和風二階建てで、一階に寝室、食堂、更衣室などがあり、二階に学友と共同の自習室があった。寝室には寝台が四つ、裕仁皇太子、東宮侍従、学友が二人ずつ交代で寝起きした。(103)御所内に女性職員はおらず、いわば男子寮のような生活である。

ところで在学中、東宮侍従らが頭を痛めていた問題がある。裕仁皇太子の近視と猫背だ。東宮侍従の甘露寺受長によれば、遠いところを見れば近視を矯正できるというので、教室の南面の樹木を切り払い、品川沖が見通せるようにした。また、姿勢を正しくするために、座板の両側に取っ手をつけた特製の椅子をつくり、そこに両手をかけて胸を張らせるようにしたという。(104)

一方で裕仁皇太子は、学業成績は優秀だったようだ。

ある日の歴史の授業、担当教授の白鳥庫吉が、こんな問題を出した。

「仁徳天皇は、人家のかまどの炊煙が希薄なのをご覧になって嘆かれましたが、この時期、国家が疲弊していた原因は何だと思いますか」

学友の一人は「洪水」と答え、別の一人は「飢饉《ききん》」と発言した。裕仁皇太子は、しばらく考えてから、こう言った。

「一番の原因は神功皇后の三韓征伐、(105)これが当時における国家疲弊の最大原因です」

別の日、白鳥はみんなに聞いた。

「白色人種と黄色人種の区別は何ですか」

ほかの学友が答えられないでいると、裕仁皇太子が言った。

「黄色人種も白色人種も何ら区別はない。ヨーロッパに行って白色人種となり、東洋に来て黄色人種となっただけです。そして白色人種は早くに文明を吸収し、今日に至っています」

いずれも、まだ授業で教えていない範囲だ。白鳥は、これぞ「王者の答案」と感嘆したという。(106)


だが、歴史の歯車は、「王者の答案」とは反対方向に回り出していく。

一九一四(大正三)年の夏、第一次世界大戦が勃発――。このとき、日本が中国に対してとった行動が、中国はもちろんアメリカなどの対日不信を招き、先の大戦につながる禍根を残してしまうのだ。

対華二十一カ条要求

一九一四(大正三)年六月二十八日、ボスニア・ヘルツェゴビナの首都サラエボ。当時オーストリア＝ハンガリー帝国の統治領だったこの都市で、オーストリア皇位継承者のフランツ・フェルディナント大公がセルビアの民族主義者に銃撃され、妻とともに死亡した。

このテロが、全世界で千六百万人もの戦死者を出す第一次世界大戦の引き金となる。(107)

オーストリアは七月二十八日、報復するためセルビアへの宣戦を布告、これに対しセルビアを支援するロシアが総動員令を発令、するとオーストリアの同盟国ドイツがロシアとフランスに宣戦して中立国ベルギーに侵攻し、怒ったイギリスがフランス側に立って参戦……と、ドミノ倒しのように戦争が拡大していった。

日本も八月二十三日、日英同盟を理由に参戦する。陸軍は中国山東省にある青島と膠州湾のドイツ租借地を攻略、海軍は太平洋にあるドイツ植民地のヤップ、パラオ、サイパンなど南洋諸島を次々に占領、さらに地中海にも特務艦隊を派遣し、イギリス軍などの兵員輸送を護衛した。

ときの首相は大隈重信、外相は加藤高明である。ともに独断専行型といわれる二人は、参戦することで懸案の日中問題を一気に解決しようとしたのである。(108)

日露戦争後、日本はロシアから、旅順や大連の租借権など南満洲の権益を引き継いだが、その期間はロシアが中国と結んだ条約の残余期間（一八九八年から二十五年間）にすぎず、延長するには中国との間に新たな条約を結ばなければならない。

だが、辛亥革命で一九一二年に成立したばかりの中華民国（袁世凱大統領）に対する加藤の交渉は、強引かつ稚拙なものだった。

加藤は当初、ドイツから獲得した山東省を条件付きで中国に返還し、その見返りに、日本の満洲権益を認めさせる考えだった。(109)ところが青島攻略後、さらなる権益拡大を求める国内世論が強まり、加藤の方針が狂い始める。

議会第二党の立憲同志会を与党とする大隈内閣は、第一党の立憲政友会を抑える上でも、世論の動向に敏感にならざるを得ない。外務省には当時、さまざまな要望が持ち込まれ、それが加藤を強硬路線に走らせた。(110)

大正四（一九一五）年一月、加藤は袁世凱に対し、満洲権益の延長と山東省権益の継承などを求める条項を突きつけた。いわゆる対華二十一カ条要求だ。

政治センスに長けた袁世凱は、この要求を奇貨とし、日本の影響力排除を画策する。

対華二十一カ条要求は、一号から四号までの十四カ条の「要求事項」と、五号七条の「希望条項」からなる。このうち前者は、一号＝山東省のドイツ権益の継承に関する要求四条▽二号＝旅順・大連や南満洲鉄道の租借期限延長など満洲権益に関する要求七条▽三号＝日本も投資する製鉄会社「漢冶萍《かんやひょう》公司」の日中合弁化に関する要求二条▽四号＝中国沿岸部の他国への不割譲に関する要求一条――で、当時の国際情勢からみて、一定の理解を得られる内容だった。(111)

問題は、後者の「希望事項」五号だ。（一）中国政府の顧問に日本人を採用（二）警察行政への日本人の関与（三）日本製の武器購入（四）長江中流域の鉄道敷設権——などを求めており、内政干渉を疑われても仕方がない。

外相の加藤は、この五号を駆け引き材料として、一号から四号を中国に呑ませようとしたのだろう。「要求」ではなく「希望」としたのも、外交戦術の一環だったことをうかがわせる。

しかし袁世凱は、加藤より役者が一枚も二枚も上だった。

袁は、明確な回答を与えずに交渉を長引かせる一方、五号も含め秘密とされた要求内容を国内外にリークし、誇張も交えて排日世論をあおった。大統領とはいえ政権基盤が盤石でなかった袁は、列国の注意を引いて日本を牽制《けんせい》し、反日扇動で国内を結束させ、さらには日本とつながりのあった政敵の孫文に打撃を与えるという、一石三鳥を狙ったのだ。[112]

加藤は列国に要求内容を伝えて理解を求めたが、ここでも重大なミスを犯す。五号については知らせず、隠そうとしたのである。中国を通じて五号を知った列国が日本の領土的野心を疑ったのはいうまでもない。

日本の対応が後手にまわる中で、中国が発信する誇張された情報がどんどん拡散していく。アメリカの駐華公使は、中国の閣僚がこう訴えるのを聞いた。

「天然資源、財政や陸軍に対する支配！（二十一カ条要求で）中国に一体何が残るというのだ」[113]

袁の思惑通り、列国の、とくにアメリカの対日批判が強まり、日本の対中交渉は完全に行き詰まってしまった。やむなく加藤は五号を撤回し、一号から四号に一部を加えた十六カ条を最後通牒《つうちょう》により中国政府に認めさせた。大正四年五月九日のことである。

しかし、日本のマイナスイメージは拭えない。

中国はこの日を「国恥記念日」とし、以後、排日世論が解消されることはなかった。[114] 列国も対日不信を強め、のちの日英同盟解消や、アメリカの排日移民法にもつながっていく。交渉を主導した加藤の失敗である。

失敗の原因は、山東省や満洲の権益を確保する取引材料として、内政干渉をもうかがわせる「希望条項」を付け加えたことだ。

議会第一党の立憲政友会総裁、原敬が言う。

「（五号問題で）親善なるべき支那の反感を買ひ、親密なるべき列国の誤解を招いた。（中略）取りも直さず日本は将来孤立の地位に立つのである」[115]

加藤自身、忸怩《じくじ》たる思いだっただろう。加藤は駐英公使、同大使を歴任した親英派だ。対中政策も融和的で、大正十三年に首相になると幣原喜重郎を外相に抜擢、内政不干渉政策を展開する。だが、二十一カ条要求では功を焦り、天皇の諮問に答える元老たちにも十分相談しないなど独断専行が強すぎた。[116]

首相、大隈重信の責任も重い。

かつて大隈が外相として条約改正に取り組んでいたとき、明治天皇はその独断的手法を懸念し、「(条約改正反対運動の中で)大隈一人これを専行せんとし、中外の議、日に喧喧《けんけん》を極む」と伊藤博文に漏らしたことがある。(117) その伊藤が存命であれば、こんな稚拙な外交はしなかっただろう。

大隈と加藤の失敗のツケは、のちの昭和天皇の双肩に重くのしかかっていく。だが、それを裕仁皇太子はまだ知らない。その頃、宮中では慶事が続いていた。

大正天皇即位の礼

対華二十一カ条要求が禍根を残す形で決着してから半年後、京都御所では、国家を挙げての壮大な祭典が行われた。大正天皇、即位の礼である。(118)

皇位の継承を広く内外に示す最高の皇室儀礼だが、挙行にあたり宮中では、ある議論が起きていた。

裕仁皇太子を参列させるかどうかだ。

明治天皇の意向で、未成年皇族は公の儀式に参列しないことが慣例になっており、宮内大臣の波多野敬直をはじめ宮内省内では、参列には及ばないとの意見が優勢だった。一方、東宮侍従や東宮御学問所教授からは参列を求める声が上がっていた。(119)

中でも強硬に参列を主張したのが、裕仁皇太子に帝王学を教える杉浦重剛だ。「父君陛下の御即位式に御長男の皇太子殿下が御参列といふことは我国古来の家族的慣習からみても当然なことである」と考えた杉浦は、猛然と行動を開始する。門下生らに指示して歴代即位式の実例や根拠となる規定を丹念に調べ上げ、宮内省関係者を説いて回ったほか、間接的に山県有朋ら元老にも働きかけた。(120)

杉浦は、帝王とは何かを知ってもらうためにも、またとない機会と思ったのだろう。天皇の即位を、国民はこぞって奉祝する。その熱情にどうこたえるか、裕仁皇太子に肌で感じてほしかった。

大正四年十一月十日、京都御所の紫宸殿《ししん》で行われた即位の礼。大正天皇が着座した高御座《たかみくら》の壇下に、裕仁皇太子の姿があった。皇太子のみに許される黄丹袍《おうにのほう》の束帯装束をまとい、空《くう》頂黒幘《ちようこくさく》(121)をかぶり、荘厳に響く即位の勅語を聞いた。

朕 祖宗ノ遺烈ヲ承ケ 惟神ノ寶祚ヲ践ミ 爰ニ即位ノ禮ヲ行ヒ 普ク爾臣民ニ誥ク

……

紫宸殿の前庭には、政府高官、陸海軍首脳、各国大使、各界有力者ら千七百人が並び、首相大隈重信の音頭で万歳三唱、その大声は京都御所の内にも外にも響きわたり、御所を囲んでいた十数万の国民も一斉に唱和し、万歳の波は京都市街全域に広がって、遠く東山三十六峰までこだまするようであった。(122)

京都だけではない。全国各地が万歳の嵐だった。東京の様子を、翌日の読売新聞が書く。

「(皇居前広場を埋めた)黒雲の如き群衆は『萬歳!萬歳!』と大地を動かす大歓呼を上げた。(中略)此の刹那《せつな》、百一発の礼砲の響《ひびき》、空中の爆音、各工場の汽笛一斉に鳴り、日比谷の天《そら》は唯一種の豪壮な唸《うな》りを生んだ」(123)

即位の礼に参列した裕仁皇太子は、空にとどろく万歳を、十四歳のその胸に、しっかり受け止めたに違いない。

即位の礼の後も、皇室に慶事が続いた。

四年十二月二日《皇后御分娩、皇男子誕生の報に接せられ、(裕仁皇太子は)東宮侍従亀井茲常《これつね》を御使として宮城及び青山御所へ差し遣わされる》

十二月三日《午後、青山御所に御参殿になる。雍仁親王・宣仁親王と御一緒に、御奥において新誕の皇子に御対顔になる》(124)

貞明皇后の第四皇男子は、大正天皇から崇仁《たかひと》と名づけられ、澄宮《すみのみや》の称号をおくられた。のちの三笠宮《みかさのみや》さまである。

弟思いの裕仁皇太子は、十四歳離れた三笠宮さまのご誕生を喜んだ。『昭和天皇実録』には、裕仁皇太子が三笠宮さまと一緒に庭を散歩したり、玩具で遊んであげたりする様子が記

されている。(125)

家族愛が深まる一方で、将来の天皇としての立ち居振る舞いの指導も、この頃から本格化した。

五年二月七日《今週より授業前の朝間体操の時間に、腰掛の御姿勢及び読書の御態度につき指導を受けられる。併せて、将来の勅語等御朗読を顧慮し、朗読及びその際の書籍保持の御態度についても指導を受けられる》

三月六日《今週より朝間体操時に、腰掛の御姿勢、朗読の御態度に加え、朗読の際の音調についての指導を受けられる》(126)

そして十一月三日、立太子の礼——。(127)

陸軍歩兵大尉の正装で東宮御所を出門した裕仁皇太子は、近衛騎兵五十七人が前後を固める特別馬車で皇居に向かう。沿道には陸海軍儀仗《ぎじょう》兵が整列し、その後ろに群衆が立ち並び、馬車の通過にあわせて頭を下げる。(128)

皇居に着いた裕仁皇太子は黄丹袍の束帯装束に着替え、賢所に拝礼。大正天皇から壺切御《つぼきりのみ》剣《つるぎ》(129)を、勅語とともに授けられた。

「壺切ノ剣ハ歴朝皇太子ニ伝ヘ以テ朕カ躬ニ迨ヘリ　今之ヲ汝ニ伝フ　汝其レ之ヲ体セヨ」(130)

このとき、皇居周辺には陸軍の礼砲が鳴り響き、品川湾や横浜港では満艦飾の海軍艦艇が皇礼砲をとどろかせ、一般市民は提灯行列や花電車運転などで裕仁皇太子を奉祝した。

のちに大正ロマンといわれる、華やかな大衆文化が花開いた時代だ。経済界は大戦景気に沸き、街は活気にあふれていた。裕仁皇太子も国民も、皇室と日本の前途に大きな希望を抱いたことだろう。

宮中某重大事件

大正七年一月、十六歳の裕仁皇太子は、大きな初春を迎えた。皇太子妃候補が見つかったのだ。

一月十二日《（久邇宮）邦彦《くによし》王第一女子良子《ながこ》女王を皇太子妃に御予定の旨、天皇の御沙汰が邦彦王に下される[131]》

学習院女学部に通う良子女王は当時十四歳。白羽の矢を立てたのは、貞明皇后である。

東京日日新聞の宮内省記者を務めた藤樫準二によると、前年十月、貞明皇后が学習院を視察した際、朗らかで健康的な良子女王を目に止めた。

――この人なら申し分ない――[132]。

貞明皇后は、自分の気持ちを大正天皇や裕仁皇太子に伝え、意向を受けた宮内大臣の波多野敬直が学業成績や健康状態などを調査。六年十二月二十二日には元老の山県有朋、松方正義、西園寺公望が会同し、皇族筆頭の伏見宮貞愛《ふしみのみやさだなる》親王に説明。《良子女王を皇太子妃に御予定することと然るべしと一決する》(133)——と、とんとん拍子に話が進んだ。

久邇宮家には願ってもないことである。だが、父の邦彦王の心は晴れなかった。良子女王の母、俔子《ちかこ》妃は薩摩・島津家の出身で近親に色覚障害者がおり、遺伝の可能性が疑われたからだ。

良子女王に異常はなかったものの、邦彦王は波多野に打ち明けて相談した。

これに対し波多野は、取り立てて問題にするには及ばないと考えたようだ。ためらう邦彦王に、「是非とも」と申し入れた。(134)

——ならば娘に、皇太子妃としてふさわしい教育をしなければ——。

心が晴れた邦彦王は、さっそく邸内に御学問所を開設。良子女王は学習院を退学し、同所で国語や数学など一般科目のほか、修身、礼法、薙刀《なぎなた》、和歌、点茶、フランス語などを学んだ。(135)このうち修身を受け持ったのは、東宮御学問所で裕仁皇太子に倫理を教える、杉浦重剛である。

婚約が正式に内定したのは翌八年六月十日。もっとも、すぐに二人が会えるわけではない。その日が来たのは、婚約内定から七カ月後だ。

九年一月六日《(裕仁皇太子は)午後一時御出門、御参内になり、御内儀にお成りになる。天皇・皇后に御拝顔後、二時頃より約一時間、皇后御同席のもと初めて良子女王に御対面になる》(136)

初対面の印象は、お互いどんなものだっただろう。

だが、二人の意思とは無関係に、このあと婚約をめぐり宮中を揺るがす大騒動が起きる。

発端は、良子女王の兄宮に、軽い色覚障害のあることが学習院の健康診断で分かったことだった。

これを問題視したのは、元老の山県である。山県は、良子女王の母で薩摩・島津家出身の俔子妃に色覚障害の遺伝があると知りながら、深く考えなかった宮内大臣の波多野を山県系の中村雄次郎に交替させ、正確な調査を指示した。大正九年夏ごろのことだ(137)。

十一月十一日、宮内省侍医療御用掛は報告書を提出。そこには、色覚障害の家系の女子から産まれる男子の半数は色覚障害の可能性があること、その場合は赤と緑の識別に問題が出ること、しかし視力には何ら問題がないことなどを指摘しつつ、こう書かれていた。

「然レドモ只現行徴兵令存在スル限リ、実際ハ莵モ角、法律上陸海軍軍人トナラセラルルコトハ絶体ニ不可能トナラセラルルノ結果ヲ来タシ、随テ陸海軍軍人タルノ資格ヲ失ハセラルル事ニ相成候……(138)」

山県は驚愕した。

良子女王が皇太子妃になれば、その皇子は将来の天皇、陸海軍の大元帥になる。山県は陸軍最長老として、この婚約を認めるわけにはいかなかった。

ほかの元老も山県に同意し、皇族筆頭の伏見宮貞愛親王を通じて良子女王の父、久邇宮邦彦王に婚約を辞退するよう勧めた。

邦彦王は愕然とした。

色覚障害の遺伝のことは、婚約内定の一年以上も前に宮内省に伝えてある。すでに婚約は新聞報道され、国民も祝福しているのに、解消すればその悪影響は計り知れないだろう。

そのころ邦彦王の耳には、婚約解消の動きは山県系の長州閥が勢力拡大を狙った策謀であるとの噂話も届いていた。山県への不信を強めた邦彦王は同年十一月下旬、現時点で婚約解消には納得できないと貞明皇后に直訴した。(139)

だが、これは逆効果だったようだ。将来の天皇の外戚となれば、ただでさえ権威は高まる。元老や政府の方針に口をはさむことは、厳に謹まなければならないのに、結婚前から表立って行動を起こすようでは先が思いやられる。貞明皇后は、良子女王を皇太子妃とすることに不安を覚えた。(140)

邦彦王の行動は、ほかの元老や政府首脳の反発も招いた。当時首相の原敬が同年十二月十八日の日記に書く。

「久邇宮の御挙動は穏当ならず(141)」

婚約解消の風は一段と強まった。しかし、その風に逆らい、意外な行動に出た人物がいた。裕仁皇太子と良子女王に倫理、修身を教える杉浦重剛だ。

以下、『昭和天皇実録』が書く。

大正九年十二月六日《東宮御学問所御用掛杉浦重剛欠勤につき、(裕仁皇太子は)倫理に代わり地理の講義を受けられる。杉浦は去る十一月十八日、久邇宮邸における良子女王への進講の後、後閑菊野（良子女王の教育係）より、女王が色盲の遺伝子を有する可能性があることから、父邦彦王に対し婚約辞退が求められているとの事実を告げられ、人道上、取るに足らぬ些少の欠点をもって御内定を取り消すことは、満天下に悪模範を示すものであるとしてこれに反発、（中略）一昨四日に至り、病気を理由として御用掛の辞表を提出し、処分保留のままこの日の欠勤に及ぶ(142)》

元老の山県が主導する婚約解消の動きに対し、杉浦が抗議の辞表提出に及んだのは、それが裕仁皇太子の帝王教育にも悪影響を与えると考えたからにほかならない。杉浦は宮内大臣の中村雄次郎に建白書を出し、こう主張した。

「御進講の最初に於て（裕仁皇太子に）智仁勇を説き、日本政記にある信仁明武は是君臣の道也と講ず。（中略）婚約を破る時は世人をして道に迷はしむるのみならず、対者を死地に陥る。不仁も甚だしきものなり。尋常人に於てもこれを為すに忍びず、況《いわ》んや仁愛の本体たる皇室に於てをや(143)」

当時、宮内省は婚約解消の動きを報道禁止とし、厳重な箝口令《かんこう》を敷いていた。しかし、杉浦が自宅に門下生や知人を呼び、あるいは電話で各方面に働きかけたことから、山県らを糾弾する声が次第に高まった。

十二月六日の『昭和天皇実録』が続けて書く。

《杉浦は十三日も病気を理由に欠勤し、以後東宮御学問所の終業まで、倫理の講義は行われず。杉浦による御婚約決行、御内定取り消し反対を求める動きは、その後、次第に世上の知るところとなり、民間右翼を中心に宮内省や元老山県有朋を非難、攻撃する運動へと拡大することとなる[144]》

こうなると、報道禁止のはずの新聞各社も黙っているわけにはいかない。宮内省記者だった藤樫準二がこう振り返る。

「(宮内省で)誰彼の区別なく『宮中事件?』で廊下をかけずり廻ったが、内容どころか事件の匂いもかぎ出せなかった。宮内省がこれほど厳秘にしていながら、社に立寄ったら政治部記者の情報で、この事件なるものは『東宮妃御内約をめぐって』の輪郭が、やっと浮び上がった……[145]」

以後、一部新聞は報道禁止すれすれに、見出しだけで「宮中某重大事件」、「杉浦重剛翁と宮相の道義上の意見衝突」と書き立てていった。

一転して窮地に立たされることになった山県は憤慨する。

「勤王に三種ある。一は純潔勤王にして二は人倫勤王、三は政略勤王である。自分の勤王は純潔なるものたるを確信する。西洋主義の人は言ふに足らざるも、杉浦とか頭山(満)とかいふ人は、従来皇室中心主義の人にして自分等と思想傾向を同じふする人なりと思惟せるに、是等《これら》の人が異なりたる方面に向へるを見て、邦家の前途まことに寒心に堪へない[146]」

山県は、大真面目でそう考えていたのだろう。だが、世論の大半は彼を「純潔勤王」ではなく「政略勤王」とみた。

　ときの首相、原敬が大正十年二月九日の日記にこう書いている。

「下田歌子来訪、同人の内話によれば、色盲云々に付山県の陰謀によりて（婚約）御変更の企をなしたるものなりとの誤解は仲々《ママ》深く入り居れり、皇族方御内部にも注入多く、現に或る御息所より直接山県の企にて云々との御話ありたる位なり」[147]

「綸言汗の如し」――。[148]天皇の裁可を得てすでに公表された皇太子の婚約を解消すれば、皇室の仁徳が揺らぐとする杉浦の主張に、過敏に反応したのは右翼国粋主義者たちだ。頭山満、杉山茂丸、内田良平、北一輝、大川周明ら大物右翼が続々と〝参戦〟し、婚約解消は長州閥の勢力拡大を狙った山県の陰謀だと糾弾、二月十一日の紀元節に明治神宮で三千人が集結する大決起大会を開くこととなった。

　この動きに、山県系の宮内大臣中村雄次郎は驚愕した。彼らが大騒動[149]を引き起こす可能性は高く、そうなれば新聞各社を報道禁止で縛ることはできない。宸襟を悩まし、累《るい》が皇室に及ぶ恐れもある――。

　紀元節の朝、新聞各紙に、宮内省発表の記事が掲載された。

「良子女王殿下東宮妃御内定の事に関し世上種種の噂あるやに聞くも右御決定は何等変更なし」[150]

　中村は首相の原とも相談し、右翼の大会の前に婚約続行を明らかにすることで、事態の収束を図ったのだ。同時に中村は責任をとって辞任。山県も枢密院議長職などすべての官職の辞表を提出し、神奈川県小田原の別宅に謹慎する。(151)

こうして、宮中某重大事件は落着した。二人が成婚するのは三年後、裕仁皇太子二十二歳、良子女王二十歳の初春である。

東宮御学問所卒業

宮中が皇太子妃問題で揺れた大正七年一月から十年二月にかけ、国内外の情勢も激しく揺れ動いていた。

千六百万人もの戦死者を出した第一次世界大戦は一九一八(大正七)年十一月に終結したものの、その前年にロシア革命が勃発、イギリスをはじめ各国軍隊は革命に干渉し、日本も大正七年八月、アメリカと歩調を合わせてシベリアに出兵した。

その影響で国内では、もともと高値だった米価が一気に急騰し、全国各地で米騒動が発生、当時の寺内正毅内閣が総辞職に追い込まれた。かわって議会第一党の立憲政友会総裁、原敬を首班とする本格政党内閣が発足する。

原は、英米との協調、中国への内政不干渉など穏健な外交政策を掲げたが、一九一九年三月に朝鮮半島で三・一独立運動が、五月には中国で五・四運動が起こるなど、抗日機運はおさまらなかった。[152]

同年四月、裕仁皇太子は十八歳となり、皇室典範の規定で成年に達した。まだ東宮御学問所で修学中の身だが、その生活環境は、大きく変わろうとしていた。

この頃から大正天皇の健康が悪化し、天皇名代としての公務が増えたのだ。

大正八年十一月二十五日《海軍大学校・海軍経理学校・海軍軍医学校卒業式に天皇御名代として御臨席のため、海軍大学校に行啓される。（中略）天皇御名代としての行啓はこれをもって嚆矢《こうし》とする》

九年四月十三日《明日挙行の信任状捧呈式の習礼を行われる。（中略、以後）外国使臣による信任状等の捧呈は、皇太子が代理として受領し、これを天皇に転呈することとなる》[153]

翌十四日、裕仁皇太子は皇居牡丹ノ間で、イギリス、メキシコ、チェコスロバキアの特命全権大使や公使から信任状の捧呈を受けた。この時の様子を、首相の原が日記にこう書いている。

「御態度並に御言葉等実に立派にて　宮内官一同と共に実に感嘆せりと云へり」[154]

軍務も増えた。

九年十月三十一日《代々木練兵場に行啓され、天長節観兵式に天皇御名代として御臨場になる。（御料馬）進風に召され閲兵を行われ、ついで分列式を御覧になる》[155]

この時の様子を、翌日の東京朝日新聞がこう伝える。

「各隊将卒の捧刀捧銃に対し　一々挙手を以て応え給ふ英姿　一層颯爽《さつそう》として拝された」[156]

揺れ動く国内外の情勢、気がかりな大正天皇の病状……。そんな中で裕仁皇太子は、七年に及ぶ東宮御学問所での帝王教育を終え、卒業の春を迎える。

大正十年二月十八日《東宮御所において（御学問所の）終業式が行われ、本日をもって閉鎖となる》[157]

このとき、御学問所総裁東郷平八郎は裕仁皇太子の前に立ち、嚙みしめるように言った。

「殿下におかせられましては、優秀の御成績をもって御修了あらせられ、加えて陸海軍の演習、諸地方の行啓など、実地の御見学も少なくなく、以て文武ともに将来御研鑽《けんさん》の基礎たるべき高等普通学科を御修得あそばされたのは、御学問所職員一同の感激したてまつるところであります。今後におきましても、政事軍事など実際の御見学以外に枢要なる高等学科を御修得あそばされ、以て益々御学徳を御涵養《かんよう》あらせられますよう、切に期待したてまつります」[158]

終業式には、御学問所評議員で前東京帝国大学総長の山川健次郎、同じく評議員でのちに陸相を務める宇垣一成らに混じって、宮中某重大事件で御学問所を欠勤していた杉浦重剛の顔もあった。

杉浦は日記に書く。

「久振ニテ東宮御学問所御終業式ニ参列。殿下ニ拝謁。御機嫌麗シキヲ拝シ、感激ノ至リニ堪ヘズ。（中略）正ニ七年ノ御修学期ヲ完了。猶近来ノ緊要問題モ解決シタレバ、不肖ノ余モ、先ヅ微衷ノ貫徹ヲ覚ヘ、洵《まこと》ニ青天白日ノ想アリ」(159)

東郷が言ったように、裕仁皇太子の御学問所での成績は優秀だった。幹事（教頭）の小笠原長生は「何としても他の学友は殿下（の成績）をお抜き申すことが出来なかった」、教務主任の白鳥庫吉も「総《すべ》ての学科につき毫も偏せらる､ことなく、極めて円満なる御修養を遊ばさる､なり」と評価している。(160)

一流の教授陣による密度の高い少人数教育だ。何事にも真面目な性格の裕仁皇太子は、吸収するのも早かったに違いない。

卒業にあたり、どんな気持ちだっただろう。

学友の永積寅彦は「非常に解放された感じでした」と率直に振り返る。(161)永積ら五人の学友は卒業後に学習院高等科三年に編入となり、大学を目指す。

だが、大正天皇の名代を務める裕仁皇太子に、進学の選択肢はない。その目は遠く、世界を見つめていた。

註

(1)『学習院百年史』第一編より。創立当初の学習院は東京・神田錦町に校舎があったが、明治十九年の火災で焼失し、二十三年に四谷に移転。中・高等学科は四十一年に高田村（現豊島区目白）に移転し、全寮制となった（初等学科と女学部はそのまま）。先の大戦後は宮内省から独立し、私立学習院として現在に至っている

(2)「いさを」は勲功、「をしへ」は教え、「おほしたて（生し立て）」は養い育てる、「やまとなでしこ」は皇国の子供たち――の意味

(3)『学習院百年史』五七四頁より

(4) 学習院輔仁会編『乃木院長記念録』より

(5)『実録』二巻一七頁から引用

(6) 明治四十一年四月十二日の東京朝日新聞から引用

(7)、(8)『実録』二巻七〇頁から引用。二学年から東組所属で、遊戯がなくなって体操、綴方、書方の授業も行われた。四学年から地理が、五学年から歴史、理科、修身が追加された

(9)『実録』二巻九七頁から引用

(10)『昭和天皇と私』四二～四四頁から引用

(11)『乃木院長記念録』九一～九二頁から抜粋

(12)『乃木院長記念録』九三～九五頁から抜粋

(13) 長與善郎『わが心の遍歴』八七頁から引用

(14) 小松耕輔謹話「師を敬し御学友を愛し給ふ」（『聖上御盛徳録』所収）より

(15)「天皇・運命の誕生」から引用

(16)『原敬関係文書』別巻に所収。なお、原文には多くの単語に「御」がついている

(17) 例えば「あべこべ」を「あぼぼけぺべ」、「あたたかい」を「あたかい」などと発音した

(18) 石井国次謹話「御学事と御武勇」（『聖上御盛徳録』所収）、『背広の天皇』より

(19)「迪宮殿下御心意状態」より

(20) 松平直国謹話「御学友としての思ひ出」（『聖上御聖徳録』所収）より

(21)『実録』三巻四六～五〇頁から引用

(22)『実録』三巻一五、三三～三四頁から引用

(23)「迪宮殿下御心意状態」より

(24)『実録』三巻九三頁から引用

(25)『実録』三巻一〇二～一〇三頁から引用

(26)、(27) 宮内省編『明治天皇紀』一二巻より

(28) 秩父宮雍仁親王『皇族に生まれて』三八頁から引用

(29)『皇族に生まれて』一四、三七～三八頁から引用

(30) 栗原広太『人間明治天皇』より
(31)、(32)「天皇・運命の誕生」から引用
(33)『実録』三巻一七四頁から引用
(34)『皇族に生まれて』より
(35)『乃木院長記念録』より
(36) ある姓の王朝が断絶して別の姓の王朝ができること
(37)『背広の天皇』より
(38) 貴人の柩《ひつぎ》を乗せた霊車（霊柩車）
(39) 乃木夫妻の自刃の状況は黒木勇吉『乃木希典』および同書所収の「遺言条々」「遺書」「夫妻死体検案始末書」より
(40) 乃木の辞世の句。ほかに辞世一句と静子の辞世が残されていた
(41)『実録』三巻一八四頁から引用
(42) 夏目漱石『こゝろ』二三八～二三九頁から引用
(43) 新渡戸稲造談「大将の心事を明かにせばあらゆる方面に好影響を及ぼさん」（『中央公論』大正元年十月号所収）より
(44) 志賀直哉の日記（『志賀直哉全集』一〇巻所収）より
(45) 芥川龍之介「将軍」（『名著復刻　芥川龍之介文学館』三六頁から引用
(46) 中国の皇帝に朝貢し、自国領の統治権を認めてもらう制度
(47) 朝鮮国王高宗の正妃。縁故主義や職権乱用などで政局を混乱させたとされる
(48) イザベラ・バード『朝鮮紀行』三四四頁から引用
(49) 朝鮮は一八九七（明治三十）年に国号を「大韓帝国」に改めた
(50) 三十九年二月六日の東京日日新聞から引用
(51) 金正明編『日韓外交資料集成』六巻・上二四七頁から引用
(52)、(53) 伊藤之雄『伊藤博文をめぐる日韓関係』、李英美『韓国司法制度と梅謙次郎』掲載の法務補佐官報告より。伊藤が日本から引き出した韓国への借款は、当時の韓国の二年分の租税額に相当する一千万円に上った
(54) 李盛煥「伊藤博文の韓国統治と韓国ナショナリズム　愛国啓蒙運動と伊藤の挫折」（伊藤之雄、李盛煥編著『伊藤博文と韓国統治』より
(55) 明治四十年七月三～十五日の大阪毎日新聞より
(56)『日韓外交資料集成』六巻・上より。明治四十年五月二十二日に高宗に謁見した伊藤は、「陛下ハ自今（中略）詐略的御行為ヲ断然更メラレ

サルニ於テハ当ニ日本ノ感情ヲ害スルノミナラス貴国ノ前途極メテ不利益ナル結果ヲ招致スルニ到ラン」と厳しくいさめている

(57)『伊藤博文をめぐる日韓関係』より

(58)事件の経緯は、満洲日日新聞社編『安重根事件公判速記録』より

(59)春畝公追頌会編『伊藤博文伝』下巻より

(60)併合により韓国は朝鮮と改称され、朝鮮総督には陸海軍出身者（大将）が代々就任するようになった

(61)呉善花『韓国併合への道 完全版』より

(62)『実録』三巻一九〇頁から引用

(63)『実録』三巻一九〇、一九三、一九六頁から引用

(64)『皇族に生まれて』四〇〜四一頁から引用（原文は改行あり）

(65)『実録』三巻二〇三頁から引用

(66)『皇族に生まれて』四一頁から引用

(67)『実録』四巻二頁より

(68)『実録』四巻二九頁から引用

(69)『実録』四巻二八頁から引用

(70)『実録』四巻三八頁から引用

(71)『実録』四巻五八頁から引用

(72)『実録』四巻四五、七三頁から引用

(73)『実録』四巻三二頁から引用。小説を読まなかった理由について、雍仁親王は戦後、「（裕仁皇太子はつねに学究的であり、そうした）科学的態度・批判的態度で小説を読むと、興味も湧かないし、またそこに納得のできないことがあるのではなかろうか？」と述懐している（秩父宮雍仁親王殿下、秩父宮勢津子妃殿下共述『御殿場清話』から引用）

(74)『実録』四巻四〇、七一、七五頁から引用

(75)『実録』四巻七四頁より

(76)『実録』四巻八五頁より

(77)小笠原長生編著『東郷元帥詳伝』より

(78)昭憲皇太后の崩御は二日後の十一日に国民に発表された。明治天皇の皇后であるため、本来なら「昭憲皇后」の追号が贈られるはずだが、宮内省のミスで「皇太后」のまま大正天皇に上奏し、裁可された

(79)昭憲皇太后は大正三年五月二十六日、京都市の伏見桃山東陵に斂葬《れんそう》（埋葬）された

(80)、(81)大正三年五月五日の東京日日新聞から引用

(82)『実録』四巻より。五月の開校当初は外国語や歴史などがなく、時間割が固まるのは秋以降である

(83)欧州の王室が、英語よりもフランス語を多用

するからとみられる
(84) 甘露寺受長『天皇さま』より
(85) 藤本尚則『国師杉浦重剛先生』より
(86)『回想杉浦重剛』より。杉浦重剛が設立し、長く校長を務めた日本中学（現日本学園）からは吉田茂（首相）、横山大観（画家）、長谷川如是閑（評論家）、岩波茂雄（岩波書店創立者）ら各界の泰斗を多数輩出した
(87)、(88)『国師杉浦重剛先生』より
(89) 大竹秀一『天皇の学校』より
(90)、(91) 猪狩又蔵編『倫理御進講草案』より
(92)『杉浦重剛全集』五巻六頁から引用
(93)『杉浦重剛全集』五巻より
(94)『昭和天皇と私』八〇頁から引用
(95)『天皇の学校』より
(96)、(97)『昭和天皇と私』七七〜七八頁から引用
(98)『実録』四巻一九七〜一九八頁から引用
(99)『東郷元帥詳伝』より
(100)、(101)『背広の天皇』より
(102) 大迫寅彦はのちに養子入りし、永積姓となった
(103) 永積寅彦『昭和天皇と私』より
(104)『背広の天皇』より
(105) 仁徳天皇の祖母にあたる神功皇后の主導で朝鮮半島に出兵し、新羅、百済、高句麗の三国を服属させたとされる戦争。時期や支配領域などについては諸説ある
(106)『聖上御盛徳録』より
(107) 民間人を含む第一次世界大戦の戦死者数には諸説ある
(108) 大隈と加藤は、事前に元老や陸海軍統帥部と十分に協議せず、拙速な対応を懸念する山県有朋らの慎重論を押し切って参戦を閣議決定した
(109)、(110) 奈良岡聰智「第一次世界大戦初期の日本外交　参戦から二十一カ条要求まで」（山室信一ほか編『現代の起点　第一次世界大戦（一）世界戦争』所収）より
(111) 伊藤哲夫「『二十一カ条要求』とは何だったのか」（日本政策研究センター刊『明日への選択』平成十三年四月号所収）より。一〜四号の要求についてイギリス外相は「妥当の措置」とし、ロシア駐日大使も「合理的な内容」と評したとされる
(112)『孫文全集』中巻に収録された孫文談話「中国問題解決ノ方法」によれば、孫文は二十一カ条要求を袁世凱の「密謀」とみていた
(113) 奈良岡聰智「第一次世界大戦初期における日

本の外交世論（三）」（京都大学法学会『法学論叢』一七五巻二号所収）より
(114) アジア出身の対米移民（大半は日本人）を禁止する法律。一九二四年に米議会で可決成立し、対米戦争の原因の一つになった
(115) 大正四年六月の衆院本会議で原が行った政府弾劾演説（川田稔『原敬 転換期の構想』所収）より
(116) 奈良岡聰智「加藤高明 親英派外交家の栄光と挫折」（佐道明広ほか編『人物で読む近代日本外交史』所収）より
(117) 御厨貴『日本の近代（三）明治国家の完成』より
(118) 即位の礼は当初、明治天皇の諒闇（喪に服する期間）の明けた大正三年に行われる予定だったが、昭憲皇太后の崩御でこの年に延期された
(119) 『実録』四巻より
(120) 『国師杉浦重剛先生』より
(121) 天皇および皇太子が加冠の前につける額当て
(122) 大正四年十一月十一日の東京日日新聞、東京朝日新聞より
(123) 同日の読売新聞から引用
(124) 『実録』四巻二一三頁から引用
(125) 『実録』五巻四三頁、六巻三頁などより
(126) 『実録』五巻五、八頁から引用
(127) 皇太子の身位を内外に示す皇室儀礼
(128) 大正五年十一月四日の東京日日新聞より
(129) 天皇から皇太子に代々授けられる護り刀
(130) 『実録』五巻五二頁から引用。原文はスペースなし。「迫」は「〜に至る」の意味
(131)、(133) 『実録』五巻一四〇頁から引用
(132)、(134) 藤樫準二「皇太子妃・色盲事件」（鶴見俊輔ほか編『天皇百話』上の巻所収）より
(135) 『人間 昭和天皇』上巻より
(136) 『実録』六巻九四頁から引用
(137) 「皇太子妃・色盲事件」より
(138) 猪狩史山編「中西回瀾録」（憲政資料室収集文書）から引用。当時の徴兵令では、色覚障害者は軍務に支障が出るとして兵役が免除されていた
(139) 同文書より
(140) 宮内次官の石原健三は杉浦重剛に、貞明皇后も婚約解消を内諾していると伝えたという（同文書より）
(141) 『原敬日記』五巻三二九頁から引用
(142)、(144) 『実録』六巻一九四頁から引用
(143) 『国師杉浦重剛先生』二六六頁から引用
(145) 「皇太子妃・色盲事件」から引用

(146) 大正十年三月二十四日の都新聞から引用
(147) 『原敬日記』五巻三四七頁から引用。日記中の下田歌子は女子教育の先駆者で、皇室の信頼が厚かった
(148) 天子が一度口にした言葉（綸言）は、一度流した汗が戻らないように取り消せないということわざ。当時、婚約続行の論拠のひとつとなった
(149) 天子の御心
(150) 大正十年二月十一日の東京朝日新聞から引用
(151) 山県の辞表提出は大正天皇から許可されなかったが、この一件により山県の宮中での権勢は失墜した
(152) 三・一独立運動は、元韓国皇帝の高宗が死去したことをきっかけに起きた民族運動で、デモなどで独立を求める動きが朝鮮半島全域に広がった。五・四運動は、第一次世界大戦後のパリ講和会議で山東半島の日本権益が列強に認められたことなどに反発した反帝国主義運動で、学生や労働者らを中心とするデモやストライキが中国各地で起きた
(153) 『実録』六巻八三～八四、一二一頁から引用
(154) 『原敬日記』五巻二三二頁から引用
(155) 『実録』六巻一七四～一七五頁から引用
(156) 大正九年十一月一日の東京朝日新聞から引用
(157) 『実録』七巻一五頁から引用
(158) 『実録』七巻より
(159) 杉浦重剛「致誠日誌」（『杉浦重剛全集』六巻所収）から引用
(160) 『聖上御盛徳録』より
(161) 『昭和天皇と私』より

第三章——天子への道

欧州への船出

大正十年三月、もうすぐ二十歳になる裕仁皇太子は、丸刈りだった髪を伸ばし始めていた。これから日本の皇太子として、初めて欧州各国に外遊するためである。

裕仁皇太子の外遊は、首相の原敬や枢密院議長の山県有朋ら元老、政府首脳が強く望んでいたことだった。

大正天皇の病状が、一段と悪化していたからだ。

大正天皇は生後間もなく髄膜炎を患い、その後も病弱で寝込むことが多かった。貞明皇后との結婚後は大病もなく、地方巡啓を重ねるなど快活な生活を送っていたが(1)、明治天皇の崩御で一変。公務に追われて心労が増え、大正七年末頃から歩行困難、言語障害などの変調がみられるようになる。

脳細胞に、何らかの異常が起きたのだ(2)。

即位後、何事も先帝のようにと山県ら元老から厳しく諫言されていたことも、心身に悪影響を及ぼしたのだろう。翌八年秋頃には「簡単なる御勅語すら十分には参らず」という状況になった(3)。

回復の見込みはなく、もはや裕仁皇太子を摂政とするほかない。その前に、世界の大勢について見聞を深め、各国元首らと直接交際し、五大国の一員(4)となった日本の君主にふさわしい態度や思考を磨いてほしいと、原や山県は考えた。

問題は、貞明皇后をどう説得するかである。貞明皇后は外遊先で皇太子の身に何かあったらと、元老らが説得しても首を縦に振ろうとしなかった。

原が日記に書く。

九年十月十一日「今回も（皇后）陛下は御心配の事多く御渡欧を好ませられざる……」

十月十六日「（皇后）陛下は殊の外の御心痛にて、御詞も曇らせられたる……」

十月二十日「皇后陛下未だ御許容無之《これなく》……(5)」

ようやく貞明皇后の同意を得て、大正天皇が正式に外遊を勅許したのは翌十年二月十三日。以後、慌ただしく渡航の準備が進められた。

同年三月三日、新聞各紙の夕刊一面に、特大の見出しが躍る。

「日出づる国の皇太子旗　海を圧して西航す　御発航を祝する国民の歓呼裡に　十一時半御召艦香取は抜錨《ばつびょう》せり(6)」

この日、横浜港に集まった市民、在郷軍人らは三万人超。在泊の船舶が一斉に汽笛を鳴らし、地鳴りのような万歳がわき起こる中、裕仁皇太子の訪欧艦隊は出港した。初の外遊だ。裕仁皇太子の胸は、期待と不安が交差していたに違いない。

訪欧艦隊は旗艦鹿島と御召艦香取の戦艦二艦で編成。裕仁皇太子を補佐する随伴者には、フランス留学経験のある閑院宮載仁《かんいんのみやことひと》親王が選ばれた。ほかに第一次世界大戦後のパリ講和会議で全権の一人を務めた珍田捨巳（供奉長）、大正天皇を診断した東京帝国大学医学部教授の三浦謹之助、東宮武官長の奈良武次、東宮侍従長の入江為守、のちに海相などを務める及川古志郎ら十四人が供奉員として随行した。

最初の寄港地は、沖縄である。

三月六日《午前十時十五分、海軍軍装に菊花大綬章副章を御佩用、載仁親王御同伴にて香取を御出艦になり、同五十分（沖縄県与那原の）仮桟橋に御上陸になる》[7]

明治維新以降、天皇もしくは皇太子が沖縄入りするのは、これが初めてだ。大正天皇は皇太子時代、全国各地を巡啓したが、遠距離の沖縄には行くことができなかった。

それだけに、県民の喜びは大きかっただろう。桟橋は紅白の布で美しく飾られ、付近の村民や子供たちが沿道で奉迎する中を、海軍軍装の裕仁皇太子は最寄り駅まで歩き、県営の軽便鉄道で那覇に向かった。

那覇でも、多数の県民が沿道に並んで奉祝した。裕仁皇太子は県庁で沖縄の特産品などを見学した後、前庭に記念樹を植え、人力車で首里城に行く。城内には県師範学校と中学校の生徒らが集まっており、空手の源流である「唐手」の模範試合を披露した。沖縄訪問は二日前に急遽決まったものだが、県民の奉祝はまごころのこもったものだった(8)。先の大戦後、昭和天皇は激戦地となった沖縄への訪問を念願しながら、病気に倒れ、ついに果たせなかった。しかし、皇太子時代のこの訪問を、終生忘れなかったに違いない。

沖縄を出港した訪欧艦隊は、各地に寄港しながら順調に航海を続けた。三月十日香港、十八日シンガポール、二十八日セイロン島コロンボ、四月十七日スエズ運河ポートサイド、二十四日地中海マルタ島、三十日ジブラルタル——。いずれの寄港地でも在留邦人や一般市民らの盛大な歓迎を受け、裕仁皇太子は上陸して各地の総督らと交流を重ねた。シンガポールでは自ら望んで邦人街を視察したり、ポートサイドから鉄路エジプト入りしてピラミッドを見学したりと、意欲的に活動している(9)。

航海中も、のんびりしていたわけではない。社交術を身につけるための、特訓が行われたのだ。

今回の外遊では、裕仁皇太子の社交性を高めることも目的の一つに挙げられていた。東宮御学問所での裕仁皇太子は、学業成績は優秀だったが、寡黙で社交性に欠けるとする批判が一部で上がっていたのである。

元老の山県有朋も、裕仁皇太子に拝謁した際、山県の言上に「御返詞なく、何にも御下問なく、恰も石地蔵の如き御態」だったとして、東宮大夫の浜尾新らによる箱入り教育のせい

からだ。[11]

日本を出港して間もなく、裕仁皇太子と食事の席をともにした供奉員らは愕然としたという。裕仁皇太子が音を立ててスープをのみ、ナイフとフォークをガチャガチャ鳴らしていた

実際、テーブルマナーはかなりよくなかったようだ。

だと批判していた。[10]

四月五日《(御召艦香取の) 御座所において、(閑院宮) 載仁親王・供奉長珍田捨巳より、航海中初めて西洋儀礼作法の要領につき、言上を受けられる》[12]

特訓開始である。教官役を担ったのはカトリック信者の海軍大佐、山本信次郎だ。山本は裕仁皇太子に毎日フランス語を教える傍ら、テーブルマナーなどについて口を酸っぱくして指導した。航海中、娯楽と運動を兼ねて行われたデッキゴルフでも、フェアプレーの精神を学ばせようと手加減せずに責め立てた。そんな時、裕仁皇太子はどんな負け試合でも最後の一打まで真剣に競技を続け、山本ら供奉員を感動させている。[13]

航海の終盤、供奉員の指導は厳しさを増した。裕仁皇太子は素直に従い、姿勢を改めていった。諫言する供奉員も懸命だが、裕仁皇太子も懸命だったのだ。

その成果は、欧州の地で発揮されることになる。

訪欧艦隊は五月九日、満艦飾の英国大西洋艦隊が皇礼砲を放つ中、ポーツマス軍港に入港した。

裕仁皇太子、いよいよ英国上陸である。

君徳の開花

大正十年五月九日、英国ポーツマス軍港に到着した訪欧艦隊を出迎えたのは、のちに「王冠をかけた恋」で知られることとなる英皇太子、エドワード親王である。(14)

当時二十六歳のエドワードは侍従武官長らを従え、御召艦香取に乗艦、挙手敬礼し、裕仁皇太子と親しく握手を交わした。二人はフランス語で懇談し、双方の随員を紹介し合う。やがてエドワードは閑院宮載仁親王や供奉員らを導くように退艦。続いて裕仁皇太子が、英国の地を初めて踏んだ。同時に、桟橋付近に整列した軍楽隊が君が代を高らかに演奏する。

両皇太子はその後、日英国旗を交叉《こうさ》させた宮廷列車でロンドンに向かった。ヴィクトリア駅のプラットホームで待つのは、大英帝国皇帝ジョージ五世だ。

宮廷列車がホームに入る。君が代演奏、儀仗隊の捧銃──。列車から降りた裕仁皇太子は、ジョージ五世の前で挙手敬礼し、お互い直立不動の姿勢をとった。

そして、ジョージ五世が一歩踏み出し、右手を出す。固く握手した二人に、笑顔があふれた。

ジョージ五世は裕仁皇太子を、この日のために新造した六頭立ての特別馬車に案内し、後列右側の最上位席を示して言った。

「どうぞ、お乗りなさい」
「いえ、どうか陛下がお座りください」
《(裕仁皇太子が）再三御辞退されると、英国皇帝が先ず御乗車になり第二位席を占められたため、皇太子はやむをえず、皇帝右側の第一位席に御着座になる[15]》
特別馬車がバッキンガム宮殿に向かって走り出す。それを見守るロンドンっ子の歓待ぶりは、裕仁皇太子や供奉員らの想像をはるかに超えるものだった。
『昭和天皇実録』が書く。
《沿道を始めバッキンガム宮殿に隣接する諸道路には拝観のため市民が殺到し、とりわけ宮殿前広場の周囲並びにヴィクトリア女帝記念碑の周辺は、見渡す限り拝観者が黒山をなす。また、御道筋全体にわたり軍隊及び警官が堵列し、沿道各所に活動写真機が備えられ、ロンドン及び地方主要新聞の記者は要所要所にて実況報告の任に当たる。また、各所において英国市民が邦人に席を譲る光景が見られ、（中略）各沿道にては御召馬車の通過の際には軍楽隊が君が代、ゴッド・セーブ・ザ・キングを奏し、堵列部隊は捧銃し、男子は恭しく脱帽、女子は手巾・手袋等を打振りつつ歓呼する。これに対し皇太子は、絶えず挙手の礼を以て応えられ、英国皇帝は御会釈にて応じられる[16]》
　裕仁皇太子が外遊した頃、イギリスでは、日英同盟の今後について方針が揺れていた。日本は同盟維持を強く望んでいたが、アメリカが反対しており、破棄もやむなしとの意見が議会内で優勢になっていたのだ。対華二十一カ条要求にみられる外交上の失政も、影響していたのだろう。

ただしイギリスとしては、日本と喧嘩《けんか》別れはしたくない。裕仁皇太子の訪欧をイギリス側が最大級の歓待で迎えた背景には、こうした事情もあったようだ。

バッキンガム宮殿に到着した一行は、同日夜、ジョージ五世主催の公式晩餐《ばんさん》会にのぞんだ。ロンドンにいる英国皇族全員と、ロイド・ジョージ首相ら政府首脳、駐英日本大使館幹部ら百二十八人が出席しての、盛大な供宴である。

主卓の中央にジョージ五世が、右隣に裕仁皇太子が、その隣にメアリー皇后が座り、《御食事中、皇太子は英国皇帝・皇后と（通訳を介して）快活に御談話になる》(17)。

デザートが運ばれたとき、ジョージ五世が立ち上がって言った。

「日本皇太子殿下。朕は今夕殿下に対して、全英国民の賓客として、至誠の敬意と友情とを傾注して、ここに歓迎の辞を呈します」

乾杯の後、裕仁皇太子が立ち上がる。

「英国皇帝陛下。ただいま懇篤な御言葉を拝承し、衷心感謝に堪えません。御言葉は必ずや皇父及び日本国民一般を感動せしめるでありましょう(18)」

朗々たる声調、堂々たる姿勢──。駐英大使館の書記官として出席していた吉田茂は、この時の裕仁皇太子の演説を終生忘れず、「玉音朗々、正に四筵《しえん》を圧するの概《おもむき》があった。（中略）か、る公式の国際交歓場裡に臨まれし時の堂々たる御態度を拝し、一同感激に堪えなかった」と書き残している。[19]

五月十三日に行われた日本側主催の晩餐会でも、裕仁皇太子は見事な立ち振る舞いを披露する。ロイド・ジョージ首相と歓談した際、当時英国で起きていた炭坑ストライキ問題を自ら話題にし、英国政府の難しい対応をねぎらった。また、日英親善の必要性を強調し、最後にこう言った。

「多忙な首相の健康を心配しています。首相自身のためだけでなく、また英国一国のためだけでもなく、世界全体のために十分自重されることを希望します」[20]

供奉員の沢田節蔵（のちの国際連盟日本代表）によれば、感激したジョージ首相は何度も頭を下げ、裕仁皇太子の手を固く握りしめた。

各界の名士らを招いた宴の席で、何より沢田らを驚かせたのは、裕仁皇太子の抜群の記憶力だ。日本側担当者は事前に、出席者の情報を集めて伝えていた。裕仁皇太子はその情報をもとに、各界の名士らと代わる代わる挨拶《あいさつ》しながら「職業趣味の異なるに従ひ、適当な話題で、御会談」したという。[21]

続いて行われた夜会では六百人の参加者の中に進んで分け入り、握手しながら数十人と言葉を交わした。そこで沢田らが見たのは、かつて元老の山県有朋が批判したような、寡黙で「石地蔵の如き」裕仁皇太子ではなかった。堂々たる「社交界の勇者」だった。

日本を出港以来、供奉員らの諫言にも素直に耳を傾け、国際交流の現場で自らの立場を再認識したことが、裕仁皇太子に備わる天性の君徳を呼び覚ましたのだろう。

沢田が記録に書く。

「（裕仁皇太子の社交性は）欧州社交界の事情に深く通暁してゐる人々の態度と、何等変りなきのみか、少しも尊大ぶられる所がなく、極めて真摯《しんし》で、且つ自然な御態度であらせられた[22]」

英国滞在中、見事な社交性をみせた裕仁皇太子だが、もう一つ、その後の思考や言動に大きな影響を与える出来事があった。

五月二十一日から二十三日まで、スコットランド北部の山地ハイランドを、非公式に訪ねた時のことだ。

裕仁皇太子はここで、英国貴族の名門アソール公爵家のブレア城に滞在し、アソール公とともに広大な敷地内を散策したり、渓流で鮭釣りをして一メートル近い大物を釣り上げたりと、久々に自然を楽しんだ。

アソール家の接待は心温まるアットホームなもので、『昭和天皇実録』には、夕食後に公爵夫人がピアノで邦楽を演奏し、そのピアノ伴奏で夫人の妹が民謡を独唱する様子などが記されている。

二十三日夜、惜別の宴が開かれた。

アソール公とその家臣、裕仁皇太子と供奉員らは、互いに打ち解けて歓談し、アソール公らがスコットランド古来の慣習で椅子に立ち、片足をテーブルに乗せて両国皇室のために乾杯すると、今度は裕仁皇太子らが立ち上がってテーブルに片足を乗せ、日本式に万歳三唱した(23)。

珍事が起きたのは、その後である。

食事が終わり、舞踏会が始まると、粗末な平服の男女が数十人、次々と広間に入ってきた。裕仁皇太子らは最初、アソール公の招きで近在の住民があいさつに来たものと思ったが、彼らはアソール公らに近づき、バグパイプの奏楽に合わせて、スコットランド風の舞踊を一緒に踊り始めたのだ。

《正装の公爵が平常服の老婆の手を取り、盛装の公爵夫人が粗衣の老爺と組むなど、いかにも平民的で、なんら主従の差、貴賤の別、上下の隔意なく、屈託のない様子で(舞踊を)繰り広げられる(24)》

実は、踊っている男女はアソール家の使用人らが普段着姿で登場したもので、アソール公の演出だった。あえて日常の生活をみせてこそ、裕仁皇太子の外遊の目的に資すると、アソール公は考えたのである。

日本では考えられない光景に、裕仁皇太子は強い衝撃を受けたことだろう。同時に、近代国家における君主と国民のあるべき関係について、再認識するところがあったのではないか(25)。

その二日後、マンチェスター市で行われた歓迎会。裕仁皇太子の演説に、明らかな変化が見られた。これまで「予は～せり」などと文語調が多かったのが、この日は「～であります」と、一般市民にわかりやすい口語調だったのだ。(26)

裕仁皇太子の中で、何かが芽生えようとしていた。

パリを楽しむ

大正十年五月二十九日午後、三週間にわたるイギリスでの滞在日程を終えた裕仁皇太子は、ジョージ五世やエドワード皇太子らに見送られてポーツマス軍港停泊の御召艦香取に戻り、翌三十日早朝、香取は旗艦鹿島とともに錨《いかり》を上げた。

次の目的地は、フランスである。

ユニオンジャックのはためく英駆逐艦九隻に護衛され、英仏海峡を航走する訪欧艦隊は、早くも午前十時頃に奉迎の仏駆逐艦五隻が接近してくるのを望見。すると英艦隊は礼砲を放って反転し、かわって三色旗をひるがえす仏艦隊が護衛の任についた。

午後三時すぎ、フランス北西部のル・アーブル港に入港。仏陸海軍将官や現地の県知事らが、両国国歌の演奏とともに裕仁皇太子を奉迎した。

翌三十一日、特別列車でパリに到着。フランスには非公式訪問だったため、イギリスほどの大々的な歓迎セレモニーはなかったが、その分、裕仁皇太子はパリの日常を、比較的自由に見学することができたようだ。

六月二日にエッフェル塔を視察した際には、婚約者の良子女王らへのお土産として塔の模型などを購入した[27]。

五日にはサン・クルー公園を散策して家族連れの市民らが遊んでいる様子に目を細めた[28]。九日にも《パリ市内を御散策になり、自由に買い物などをされる。特にフォーブール・サン・アントワンヌ通百番地の著名な家具商メルシエ・フレールにおいては、陳列された各種家具・壁紙等を御覧の上、トランプ卓一脚をお求めになる[29]》。

一方、各界の著名人と懇談する晩餐会などでは、巧みな社交性を発揮した。

例えば六月六日、パリの名門劇場オデオン座で米仏親善を目的とする歌劇「マクベス」が初演を迎えたときのことだ。主演の米人俳優ジェームズ・ハケットはミルラン仏大統領の観劇を求めたが、当日は駐仏日本大使主催の晩餐会と重なっており、大統領は裕仁皇太子との歓談を優先した。供奉員から事情を聞いた裕仁皇太子は大統領が観劇できるよう望み、晩餐会を早めに切り上げて大統領夫妻と一緒にオデオン座に入場、ちょうど米英の両大使も来ており、貴賓席の隣室に集まって親しく歓談した。

この一件は翌日のニューヨーク・ヘラルド紙パリ版に「世界の四大強国の公式・非公式の代表者が芸術を媒介にして会した国際的な出来事」と好意的に報じられ、裕仁皇太子の配慮に感激したハケットは米大統領に打電して喜びを伝えたという[30]。

イギリスに続きフランスでも、裕仁皇太子の人気が高まったのは言うまでもない。

六月十日から十五日にベルギー、十五日から二十日にオランダを訪問した裕仁皇太子一行は、再びパリに戻り、お忍びで市内観光や買い物などを楽しんでいる。

初めて地下鉄に乗ったのも、このときだ。

六月二十一日《パレ・ロワイヤル駅より地下鉄に御乗車、ジョルジュ・サンク駅にて下車され、それより自動車にて御泊所に御帰還になる。なお、ジョルジュ・サンク駅にて御降車の際、切符をお持ちのまま同駅の改札を通過される。御帰国後、御生涯を通じてこの切符を大切に保管される(31)》

それまで特別列車で移動していた裕仁皇太子にとって、一般市民と肩を並べて乗車する地下鉄は、忘れられない思い出となった。改札で切符を渡すことを知らず、日本に持ち帰って大切にしたことも、この体験がいかに貴重だったかを物語っている。

六月二十三日、フランス北東部のアルザス地方をアラプティート都督の案内で訪れた時のことだ。ある小村に立ち寄ったところ、村長から「祝杯の用意をしているので村民に光栄を与えてほしい」と懇請された。裕仁皇太子は快諾し、村長の案内で役場内に入ると、そこには村民らの、手作りの歓迎準備が整っていた。

『昭和天皇実録』が書く。

《(裕仁皇太子は)用意された卓に御着席、村長は盃を挙げ、皇太子のお持ちの盃に触れて乾杯する。それよりアルザスの民族衣装を纏《まと》った少女等が次々と同地方の菓子等を運び、屋外の村民はあるいは万歳を唱え、あるいは喇叭《ラッパ》を吹き、あたかも地方の祭日の如き様相を呈す(32)》

各国皇族や首脳らとの晩餐会に比べて、それはあまりにささやかな宴だった。しかし、一般の村民らと間近で接し、精一杯の気持ちを身近に感じ、裕仁皇太子には何よりの贅沢に思えたのではないか。

《皇太子はアラプティート都督に対し、ガンブスハイム(という小村)において受けた奉迎は、忘れることのできないアルザスの思い出である旨を述べられ、またこの日ガンブスハイム村小学校児童のために寄付金御贈与の御沙汰あり(33)》

即位後、昭和天皇は常に国民の中に立とうとした。国民が雨に濡れていれば、自身も傘をささずに同じ雨に打たれた。その原点の一つが、ここにあったのかも知れない。

欧州歴訪の旅も終盤となり、裕仁皇太子は日に日に視野を広げていく。中でも、のちの天皇としての思考に最も強い影響を及ぼしたのが、第一次世界大戦の激戦地、ベルギー・イープルとフランス・ヴェルダンの視察だった。

激戦地に学ぶ

欧州滞在中の裕仁皇太子は、第一次世界大戦の傷痕が残る各国君主から直接、戦争の悲惨さを学んでいる。六月十日から十五日までベルギーを訪れた際、裕仁皇太子の教師役となったのは、当時欧州で英雄国王と呼ばれていた、アルベール皇帝その人だ。

大戦前、露仏同盟に挟まれていたドイツの参謀総長、アルフレート・シュリーフェンは、開戦した場合、ロシアの総動員態勢が整う前に中立国ベルギーに侵攻してフランス軍を背後から攻め、早期に屈服させてからロシア軍と対決する作戦を立てていた。「シュリーフェン・プラン」である。

一九一四年夏、オーストリア皇位継承者が暗殺されたサラエボ事件を発火点としてロシアが総動員令を下すと、ドイツは直ちにシュリーフェン・プランを発動、ベルギー国境を突破した。これに対しベルギーは、アルベール皇帝を中心に軍民が結束して戦い、交通網を破壊するなどしてドイツの進撃を遅らせた。やがて英仏両軍が反撃に転じ、シュリーフェン・プランは頓挫する。以後、四年余に及ぶ大戦で、ベルギーは国土の大半を蹂躙されながら、最後までドイツに屈しなかった。

裕仁皇太子をベルギーに招くにあたり、アルベール皇帝は、戦争とは何かを肌で感じてもらおうと考えたようだ。到着翌日の六月十一日には自ら裕仁皇太子を案内し、激戦のパノラマを見せている。

十三日、裕仁皇太子は、最も悲惨な激戦地の一つだったベルギー西部のイープルを視察した。ここでベルギーと英仏など連合軍はドイツ軍と三度にわたり戦い、両軍合わせて三十万人以上が戦死した。大戦で初めて大量の毒ガスが使われたのもイープル戦である。

これより前、英国滞在中に裕仁皇太子はジョージ五世から、ベルギー訪問の際はイープルの戦跡を見学するよう勧められていた[34]。

破壊された陣地、鉄条網の残骸、無数に散らばる弾片……。この日、案内役のベルギー軍将官は、自身の息子も戦死していたためか、当時の戦況を説明しながらあふれる涙を抑えることができなかった。それを聞く裕仁皇太子の目にも、涙が光った[35]。

裕仁皇太子はジョージ五世に電報を送った。

「予ガ佇立スル目前ノ光景ハ、陛下ノ予ニ告ゲ給ヒシ如ク『イープル戦場ノ流血凄惨』ノ語ヲ痛切ニ想起セシメ、予ヲシテ感激・敬虔《けいけん》ノ念、無量ナラシム　――裕仁」

ジョージ五世から返電が届く。

「名声不朽ノ地トナリタル戦場ヨリ寄セラレタル懇電ヲ感謝ス。尚、殿下ガ此ノ戦場ヲ訪問セラレタルコトヲ欣喜スルモノナリ　――ジョージ[36]」

続いて六月二十五日、裕仁皇太子はフランス最大の激戦地ヴェルダンを視察した。

《ヴェルダンに近づくにつれ、車窓には砲火を浴びて焼け爛《ただ》れた森林、崩壊した丘陵、谷を埋め尽くす真新しい墓標などが出現する》[37]

パリへと続く街道の要衝、ここヴェルダンにはフランス軍の強固な要塞陣地があった。それをドイツ皇太子のヴィルヘルム率いる第五軍が急襲したのは一九一六年二月。ドイツは、フランスが絶対に譲ることの出来ないヴェルダンで膨大な出血を強要し、大戦の雌雄を一気に決しようとしたのだ。

これに対しフランスは、ペタン将軍（のちに元帥）の指揮の下、総力を挙げて防戦に努めた。攻防戦は十カ月に及び、周辺の町や村は壊滅、死傷者は両軍合わせて七十万人以上に及んだ。

裕仁皇太子が視察した日、案内役を務めたのは、ペタン元帥その人だった。

「ペタン元帥は熱弁を振つて、さながら見るが如くにヴェルダンの戦況を殿下に御説明申上げた。同元帥は曾《かつ》ては陸軍大学の戦術の名教官として盛名を馳せた人だけに、其の説明が頗る真相を穿《うが》つてゐた。殿下はこれに対して、深い御感動の御面持を以て、終始御傾聴になつた」と、供奉員の記録に書かれている。[38]

説明もさることながら、眼前に広がる光景に、裕仁皇太子は言葉を失った。

終戦から三年近くが過ぎたが、ヴェルダンの復興はいまだ進まず、廃虚のままに残されていた。家屋は破壊され、田畑は荒廃し、家畜が死滅したままに放置されている。青葉の薫る季節なのに、毒ガス散布の影響で木々に緑はなく、いまにも倒れそうな枯れ木が荒れ地に林立している光景は、地獄そのものである。

『昭和天皇実録』が書く。

《周囲は到るところに弾痕を留め、砲弾の破片、防毒マスク等がなお地上に残存する。付近に戦死者の遺族と思われる一婦人が、僧侶と共に柩を携え遺骨を収集する様子も一行の目に入る。(中略)皇太子は戦跡御視察中、戦争というものは実に悲惨なものだ、との感想を漏らされたという[39]》

敗戦国の運命はさらに悲惨だ。ドイツは大戦末期の一九一八年十一月に革命が起きて帝政が崩壊。共和国となった終戦後も巨額の賠償金に苦しめられ、その反発からナチスを生み出すことになる。オーストリアに君臨していた欧州随一の名門ハプスブルク家も、最後の皇帝カール一世がスイスに亡命し、六百五十年に及ぶ統治の歴史に幕を閉じた。

裕仁皇太子は、深く学んだに違いない。

「われらが皇太子」の帰国

外遊も終盤を迎えた大正十年七月、裕仁皇太子はイタリアとローマ法王庁を訪問、各地で歓待を受けた。

とくにイタリアの歓待は熱烈で、上陸地のナポリからローマまでの鉄道沿線上、約五十歩ごとに警護の哨兵が延々と立ち並び、歓迎行事が行われるクイリナーレ宮殿前広場は群衆で埋め尽くされた。その歓呼に応えて裕仁皇太子は、宮殿のバルコニーに立って群衆に会釈したが、屋内に戻っても歓呼がおさまらないので再びバルコニーに出たほどだった。

なお、日本を出発する三月三日時点で、訪問国として確実に予定されていたのは英仏二カ国だけだった。外務省をはじめ政府としては、各国大使館などから来訪要請が続々と寄せられていたこともあり、外遊を機に各国との親善を深めたい思いもあったが、万が一を心配する宮内省が強硬に反対したのである。イタリアなどが正式に追加されたのは、イギリス到着後の五月に入ってからで、裕仁皇太子の来訪を非公式に要請していたアメリカは外された。日米関係は当時、排日や軍縮など複雑な問題を抱えており、裕仁皇太子の訪米が友好促進につながるとハーディング米大統領らは期待していた。一方で駐米大使の幣原喜重郎は、王室のないアメリカの奉迎態勢が、悪意はないにしても思わぬ摩擦を引き起こしかねないと懸念していた。例えばエドワード英皇太子が訪米した際、新聞記者が近づいて話しかけ、「野卑無礼ナル質問ヲ続発」したこともあった[40]。

こうした中、裕仁皇太子は訪問できなかった国にもさまざまな配慮をみせている。戦跡視察の際に米軍戦死者の墓地を訪れて花輪を供え、米国国旗に敬意を表したり[41]、ニューヨーク・ヘラルド紙の記者に「今回米国巡遊が出来ないことは、洵に遺憾に堪へない。正義公道の為め、日米両国民の協力を期待する」と述べたりした。[42]

フランスを訪れていたスペイン皇帝と親交を深めるため、自ら予定を変更して二回にわたり会いに行った際には、抱擁の礼をもって迎えられた。イタリアではチェコスロバキア大統領の突然の面会要請にも自らの意思で快く応じている。

五大国の一角となりながら、少しも尊大なところのない裕仁皇太子は、どこへ行っても歓迎された。実質的な皇室外交といってもいいだろう。

大正十年七月十八日、すべての日程を終えた裕仁皇太子は、熱烈な拍手に送られて御召艦香取に乗艦し、帰国の途に就いた。一カ月半に及ぶ航海の後、千葉県館山湾に姿をみせた訪欧艦隊を待っていたのは、沿岸を埋め尽くした数万の国民と、湾内に響きわたる万歳の連呼である。

九月二日、御召艦香取は湾内に停泊し、翌三日午前、横浜港に入港。純白の海軍礼装姿の裕仁皇太子が上陸するのを、黒山の人だかりが固唾をのんで見守り、港内はしんと静まった。沈黙を破ったのは、意外にも外国人席から上がった「バンザイ」の一声だ。その途端、堰《せき》を切ったように数万の群衆が万歳を絶叫し、日の丸の小旗が破れんばかりに打ち振られた。[43]

外遊中、国内の新聞各紙は裕仁皇太子の堂々とした言動と、それを好意的に伝える海外紙の論評を連日のように掲載していた。帰国した姿を一目見ようと集まった国民は、感激で胸を熱くした。

お帰りなさい、われらが皇太子よ――。翌日の新聞各紙には「御渡欧前よりも一層御快活」「一段と御立派」とする識者談話がずらりと並んだ。

事実、裕仁皇太子は見違えるように成長していた。横浜駅から御召列車に乗り、東京駅のプラットホームに降り立った裕仁皇太子は、皇族、元老、政府首脳、両院議長、各界代表者らが出迎える中、各国大使の前に自ら歩み寄って握手を求め、「貴国で絶大な歓迎を受けたことを感謝します」と言葉をかけた。

気品と自信に満ちあふれた応対に、そばで見ていた内大臣の松方正義は感極まって涙ぐみ、首相の原敬は「電気に打たれた様に」身動きすらできなかったと、当時の新聞に書かれている(44)。

その夜、東京で奉迎の提灯行列が行われた際、二万人もの参加者を熱狂させることが起きた。東宮御所の正門が開かれたのだ。各団体ごとに御所内への参入が許され、車寄前に整列して万歳するたびに、裕仁皇太子は車寄階上に姿を見せ、会釈で応えた。

明治天皇の時代には考えられなかった光景である。国民はこのとき、われらが皇太子により新しい時代が到来したことを、感じたことだろう。

もっとも、裕仁皇太子は外遊によって思考を一八〇度転換させたわけではあるまい。第二章で触れたように、学習院時代は世界名君伝や名臣伝を熱心に読んでいた。東宮御学問所時代は杉浦重剛らが教える帝王学に聞き入った。その頃から、近代国家にふさわしい君主とは何かを考えていたのではないか。

その答えの一つを、外遊先で見つけた。(45)

そして、それまで年長者の言うことに素直に耳を傾けていた裕仁皇太子は、自らの意思で、あるべき君主を実践しようとしていた。

裕仁皇太子が摂政となる、機は熟したのだ。

摂政就任

裕仁皇太子の外遊は、大正天皇の病状悪化と関係していることはすでに書いた。首相の原敬や元老の山県有朋らは、裕仁皇太子の摂政就任を望んでおり、その前に、世界の大勢について見聞を広めてほしいと考えたのである。

原や山県らの期待通り、裕仁皇太子は半年間の外遊で見聞を広め、天性の君徳を開花させて帰国した。直後の大正十年九月七日、原は内大臣の松方正義に、こう提案している。

「(摂政設置について) 先づ元老諸公の議論を固め十月ともなれば挙行然るべし(46)」

問題は裕仁皇太子の摂政就任を、どうやって国民に納得させるかだ。

天皇の職務を代行する摂政について、明治二十二年二月に裁定された旧皇室典範は「天皇久キニ亙ルノ故障ニ由リ大政ヲ親ラスルコト能ハサルトキハ皇族会議及枢密顧問ノ議ヲ経テ摂政ヲ置ク」（十九条二項）と規定しているが、適用された例はもちろんない。しかも、当時の国民は大正天皇の病状について詳しく知らされていなかった。

政府と宮内省は、徐々に天皇の病状を発表することにした。

一回目は外遊前の九年三月三十日、「御心神に幾分か御疲労の御模様あらせられ、且一両年前より御尿中に時々糖分を見ること之れあり、昨秋以来時々挫骨神経痛を発せらる[47]」。

二回目は七月二十四日、「御疲労は依然事に臨みて生じ易く、御倦怠《けんたい》の折柄には御態度に弛緩《しかん》を来し、御発言に障害起り明晰《めいせき》を欠くこと偶々《たまたま》之あり[48]」。

外遊後の十年十月四日には、宮内大臣の牧野伸顕らの主導で、幼少の頃の病歴も含め、より詳細な症状が発表された。

「（最近は）通常御歩行の場合にも、側近者の扶助を要せらる、ことあり。且御態度の弛緩及御発語の故障も近頃其度を増させられ、又動もすれば御倦怠起り易く、御注意力御記憶力も減退し……[49]」

国民理解に向けた地ならしを進める一方で、皇族や枢密顧問官らへの根回しも周到に行われている。牧野が各宮家を訪問して一人一人に直接理解を求め、貞明皇后には内大臣の松方が説明した。

このとき貞明皇后は、政府と宮内省の方針に同意しつつも、公務から離れてしまう大正天皇を気遣い、「全く御仕事の無くならざる便法はなきや」と複雑な思いを漏らしたという[50]。

こうして、摂政就任の環境は整ったかにみえた。だが、ここで思わぬ事件が発生する。摂政設置を主導していた原が、暗殺されてしまうのだ。

それは、一瞬の出来事だった。

十年十一月四日午後七時二十五分、人混みであふれた夜の東京駅——。原は、立憲政友会の大会が開かれる京都に行くため、少数の側近らと改札口に向かって歩いていた。その時、物陰から男が飛び出し、短刀を握りしめて原に体当たりした。

短刀は、原の肺を破り、心臓にまで達した。ほぼ即死だった。

犯人の男は当時十八歳の鉄道職員。原内閣の融和的な外交方針や立憲政友会の汚職問題などに怒りを抱いていたとされる。(51)

東京駅はたちまちパニック状態となった。しかし、急を聞いて駆けつけた妻の浅は毅然《きぜん》と振る舞い、涙ひとつ見せずに原の衣服の乱れを整えると、遺体を官邸に運ぼうとする側近らを制して言った。

「原が生きているあいだはお国のものですが、こうなったら私だけのものです」(52)

浅は自宅に遺体を運ばせ、そこではじめて、遺体に取りすがって泣き崩れた。

衆議院議員として初めて首相になり、平民宰相の名で親しまれた原は、抜群のバランス感覚を持つ政治家だった。

新聞記者から外務官僚に転身し、陸奥宗光に才能を見いだされて通商局長や外務次官を歴任。退官後は大阪毎日新聞社社長を務め、伊藤博文が立憲政友会を結成すると入党して幹事長になった。やがて総裁となり、党勢拡大を図る一方、西園寺公望内閣の内相などとしても活躍する。

大命降下は七年九月。米騒動の責任をとって総辞職した寺内正毅内閣に替わって本格政党内閣を組織し、国内鉄道網の整備や高等教育機関の拡充などに尽力した。外交では対華二十一カ条要求で悪化した中国との関係改善を進めている最中だった[53]。

原の政治手腕は、政党嫌いで知られる山県有朋も認めていた。悲報に接した山県はショックで体調を悪化させ、「原と云ふ男は実に偉い男であつた、あゝ云ふ人間をむざ〳〵殺されては日本はたまつたものではない」と嘆いたという[54]。

裕仁皇太子の摂政就任を主導した原だが、大正天皇への敬慕も厚く、日記の節々に尊皇の誠を綴っている。暗殺されなければ、いずれ内大臣などとなり、裕仁皇太子を支えたことだろう。

ともあれ、原が用意周到に敷いたレールは、死後も盤石だった。十年十一月二十五日、皇族会議と枢密院会議が開かれ、裕仁皇太子の摂政就任が全員一致で議決された。

裕仁皇太子、二十歳の秋である。

皇室の藩屏

大正十年十一月に摂政となった裕仁皇太子には、有能な補佐役がいた。宮内大臣の牧野伸顕である。

文久元（一八六一）年生まれの当時六十歳。維新の元勲、大久保利通の次男で、外務省に入省してイタリア公使やオーストリア公使を歴任。その後は文相、農商務相、外相を務めるなど檜《ひのき》舞台を歩んだ。

宮内大臣就任は十年二月。宮中某重大事件の後始末役として白羽の矢が立てられた。近い将来の首相候補と目されていただけに、就任辞退を促す声もあったが、牧野は皇室の藩屏《はんぺい》となる道を選んだ。

親英米派の自由主義者だが、極めて慎重な性格で、「石橋を叩《たた》いて渡らない人」[55]と評されることもある。一方、若い世代の意見にも進んで耳を傾ける、温和で柔軟な人柄だった。若い摂政の補佐役には、うってつけといえよう。

この牧野に支えられ、裕仁皇太子が最初に取り組もうとしたのは、女官制度の改革だ。天皇や皇后の身の回りの世話をする女官は主に華族出身の未婚女性が務め、生涯を御所の中で過ごす一生奉公だった。伝統と格式のある世界だが、現在の価値観からみれば非人間的といえなくもない。[56]

摂政就任から間もない十一年一月二十八日、裕仁皇太子は牧野を呼んで言った。

「自分の結婚もそのうち行うことになるだろうが、それにつき、特に話しておきたいのは女官の問題だ。現在のように、勤務者が奥に住込むことは廃止し、日勤することに改めたい」[57]

裕仁皇太子はこのとき、「一生奉公は人間が愚鈍になるばかり」とし、世間を知らない女官に囲まれた生活では、近く迎える皇太子妃や皇子たちにも悪影響があると指摘。また、「子供も出来るとすれば、これまでのように他へ預けることは不賛成だ」と話した。[58]

新しい時代にふさわしい宮中制度の改革は、かねて牧野も考えていたところである。裕仁皇太子の提案を頼もしく思いながら、慎重な性格ゆえに軽々しく賛同することはしなかった。宮中の伝統と慣習を重んじる貞明皇后が反対することが、目に見えていたからだ。女官制度の改革は、裕仁皇太子の結婚を待たねばなるまい。

十一年六月二十日《裕仁親王は摂政として（良子女王との結婚の勅許を仰ぐ奏請を）御裁可になり、勅許書に天皇御名並びに摂政名を御署名になる》[59]

ここに結婚が正式に決まり、同年九月二十八日には一般の結納にあたる納采ノ儀が行われた。結婚予定日は翌十二年十一月。その日が来るのを、裕仁皇太子は待ちわびたことだろう。

だが、結婚を目前にして、非常事態が発生する。

関東大震災

大正十二年九月一日午前十一時五十八分、穏やかな土曜日の帝都を、震度六の烈震が襲った。

神奈川県の相模湾北西沖を震源とするマグニチュード七・九の巨大地震——。関東大震災である。

レンガ造りの建物はことごとく倒壊し、木造の家屋は火炎に包まれた。壊滅した帝都とその周辺の様子は、当時の新聞に克明に綴られている。

「全市火の海と化す　死傷何万あるやも知れず」
「帝都は見渡す限り焦土　此世ながらの地獄」
「死に面して　たゞ救援を待つ幾百万の罹災《りさい》民」
「二十万の横浜市民　既に飢餓に瀕《ひん》す」
「患者五百名　悉《ことごと》く焼死　娼妓六百名も」
「漂流死体　河面を掩ふ　悽惨極まる大川筋」
「罹災者　頻りに自殺す　飢餓と疲労と絶望で……」(60)

震災による死者・行方不明者は東京、神奈川、千葉を中心に十万五千人以上。倒壊、焼失、流出などの被害家屋三十七万棟以上。被害総額は当時の国家予算の四倍から七倍にあたる五十五億円から百億円に達した。[61]

地震発生時、裕仁皇太子は皇居で政務中だった。

《突如上下の大きな揺れが起り、震動甚だしく、皇太子は直ちに西一ノ間より前庭に避難される。強震が相次ぎ、轟音《ごうおん》とともに正殿は動揺し、硝子・障子の軋《きし》む音にて、一時は凄然たる有様となる》[62]

皇居も被害を受け、裕仁皇太子は赤坂離宮に避難して政務を執った。夜になると罹災者が皇居二重橋外苑に殺到したため、門を開いて主馬寮広場に収容するとともに、芝離宮、高輪東宮御所、新宿御苑などを罹災民救済のために開放した。

栃木県の日光田母沢御用邸に滞在していた大正天皇と貞明皇后は無事だったが、皇族では山階宮武彦《やましなのみやたけひこ》王妃佐紀子《さきこ》女王、東久邇宮《ひがしくにのみや》家の師正《もろまさ》王、閑院宮家の寛子《ひろこ》女王が建物倒壊により薨去《こうきょ》した。

未曾有の国難である。裕仁皇太子は翌日以降、政府や軍部から刻々ともたらされる報告を聞き、摂政として、戒厳令の発令など重要案件を裁可した。三日には山本権兵衛首相を呼び、

「予ハ（震災の）実況ヲ見聞シテ日夜憂戚シ　殊ニ罹災者ノ境遇ニ対シテハ心深ク之ヲ痛ム（中略）官民其レ協力シテ適宜応急ノ処置ヲ為シ　以テ遺憾ナキヲ期セヨ」と指示した。

十二日夜、裕仁皇太子は侍従らとともに物見台に登り、変わり果てた帝都の光景に息をのんだ。

至るところに、炎が上がっていた。数万の遺体を焼く炎だった。電飾の消えた夜を赤く染める炎。帝都は、巨大な墓場と化していた[63]。

裕仁皇太子が、被災地を直接視察したのは半月後の九月十五日だ。その日、裕仁皇太子は関東戒厳司令官や侍従武官長とともに、乗馬で市ケ谷、水道橋、上野、日本橋などを見て回り、途中で内相や警視総監から状況報告を受けた。東京市長に対しては、傷病者らの救護は十分か、配給などは行き届いているかと、自らたずねた[64]。

目の前には、焼け野原が広がっている。粗末なバラックが建ち並び、その中で、家屋を失った被災者が不安に震えている。裕仁皇太子の胸は痛み、目に涙があふれた[65]。

この時、裕仁皇太子は決断する。翌十六日、宮内大臣の牧野伸顕を呼んで言った。

「(被害を) 見聞するに従ひ傷心益々深きを覚ゆ、就ては余の結婚も今秋挙行に決定したるも之を進行するに忍びず、故に延期したしと思ふ[66]」

それより前、東京市議会などでは、非常時であっても予定通り挙式してほしいと宮内省などに陳情していた。しかし裕仁皇太子は、国民と辛苦を分かち合いたかったのだ。

牧野は、裕仁皇太子が結婚生活を楽しみにしていたことを知っている。それを自発的に延期したことに、胸を熱くした。

裕仁皇太子は十八日にも被災地を視察。台風接近で暴風雨となった二十四日には、バラックに仮住まいしている被災者のことを夜通し心配し、翌朝、東宮侍従長の入江為守を呼んで言った。

「バラックの人たちは、昨夜はどんな様子だっただろう。入江、内務省に行って、よく状況を聞いてきておくれ。公式に行くと先方に迷惑がかかるかもしれないから、非公式に聞いてきておくれ[67]」

なお、被災地の視察は本来、八日に行われる予定だった。しかし治安が悪化しており、延期せざるを得なかったのだ。

余震はおさまっても、人心は激しく動揺していた。各地で略奪事件や放火騒ぎが相次ぎ、さまざまな流言が飛び交った。混乱に乗じて憲兵隊などが社会主義者らを独断で殺害する事件も起きた。アナキストの大杉栄が内縁の妻や六歳の甥とともに連行され、憲兵大尉の甘粕正彦らに殺されたのもこの頃である[68]。

未曾有の震災に、帝都は、人間としての感覚をまひさせるほどに混乱していた。

この混乱に拍車をかけたのは、新聞報道である。

九月三日[69]の東京日日新聞が書いた。

「不逞鮮人各所に放火し　帝都に戒厳令を布く」

「朝鮮人虐殺事件」の真相

「不逞鮮人が放火して回っている」「井戸に毒を投げ入れた」——。
そんな流言が東京や横浜で広まったのは、関東大震災後の大正十二年九月一日夜から二日にかけてである。
都市部の火災はおさらまず、新たな火の手も上がっていた最中だ。警視庁や神奈川県警察部は厳戒態勢をとり、住民らは自警団を組織、その一部が朝鮮出身者らを迫害する事件が起こりはじめた。
東京日日新聞に衝撃的な見出しが躍ったのは、そんなときだった。「横浜を荒し　本社を襲ふ「鮮人いたる所めつたぎりを働く」「日本人男女十数名をころす」[70]
震災被害で紙面は一枚、裏表の二ページだけだが、一面の半分近くを「不逞鮮人」の記事が占めていた。
誰もが情報に飢えていたときだ。こうした報道により流言は〝事実〟と化したといえよう。[71]
三日以降、関東一帯で朝鮮出身者らへの迫害が頻発した。神経過敏となった各地の自警団は、朝鮮出身者とみるや集団で取り囲み、殴打し、殺害した。

この事態に、治安維持にあたっていた警察と軍隊は驚愕した。それまでの捜査や情報分析で、流言の多くが事実無根と分かっていたからだ。

警察と軍隊は朝鮮出身者の保護に乗り出し、千葉県習志野の陸軍廠舎《しょうしゃ》や各地の警察署などに計約七千人を収容、流言を戒めるビラを散布するなどして沈静化に努めた。(72)

だが、自警団などによる迫害はその後も続いた。

政府の対応も十分だったとは言いがたい。震災の八日前に加藤友三郎首相が死去し、後継の山本権兵衛内閣が九月二日に発足したばかりだったことも、必要な措置が遅れる一因となった。

民衆に冷静を呼びかける内閣告諭が発せられたのは、五日になってからだ。

「民衆自ラ濫ニ鮮人ニ迫害ヲ加フルカ如キコトハ　固ヨリ日鮮同化ノ根本主義ニ背戻スルノミナラス　又諸外国ニ報セラレテ決シテ好マシキコトニ非ス（中略）民衆各自ノ切ニ自重ヲ求ムル」(73)

ようやく迫害が下火となったのは、七日以降である。その間、朝鮮出身者らの犠牲者は数百人から数千人に上ったとされる。(74)

この事件は、朝鮮出身者に対する当時の日本社会の差別意識のあらわれとして今に伝えられることが多い。だが、命がけで保護に努めた警察官らが多数いたことも、忘れてはならないだろう。

神奈川警察署鶴見分署長、大川常吉もその一人である。

九月三日、神奈川県鶴見町（現横浜市鶴見区）にある鶴見分署の庁舎を、千人以上の群衆が取り囲み、「鮮人を追い出せ」「叩き殺せ」と騒ぎ立てた。当時、同分署では朝鮮出身者ら約三百人を保護していたが、「不逞鮮人」による放火や略奪などの流言を信じていた群衆は、警察の対応を生ぬるいと感じていたのだ。

このとき、群衆の前に立ちはだかったのが分署長の大川である。大川は、収容している朝鮮出身者はいずれも良民であり、危険人物はいないと説得したが、群衆は集団心理から一層過激になり、いまにも分署内になだれ込んできそうな気配となった。

ついに大川は説得をあきらめ、それまでの穏やかな表情を一変させると、大声を発した。

「よし、鮮人に手を下すなら下してみよ、はばかりながら、まずは大川がお相手する。この大川を片付けてからにせよ。われわれ署員の腕の続く限りは、一人だって諸君らの手には渡さない」

この気迫が、群衆を正気に返らせた。やがて群衆の代表者数人がひそひそと協議し、こう言った。

「それなら警察に責任を持ってもらおう。もしも一人でもここから逃走したら、どうしてくれるか」

「そのときは、割腹して諸君におわびする」

ここまで言われれば、引き下がるしかない。群衆は三々五々帰って行った。(75)

ほかにも、身を挺して朝鮮出身者らの保護に努めた警察官の記録が、各警察の日誌などに残されている。警視庁早稲田署の署長は、毒を投げ込まれた井戸の水だといって自警団員らが持ってきたビンの水をその場で飲み干し、流言を信じるなと諭した。神奈川警察部川崎警察署の巡査は朝鮮出身者十人を避難誘導中、殺気だった数百人の群衆に囲まれるや、抜剣して血路を開き、十人を同署まで護衛、収容した。(76)

一方、朝鮮出身者らへの迫害を煽ったのは、新聞報道だ。

三日に「不逞鮮人の暴動」で紙面を埋めた東京日日新聞は、翌日以降は一転して自制を求める報道に努めたが、地方紙では流言を無検証に載せるケースが目立つ。例えば栃木の下野新聞は四日以降も「不逞鮮人各所に潜入」「水道に毒薬を投入」「鮮人と主義者が掠奪《りゃくだつ》強姦」と書き続けた。(77)

先の大戦後、朝鮮出身者らへの迫害事件を振り返るとき、政府や警察を非難するマスコミ報道が少なくない。だが、マスコミ自身にも大きな責任があったことを、深く自省しなければならないだろう。

虎ノ門事件

関東大震災から四カ月後、国民の心を、再び激震が襲った。

その日、大正十二年十二月二十七日午前十時四十分、裕仁皇太子は帝国議会の開院式に臨席するため、議事堂に移動中だった。車列が虎ノ門交差点にさしかかった時だ。沿道の拝観者の中から一人の男が飛び出し、ステッキに仕込んだ散弾銃を発砲、弾丸は英国製の御召自動車の窓ガラスを貫通し、飛び散ったガラス片で同乗の入江為守東宮侍従長が軽傷を負った。

裕仁皇太子は無事だった。平然と議会の開院式に臨み、何事もなかったかのように振舞ったと、宮内大臣の牧野伸顕が日記に書いている(78)。

白昼に皇太子が狙撃されるという、未曾有の衝撃——。首相の山本権兵衛は恐懼戦慄し、同日中に全閣僚の辞表を提出。裕仁皇太子が辞職におよばずと優諚《ゆうじょう》(79)を与えたが、間もなく総辞職した。警視総監と警視庁警務部長は懲戒免職、犯人の通った小学校校長と担当教諭も辞職、犯人の郷里の山口県知事は減俸、犯人が上京途中に立ち寄っただけという京都府の知事も譴責《けんせき》になるなど、裕仁皇太子の意思から離れて関係者総懺悔《ざんげ》の様相となった(80)。そうしなければ収まらないほど、世情は騒然としたのである。

犯人は難波大助、当時二十四歳の共産主義者だった。狙撃後に「革命万歳」と連呼しながら車を追いかけ、警察官に取り押さえられた。

動機は、関東大震災の混乱に乗じて惨殺された大杉栄ら無政府主義者、共産主義者らへの弾圧に憤慨したからだった。翌十三年十一月十三日、大審院で死刑判決を受けたとき、難波は「日本共産党万歳、ソビエト共和国万歳」と叫び、二日後に処刑された。(81)

難波は山口県周防村（現光市）の名家に生まれた。父の作之進は現職の代議士であり、その父との反目が、難波をテロリズムに走らせる一因となった。

皇太子狙撃犯の家族のその後は悲惨だ。作之助は自宅の門を青竹で結んで閉門蟄居《ちっきょ》し、兄弟らも隠栖《いんせい》した。(82)

後日談がある。

事件から二年半後、山口県に行啓した裕仁皇太子が、随行の入江らに言った。

「難波の家族は近頃どうしているだろうか」

入江らは、この言葉を山口県知事に伝え、そこに憐憫《れんびん》の情を読み取った知事は、難波家の救済に奔走した。

これは、裕仁皇太子の意向に沿った、牧野や入江らの演出だった。政治問題化しないよう、さりげない形で難波の家族を救おうとしたのである。(83)

皇室とともに、国民は関東大震災後の荒廃から、ようやく立ち直ろうとしていた。

新婚生活

あらたまの　年を迎へて　いやますは
民をあはれむ　心なりけり

大正十三年一月十九日の歌会始で詠進された、裕仁皇太子の御製《ぎょせい》である。関東大震災後の国民の窮状に思いを馳せ、励ましたいとする心情がうかがえる。

その一週間後、殺伐とした世相に希望を与える慶事があった。

一月二十六日《結婚の礼を行われる。（中略）皇太子は束帯黄丹袍の儀服を召され賢所へ御参進になり、ついで皇太子妃は五衣、唐衣、裳の儀服を召され御参進になる》[84]

裕仁皇太子は賢所内陣で結婚の告文を奏し、外陣で皇太子妃とともに神盃を受けた。終了後は陸軍正装に着替えて首相清浦奎吾の謁見を受け、天皇皇后からの祝賀として本土や朝鮮、台湾、樺太などに児童奨学奨励資金を寄付する沙汰を伝えた。宮内省所管の上野動物園が東京市に下賜されたのもこのときだ。

挙式は、裕仁皇太子の意向で簡素に執り行われた。晩餐会もなければ、パレードもない。しかし、国民はこぞって二人を祝福した。二人が皇居から赤坂離宮に車で戻る際には、沿道を埋めた四万人の群衆が一斉に日の丸の小旗を打ち振った。がれきの残る帝都に、ようやく万歳の歓声が戻ってきたのだ。

久邇宮邦彦王の第一王女、良子女王が皇太子妃候補となった大正七年一月から丸六年。十四歳の健康そうな女学生は、すらりとした二十歳の「気高くも美しき」女性に成長していた。[85]おおらかで円満な性格ながら、「はっきり筋を通すことを考えていた」と弟の東伏見慈洽《じごう》（旧名邦英王）が述懐するように、しっかり者である。[86]書画、謡曲、ピアノなど多彩な趣味を持ち、学習院女学部時代から才色兼備との評判が高かった。

挙式の日、良子女王は午前三時半に起床し、三時間かけて髪を結った。紅や紫の十二単を着付け、黄金の冠を頭上につけた姿は、周囲がはっと息をのむほどに美しかったという。[87]

午前九時、二十七騎の儀仗兵が先導する御召自動車が久邇宮家に到着した。惜別の時である。良子女王は両親に向かい、静かに頭を下げた。

「お慈《いつく》しみの御教育をうけまして……」

皇太子妃となれば、これまでの親子関係ではなくなる。母の俔子妃は、涙を浮かべながら「どうぞ、ごきげんよう」と言うのが精一杯だった。[88]

良子女王は、新生活への期待に胸を熱くしながら、うまく馴染めるかどうか不安もあっただろう。

その不安をとりのぞいたのは、裕仁皇太子の優しさだった。

皇居での挙式が終わって赤坂離宮に戻った裕仁皇太子がまずしたことは、離宮内の政務室や謁見所など各部屋を、良子皇太子妃に案内して回ることだった。皇太子の優しいエスコートに、良子皇太子妃の不安や緊張も和らいだに違いない。

翌二十七日、二人は新造の御召列車で静岡県に行き、沼津御用邸で療養中の大正天皇、貞明皇后に結婚を正式に報告。夜には奉祝の花火が沼津沖に上がるのを二人で見た。

二十八日に東京に戻ってからも、裕仁皇太子は政務に励む一方で、良子皇太子妃との時間を大切にした。この頃の『昭和天皇実録』には、《皇太子妃と共に……》の言葉が何度も出てくる。

一月三十日《午後、皇太子妃と御一緒に御苑内を散策される。(中略)この後も皇太子妃としばしば御苑を御散策になる》(89)

二月十四日《午後、皇太子妃と共にテニスをされる。この日は皇太子妃御学友も参加する》(90)

二人はお互いを「良宮《ながみや》」、「お上《かみ》」と呼び合った。裕仁皇太子は政務に出かけるとき、「行ってくるよ、良宮」と声をかけ、その後ろ姿が見えなくなるまで皇太子妃が見送った。(91)

良子皇太子妃はおおらかな性格だ。東宮職員とも打ち解け、男手ばかりだったそれまでの雰囲気は一変したことだろう。

ただ、貞明皇后周辺との関係は、しっくりいかない場合もあったようだ。それには、裕仁皇太子が進める女官制度の改革も影響していた。

　大正十年の欧州歴訪で見聞を広め、思考を深化させた裕仁皇太子が、女官制度をはじめとする宮中改革に意欲的だったことはすでに書いた。晴れて結婚の礼を挙げた裕仁皇太子は、徐々に改革に着手する。

　天皇や皇后の身の回りの世話をする女官は、尚侍《しょうじ》を筆頭に典侍《てんじ》、権典侍《ごんのてんじ》、掌侍《しょうじ》、権掌侍、命婦《みょうぶ》、権命婦の七階級があり、その下に女嬬《にょじゅ》、権女嬬と呼ばれる判任女官、雑仕《ぞうし》や針女などの女中がいた。大正期の女官は二十数人、判任女官は三十数人で、女官に仕える侍女も合わせると数百人の規模になる(92)。

　女官は華族、京都士族、社寺家出身の未婚女性が勤める一生奉公で、皇居外に出ることはほとんどない。しかし裕仁皇太子は、結婚を機に既婚女性も採用し、通勤制を取り入れた。階級も女官長、女官、女嬬の三つとし、人数も大幅に絞った(93)。

　古来、皇后が男子に恵まれないときは、女官が側室の役目を果たす場合もあったが、裕仁皇太子は一夫一婦制の原則を貫いたのである。

　一方、伝統を重んじる貞明皇后は、こうした改革に批判的だった。裕仁皇太子は、皇后付の女官には干渉しなかったが、皇后の旧女官と皇太子妃の新女官との間で感情のもつれが生じることもあった。

いずれにせよ、裕仁皇太子の新婚生活は、順風満帆だったと言えるだろう。国民が待ち望んだ吉報も、早くも翌年にもたらされた。

十四年十二月六日《午後八時十分皇太子妃は御分娩、内親王が誕生する》《十時三十分、(裕仁皇太子は) 邦彦王妃と共に御産室にお入りになり、皇太子妃並びに新誕の内親王に御対顔になる》[94]

誕生後、わずか二時間余りで産室を見舞うのは、当時としては異例だ。裕仁皇太子の喜びの大きさがうかがえる。産まれたばかりの我が子と、大任を果たした妻に、どんな言葉をかけたのだろうか。

内親王は大正天皇により成子《しげこ》と命名され、照宮《てるのみや》と称された。二人の乳母が雇われたものの、主に良子皇太子妃の母乳で育てられる。また、皇孫は養育責任者のもとに預けられるのが宮中の仕来りだが、裕仁皇太子と良子皇太子妃は自らの手元で養育することにした。これも、時代にあわせた大きな改革といえる。

新たな命が加わり、赤坂離宮の生活は、いっそう華やいだものとなった。結婚後に髭をたくわえるようになった裕仁皇太子が成子内親王を乳母車に乗せ、良子皇太子妃と談笑しながら敷地内を散策する姿がしばしば見られた。

だが、喜びと悲しみは隣り合わせだ。

成子内親王が誕生してから一年後、大正十五年十二月二十五日未明、大正天皇が、崩御したのである。

大正天皇崩御

大正九年以降、長く療養中だった大正天皇の容体が急変したのは、十五年十二月八日である。天皇は夜から食欲がまったくなくなり、鼻腔《びこう》から栄養補給をする状態となった。

裕仁皇太子と良子皇太子妃は十一日、神奈川県の葉山御用邸に日帰りで大正天皇を見舞い、十三日からは泊まりがけで看病した。このとき、病床につきっきりだった貞明皇后が、天皇の熱を冷ますため良子皇太子妃に「おしぼり」と言い、良子皇太子妃は緊張のあまり、手袋をつけたままおしぼりを絞って天皇の額に当てたと伝えられる(95)。

病状はその後、小康状態と重篤とを繰り返しながら推移し、二十五日の未明を迎えた。

午前一時十二分《侍従詰所の非常鈴が鳴り、侍従・侍従武官一同は天皇の御前に伺候する。同十五分御病勢ますます増進し、御危険に迫られる旨が発表される。午前一時二十五分、天皇は心臓麻痺《まひ》により遂に崩御される。宝算四十八歳、御在位十五年に渉《わた》らせられる。（病床で看病していた）皇后は、侍医より御臨終の旨の言上をお聞きの後、直ちに綿棒に水を浸し、天皇の御口元に奉り、皇太子・皇太子妃・宣仁親王・崇仁親王・昌子《まさこ》内親王・房子《ふさこ》内親王・允子《のぶこ》内親王・聰子《としこ》内親王及び女官一同がこれに続く(96)》

大正天皇の生涯は、病気との闘いだった。誕生後間もなく髄膜炎にかかり、その後も百日咳《ぜき》、腸チフス、胸膜炎などに罹患《りかん》。青年期になって学習の遅れを取り戻そうと、東宮職員らが詰め込み式の帝王教育を急いだことも、大正天皇の心身に負担を強いた。

貞明皇后との結婚後は、有栖川宮威仁《ありすがわのみやたけひと》親王の計らいで地方巡啓を重ね、規律重視の生活から解放されたことで急速に健康を回復する。思ったことをすぐに口にし、行動する性格だったため、巡啓先の関係者らを慌てさせることもあったが、明治天皇とは異なる気さくな人柄として国民の人気は高かった。

明治四十年十月には、皇太子として初めて韓国に行啓し、日韓併合前の悪化した反日感情を和らげようと努めている。これを機に韓国皇太子との親交を深め、自身の意思でハングルを勉強するなどした(97)。

しかし即位後、山県有朋ら元老と折り合いが悪く、信頼する大隈重信が大正五年に首相を辞めたことで、大正天皇の精神的負担は増大していった。七年の米騒動など世情不安にも苦悩を深め、やがて脳に変調をきたし、ついに政務をとることが出来なくなったのだ。

大正天皇の病因が脳にあることから、いわゆる「遠眼鏡事件(98)」など現在でもさまざまな誤解があるが、病状が悪化するまでの大正天皇は、日常的に漢詩を詠むほどに聡明《そうめい》だった。国民への愛情も深く、皇太子時代、地方巡啓中に病院を視察し、難病の患者に親しく声をかけたりした(99)。

深い愛情は、和歌にもあらわれている(100)。

われを待つ　民の心は　ともし火の
数かぎりなき　光にもみゆ（大正三年）

日露戦争などの戦利品を見たときは、こう詠んだ。

武夫《もののふ》の　いのちにかへし　品なれば
うれしくもまた　悲しかりけり（明治時代）

人間性も豊かで、子煩悩だったことは第一章でみた通りだ。

しばらくは　世のうきことも　忘れけり
幼き子らの　遊ぶさまみて（大正六年）

崩御の数日前から、病床で看病する裕仁皇太子の食事量は半分以下に減っていた。その悲しみは、どれほどだっただろう。

だが、それを表に出すわけにはいかない。

崩御の即日、裕仁皇太子は天皇となった。

大正ロマン

興隆の明治と激動の昭和にはさまれ、大正の治世が話題になることは少ない。だが、この十四年五カ月の間に生み出された文化や制度は多岐多彩で、その多くが現代の日本に引き継がれている。

文化的には、大正ロマンが花開いた。大正三年に「カチューシャの唄」が大ヒットし、歌謡曲ブームの先駆けとなる。字幕シネマに人気が集まり、十四年にはラジオ放送が始まった。洋装する女性が増え、『主婦之友』や『婦人公論』など女性向け雑誌が相次いで創刊されたのもこの時代だ。[101]都市にはカフェやレストランが建ち並び、カレーライス、ポークカツレツ（とんかつ）、コロッケが大正の三大洋食と呼ばれた。[102]スポーツでも、箱根駅伝、東京六大学野球、夏の甲子園こと全国高等学校野球選手権大会（当時は全国中等学校優勝野球大会）が始まり、今に続いている。

大正前半の日本経済は、第一次世界大戦の影響で空前の好景気にわいた。戦乱で悪化した欧州経済の穴を埋める形で工業生産が増大し、軽工業、重工業ともに飛躍的に発展。その一方、貧富の差が拡大して労働争議が多発し、部落解放運動や女性運動なども活発化した。九年五月には労働者ら約一万人による第一回メーデーが上野公園で行われている。

最大の変革は政治の民主化、大正デモクラシーだ。

明治天皇の崩御後に盛り上がりをみせた第一次護憲運動で藩閥の桂太郎内閣が倒れ、続く山本権兵衛内閣（第一次）はシーメンス事件(103)で、寺内正毅内閣も米騒動などで総辞職すると、議会第一党の立憲政友会総裁、原敬が本格政党内閣を組織する。原は八年五月に選挙法を改正し、それまで十円以上の納税者しか選挙権がなかったのを三円以上に引き下げた。

原の暗殺後も政党に近い内閣が続くが、裕仁皇太子が共産主義者に狙撃された暗殺未遂事件、虎ノ門事件後に組閣した清浦奎吾内閣が政党を無視する超然主義をとったため、野党の憲政会や政友会などが第二次護憲運動を起こして清浦内閣を倒閣。首相となった憲政会総裁の加藤高明は、十四年三月に普通選挙法を成立させ、納税額に関わりなく満二十五歳以上の成年男子に選挙権が付与された(104)。

以後、内閣が総辞職すると野党第一党の党首に大命降下する「憲政の常道」が慣例化する(105)。新首相は議会で多数をとるために機を見て解散総選挙を行い、負ければ事実上、退陣を余儀なくされる。憲政の常道は、日本型の民主政治といえるだろう。

一方、第一次世界大戦後の国際情勢は、なお混沌《こんとん》としていた。とくに対中国問題が複雑化し、昭和の時代に、暗い影を投げかけていく。

大正中期、一九一〇年代後半以降の中国は、もはやひとつの国家とはいえないほど、混乱を極めていた。

中華民国初代大統領の袁世凱は一九一五（大正四）年、帝政を復活させて自ら皇帝に即位するも、激しい反発を招いて三カ月余りで退位、失意のうちに病没した。袁亡き後の中央政府は弱体化し、以後、地方軍閥などが覇を争う内乱状態に突入する。

中国南部の広東を拠点に勢力を広げたのは、孫文の国民党だ。日本の近代化に学ぼうとした孫文だが、ロシア革命後は方針を転換、中国共産党と結んでソ連からの支援を受けた。北京の中央政府では大統領の馮国璋《ふうこくしょう》らと国務総理（首相）の段祺瑞《だんきずい》が派閥争いを繰り広げ、英米は馮らと、日本は段との関係を深めた。(106)

これに対し、日本が権益を持つ満洲に台頭したのは、張作霖である。満洲の貧困家庭に生まれた張は、馬賊となって頭角を現し、清朝に帰順して軍の部隊長となった。野心が強く、清朝崩壊後は日本に接近する。

一九一二（明治四十五）年二月、張は日本の駐奉天総領事を訪ねて言った。「私が民衆を率いて日本に依拠するのは、難しいことではありません」「私はすでに忠誠を尽くすべき皇帝を失ってしまいました。同じアジアの種族である日本に依拠するのは当然の道理です」(107)

日本の外務省は当初、張を信用せずに深入りしない方針だったが。軍部などは前のめりになった。日本の支持を得た張は急速に勢力を拡大、一九一九（大正八）年に東三省（奉天、吉林、黒竜江）の支配権を掌握する。

日本が張に期待したのは、張がスローガンに掲げた「保境安民」、満洲を固めて善政を行うことだった。民心が安まれば日本の権益も保全されよう。だが、張の野心は満洲にとどまらない。中央に覇を唱えようと繰り返し北京に進攻し、窮地に陥ると日本の関東軍に救いを求めた。(108)

張は過酷に税を取り立て、ことごとく軍備に注ぎ込んだ。このため満洲の民心は荒れ、張政権と、張を支援する日本への怨嗟《えんさ》の声が満ちあふれた。

やがて日本は張をもてあますようになり、ことに関東軍は張を「忘恩の徒」とみなし、一部で張の排除を画策する動きも出はじめた。

のちにそれは、日本を泥沼の戦争に引きずり込む重大事件につながっていく。

中国に暗雲が垂れこめる中、二十五歳の裕仁皇太子は天皇となった。激動の昭和の、幕が開いたのである。

註

（1）原武史『大正天皇』より
（2）古川隆久『大正天皇』より
（3）『原敬日記』五巻一六七頁（八年十一月八日付）から引用
（4）第一次世界大戦後に発足した国際連盟で日本は常任理事国となり、世界五大国と称されるようになった
（5）『原敬日記』五巻二九五、二九八、二九九頁から引用。なお、貞明皇后が反対したのは、裕仁皇太子の外遊中、大正天皇の病状が急変することを懸念したためでもあった
（6）大正十年三月三日の東京朝日新聞夕刊から引用
（7）『実録』七巻三〇頁から引用
（8）二荒芳徳、沢田節蔵『皇太子殿下御外遊記』より。著者の二荒と沢田はともに供奉員として外遊に随行した
（9）『実録』七巻より
（10）波多野勝『裕仁皇太子ヨーロッパ外遊記』より。なお、東宮御学問所時代の裕仁皇太子は、何事にも表情を崩さず、泰然とした態度を求めた杉浦重剛の教えや、寡黙な総裁、東郷平八郎の姿勢を見習っていたとする見方もある
（11）『裕仁皇太子ヨーロッパ外遊記』より
（12）『実録』七巻五六頁から引用
（13）後藤武男「天皇外遊と三人男」（『昭和天皇の時代』所収）、『皇太子殿下御外遊記』より
（14）エドワード皇太子は一九三六年一月に即位するが、離婚歴のある米国人女性と結婚するため同年十二月に退位。「王冠をかけた恋」として世界的なニュースとなった
（15）『実録』七巻一〇〇頁から引用
（16）『実録』七巻一〇一頁から引用
（17）『実録』七巻一〇六頁から引用
（18）このときの答辞で裕仁皇太子は、航海中に英国統治下の寄港地で盛大な歓迎を受けたことへの感謝を伝えるとともに、世界の平和維持における日英同盟の役割についても言及した
（19）吉田茂『回想十年』四巻八七頁から引用
（20）、（21）『皇太子殿下御外遊記』より
（22）『皇太子殿下御外遊記』一五六頁から引用
（23）『実録』七巻より
（24）『実録』七巻一六四頁から引用
（25）外遊中、裕仁皇太子はこの夜のことを何度も供奉員らと話し、アソール公に「滞在中に見たことは、スコットランドの美しい自然とともに、帰国後も長く記憶に残るでしょう」などと

する手紙を送った

(26) 後藤武男「天皇外遊と三人男」より。時事新報の特派員記者として外遊を取材した後藤によれば、このときの演説は原稿を持たずに行われ、裕仁皇太子は自身の率直な気持ちをよどみなくスピーチしたという。後藤は別の著書『われらの摂政宮』の中で、「殿下は実に立派なる雄弁家になられた」とも書いている

(27)『裕仁皇太子ヨーロッパ外遊記』より。予定外の買い物だったため随行の供奉員らのほとんどが財布を持って来ておらず、随行取材していた時事新報特派員記者の後藤武男が一時立て替えたという

(28) サン・クルー公園の散策で裕仁皇太子は供奉員らに「日本にはこのような場所がないね」などと感想を漏らした

(29)『実録』八巻二七頁から引用

(30)『実録』八巻より

(31)『実録』八巻五二～五三頁から引用

(32)、(33)『実録』八巻五八～五九頁から引用

(34)『実録』七巻より

(35)『裕仁皇太子ヨーロッパ外遊記』より。裕仁皇太子はイープル視察の際、「戦争というものは実にひどいものだ」と話したという

(36)『実録』八巻より

(37)『実録』八巻六五頁から引用

(38)『皇太子殿下御外遊記』三一一頁から引用

(39)『実録』八巻六七頁から引用。裕仁皇太子はこのほかソンム、ランスなどの戦跡も視察し、フランスを離れる際、同国の新聞に「此等の破壊せられたる諸都市、荒廃したる諸森林、蹂躙せられたる田野の景は、戦争を賛美し、暴力を謳《おう》歌《か》する者の眼には如何《いか》に映ず可きか。是等は深く予の心を傷ましめたり……」とのコメントを寄せた

(40) 波多野勝「大正一〇年皇太子訪欧　その決定へのプロセスと成果」（慶應義塾大学法学部内法学研究会『法学研究』六六巻七号所収）より

(41)『実録』八巻より。なお、『裕仁皇太子ヨーロッパ外遊記』によれば、米軍墓地の墓守は裕仁皇太子の突然の訪問に感激し、「米国の知己と遺族の主なるものに、日本の皇太子殿下が御墓参りになったことを告げましょう」と語ったという

(42)『皇太子殿下御外遊記』三二六頁から引用

(43) 帰国の様子は大正十年九月四日の東京朝日新聞より

(44) 同日の読売新聞より

(45)東宮武官長として外遊に供奉した奈良武次は回顧録の中で、「理性に富ませらる、殿下は皇室の祖先が真に神であり、現在の天皇が現人神であるとは信ぜられざる如く、国体は国体として現状を維持すべきも、天皇が神として国民と全く遊離し居るは過ぎたること、考へ居らるゝが如く、皇室は英国の皇室の程度にて、国家国民との関係は君臨すれども統治せずと云ふ程度を可とすとの御感想を洩らさるゝを拝したることあり」と書き残している（『侍従武官長奈良武次日記・回顧録』四巻より）
(46)『原敬日記』五巻四三八頁から引用
(47)、(48)、(49)古川隆久『大正天皇』より
(50)伊藤隆ほか編『牧野伸顕日記』より
(51)犯人の中岡艮一は無期懲役の判決を受けたが、三回の恩赦で昭和九年に出獄するなど、事件の背景には不可解な点もある
(52)志賀節「原敬夫人遺聞」（平成十年十月十三日付「自由新報」掲載）より
(53)原敬内閣については、政党特有の利益誘導政治を生み出したとする批判もある
(54)伊藤之雄『山県有朋』より
(55)茶谷誠一『牧野伸顕』より
(56)『背広の天皇』より
(57)、(58)『牧野伸顕日記』四四頁から要約
(59)『実録』九巻七九頁から引用
(60)大正十二年九月三〜七日の大阪朝日新聞の見出しから引用。震災により東京朝日新聞、読売新聞、国民新聞などの社屋が焼失、崩壊し、震災当初の様子は、大阪発行の新聞の方が詳しい
(61)中央防災会議・災害教訓の継承に関する専門調査会報告書「1923関東大震災」（平成十八年七月作成）より
(62)『実録』一〇巻一一二頁から引用
(63)『実録』一〇巻掲載の東宮侍従日誌より
(64)『実録』一〇巻より
(65)大正十二年九月十六日の大阪毎日新聞夕刊より
(66)『牧野伸顕日記』八九頁から引用
(67)『聖上御盛徳録』より
(68)甘粕は軍法会議にかけられ懲役十年の判決を受けたが、減刑されて三年ほどで出獄した。陸軍上層部が殺害を指示したとする疑惑もあったが、背後関係はほとんど調べられないなど、謎の多い事件とされる。震災時にはこのほか、警視庁亀戸署に連行された社会主義者ら十人と自警団員四人が騎兵隊に刺殺された亀戸事件などが起きている
(69)朝鮮半島出身の反日活動家らの俗称。当時の

新聞報道などで多用されていた

(70) 大正十二年九月三日の東京日日新聞から引用

(71) 震災の数年前から朝鮮の独立活動家らが日本に潜入し、爆弾を隠し持っていたなどとして摘発される事件がたびたび報じられていたことも、流言の信憑性を高める要因となった

(72) 警視庁編『大正大震火災誌』、工藤美代子『関東大震災「朝鮮人虐殺」の真実』より

(73) 内閣告諭第二号「鮮人ニ対スル迫害ニ関シ告諭ノ件」から引用

(74) 当時公表された犠牲者数は約二百三十人だが、実際には、はるかに多くの朝鮮出身者が殺害されたとみられる

(75) 事件の推移は神奈川県警察部編『大正大震火災誌』より。このとき保護された朝鮮出身者らは翌年、大川に感謝状を贈っている。

(76) 警視庁編『大正大震火災誌』より

(77) 大正十二年九月四～七日の下野新聞から引用。朝鮮半島出身者による放火などの不法行為が実際にあったかどうかについては、先の大戦後、議論すること自体がタブーとされてきたが、『関東大震災「朝鮮人虐殺」の真実』では、当時の新聞報道や証言などを検証した上で、複数の不法行為があったと推論している

(78) この日の『牧野伸顕日記』には、「(事件後も)殿下には平常と毫も御変はりなく、(中略)常よりは一層目立ちて御立派に勅語を賜はり、一同感激の状壇上より見受けたり」と書かれている

(79) 天皇や摂政の励ましの言葉、または思いやりのある言葉

(80) 今井清一『日本の歴史(二三)』より

(81) 森長英三郎「難波大助事件」(『天皇百話』上の巻所収)より

(82) 大塚有章「難波大助の家族たち」(同)より

(83) 山口県知事の大森吉五郎はその後、難波の家族を別姓の親族に入籍させる手続きをとって社会に復帰させ、裕仁皇太子に報告した

(84) 『実録』一一巻一三～一四頁から引用

(85) 大正十三年一月二十七日の東京日日新聞より

(86) 渡辺みどり「妃は良宮がよい　宮中某重大事件の真相」(『週刊読売』平成十二年七月八日臨時増刊号所収)より

(87)、(88) 高瀬広居『皇后さまの微笑』より

(89) 『実録』一一巻一九頁から引用

(90) 『実録』一一巻二六頁から引用

(91) 片野真佐子『皇后の近代』より

(92) 山川三千子『女官』より。明治以降、七つの階級のうち最上級の尚侍が任命された例はない

(93)女官改革が正式に制度化するのは、昭和元年十二月に「皇后宮職女官官制」が制定されてからである。同時に「皇太后宮職女官官制」も制定され、貞明皇后には従来通りの制度が適用された

(94)『実録』一二巻一六〇頁から引用。邦彦王妃は良子皇太子妃の実母の俔子妃

(95)主婦の友社『貞明皇后』より。「おしぼり」の一言で貞明皇后は、緊張して何も出来ないでいた良子皇太子妃に親しく看病するきっかけをつくったとも、叱責したとも解釈されている

(96)『実録』一三巻一六二頁から引用

(97)原武史『大正天皇』より。大正天皇は即位後も韓国語の勉強を続けたという

(98)帝国議会の開院式で、大正天皇が勅書を丸めて遠眼鏡のように議場を見回したとされる風説。事実とする一次史料はなく、信憑性は低いとされる

(99)『大正天皇』より

(100)以下、大正天皇の御製（皇太子時代を含む）は『大正天皇御集』から引用

(101)皿木喜久『大正時代を訪ねてみた』によれば、大正時代には現代社会の原型ともいうべき文化的、政治的改革が行われた

(102)大正の三大洋食のうちカレーライスとポークカツレツはすでにあったが、広く食べられるようになったのは大正時代だった

(103)ドイツの軍需会社シーメンスによる海軍高官への贈賄事件

(104)普通選挙法と同時に治安維持法も制定された。なお、成人女子への選挙権付与は先の大戦後の昭和二十年十二月

(105)総辞職の原因が失政ではなく、首相の病気や死亡による場合は与党の後継党首に大命降下する

(106)第一次世界大戦中に寺内正毅内閣は段祺瑞に一億四千五百万円もの借款（西原借款）を供与したが、段の権力失墜により回収不能に陥った

(107)孫継武「張作霖と日本」（植民地文化学会編『近代日本と「満州国」』所収）より

(108)秦郁彦「張作霖爆殺事件の再考察」（日本大学政経研究所機関誌『政経研究』四四巻一号所収）、森克己『満洲事変の裏面史』より。張作霖の腹心だった郭松齢が精鋭部隊を率いて反旗をひるがえした際、張は関東軍司令官に、日満間の懸案問題を解決すると約束して助けを求め、関東軍の協力により窮地を脱したが、その約束を果たそうとしなかった

■第二部■

君主は政治とどう関わるべきか

第四章——青年君主の苦悩

ダルマ蔵相

昭和――。歴代元号の中で、唯一六十年を超えた昭和の名称は、「激動」の枕詞《まくらことば》とともに、いまなお日本人の耳に重く響く。

由来は、中国最古の歴史書「書教（尚書）」にある「百姓昭明、協和万邦」だ。国民（百姓）の平和と、世界各国（万邦）の共存共栄とを願う心が込められている。(1)

だが、この願いとは裏腹に、昭和は、その幕開けから激動の連続だった。

最初に国民を襲った衝撃は経済、金融恐慌である。

第一次世界大戦の影響で空前の好景気にわいた日本経済は、大戦後に冷え込み、関東大震災によってさらに悪化した。このときの震災手形が膨大な不良債権と化して銀行経営を圧迫し、昭和二年三月中旬以降、預金者が銀行に殺到して引き出しを迫る取り付け騒ぎが相次いだ。(2)

昭和の新政が始まって三カ月足らず、いきなりの激動である。危機に直面しながら、当時の議会は与党の憲政会と野党の立憲政友会とが政争に明け暮れ、混迷の度を増していた。

昭和天皇は、苦悩を深めたことだろう。これより前の一月半ばには《目下の政情を案じられ、内閣総理大臣若槻礼次郎をお召しになり》、侍従次長を通じて説明を求めたと、『昭和天皇実録』に記されている(3)。

政府は三月二十三日、震災手形処理法を成立させ、取り付け騒ぎはひとまず沈静化した。しかし、金融不安が解消されたわけではなかった。中でも深刻だったのは、多額の震災手形を抱え込んでいた台湾銀行の経営状態だ。台湾の貨幣発行権を持つ同行が破綻すれば、その影響は計り知れない。四月十四日、若槻内閣は、日本銀行の無担保特別融資により台湾銀行を救済しようとし、議会が閉会中だったため緊急勅令を奏請。昭和天皇は直ちに勅令案を枢密院に諮問した。ところが枢密院は十七日、政府方針を憲法違反として否決してしまう。台湾銀行は翌十八日に内地と海外支店の休業に追い込まれ、その余波で休業する銀行が続出。猛烈な取り付け騒ぎが再燃し、国民はパニック状態に陥った(4)。

この危機を救ったのが、「ダルマ」と呼ばれた高橋是清《これきよ》である。

昭和二年四月十九日、若槻内閣の総辞職により首相就任の大命を受けた政友会総裁の田中義一は、高橋の自宅を訪ねて頭を下げた。

「この危機に対処できるのはあなたしかいません。どうか大蔵大臣を引き受けていただきたい」

高橋、このとき七十四歳。数々の苦境を乗り越えてきた、不屈の財政家である。

安政元（一八五四）年に江戸の絵師の婚外子として生まれ、直後に里子に出されて養子となった。数え十四歳で渡米したものの、本人の知らぬ間に奴隷として売られた経験を持つ。逃げ出して帰国した後も、知人にだまされて放蕩《ほうとう》生活を送ったり、ペルーの銀山経営を任されて財産を失ったりと、波瀾《はらん》万丈の前半生をたどった。

転機は明治二十五年、三十九歳で日本銀行に入行し、たちまち頭角をあらわして四十四年に総裁となる。以後は政界に転じ、二度の蔵相を経て大正十年には首相に上りつめた。転んでは起き、転んでは起き上がる数奇な経歴は、ダルマのあだ名そのものである[5]。

三度目の蔵相就任を懇請されたとき、高橋はすでに政界を引退して閑雲野鶴《かんうんやかく》の生活を送っていた。だが、国家の危機に安穏としてはいられない。高橋は俄然《がぜん》、老骨にむち打った。

明日にも有効な対策をとらなければ、猛烈な取り付け騒ぎが暴動に発展し、過半の銀行が破綻するだろうといわれた状況下だ[6]。四月二十日に皇居で親任式を終えた高橋は、直ちに行動を開始する。全国の銀行に二十二日から二十三日まで一斉休業するよう要請し、その直後から三週間のモラトリアム[7]を実施する緊急勅令案を上奏、裁可された。平日のモラトリアムは経済活動に与える影響が大きく、世界的にもほとんど類例はないが、高橋は断行した。

また、取り付け騒ぎで各銀行保有の紙幣が枯渇し、日銀による印刷も間に合わないと知るや、片面白紙の二百円札を大量に刷らせた。それを各銀行の店頭に山と積み、預金者を安心させようというのである。

こうした非常措置により、パニック状態は瞬く間に沈静化した。高橋は、転んだ金融市場を見事に起き上がらせたのである。

六月二日、高橋は蔵相を辞し、閑雲野鶴の生活に戻った。

『昭和天皇実録』が書く。

六月三日《(昭和天皇は昨日午前)侍従長珍田捨巳をお召しになり、高橋が財界の危機収拾のところ、とくに老軀《ろうく》を挺して後輩田中総理の下に大蔵大臣たるを甘んじて拝命し、寝食を忘れて奮励し、収拾の実を挙げ得たことを以て、特に勲章を賜授すべき旨を御沙汰になる(8)》

祐子内親王の薨去

昭和初期の試練――。それは、若い天皇の私生活にも及んだ。

金融恐慌がおさまって五カ月余り、昭和二年九月十日に香淳皇后《こうじゅん》が第二皇女子を出産した。昭和天皇の喜びは大きく、祐子《さちこ》と命名し、久宮《ひさのみや》の称号をおくった。

だが、その喜びは長くは続かなかった。

香淳皇后の母乳で順調に発育していた祐子内親王が発熱したのは翌三年二月二十七日。咽頭カタルと診断され、大事に至らないとみられていたが、熱は下がらず、三月五日に容体が急変する。

その前日から昭和天皇も風邪をひき、三九度の高熱で病床にあった。しかし、知らせを受けて気が気でなく、祐子内親王を何度も見舞った。

三月六日午前《（昭和天皇は）侍医筧繁をお召しになり、祐子内親王と御対顔になりたき旨を仰せになり、（中略）寝衣に掻巻を掛けられ運搬車に御臥のままの御姿勢にて祐子内親王の病室にお成りになり、十時二十三分より十分余り内親王を見舞われる(9)》

三月七日未明《（昭和天皇に）睡眠困難の御様子が見られる。側近は祐子内親王の病状への御心痛と拝察し、侍医からは睡眠剤を進める(10)》

この間、香淳皇后は病床に連日つきっきりで看病したが、祈りは届かなかった。

三月八日午前《三時三十分、祐子内親王の病勢は益々増進し、遂に危篤に陥る。皇后は御自らの母乳を綿に浸し、幾度となく内親王の口の中にお移しになる。午前三時三十八分、心臓麻痺により祐子内親王は薨去する(11)》

赤坂離宮の一室には、三十種類のひな人形が飾られていた。三月三日の初節句を祝うため、天皇と皇后が選んで買ったひな人形だった(12)。

十三日、祐子内親王を豊島岡墓地（東京都文京区）に埋葬する日、昭和天皇と香淳皇后は、霊車が赤坂離宮から出て行くのを、肩を寄せ合って見送った。

《この日は午前より天気晴朗にて、天皇は終始無言のまま、霊車の行方をその影が消えるまで凝視し続けられ、皇后は傍らにあり絶えず涙をお拭いになる》[13]

祐子内親王を助けられなかったことに、侍医ら関係者は責任を感じ、悲痛な思いでいたことは言うまでもない。だが、皇后宮大夫の河井弥八が十四日に拝謁し、恐懼に堪えないと声を震わせたとき、昭和天皇は静かに言った。

「今回のことは残念に思うが、大夫はじめ一同が最善を尽くしてくれたことは、満足に思っている。このことを一同にも伝えておくれ」[14]

田中政権への不信

昭和三年一月二十八日の歌会始。「山色新」のお題に、昭和天皇はこう詠んだ。

山やまの　色はあらたに　みゆれとも
我まつりこと　いかにかあるらむ

即位間もない昭和天皇の、苦悩の色がうかがえる。

当時、昭和天皇が憂慮していたのは政治の混乱だ。大日本帝国憲法下における主権者は天皇である。むろん、天皇が直接政治を行うのではなく、首相はじめ各閣僚が全責任を負って輔弼《ほひつ》する。天皇を輔弼する首相は、天皇の赤子である全国民に等しく利益を与える政治を行わなければならない。ところが、ときの首相、田中義一はその意識が低かった。

中でも懸念されたのは、党利や私欲の情実人事だ。田中は政権につくや、各省次官や府県知事を次々に更迭した[15]。こうした人事は天皇の名で行われる。昭和天皇は、相次ぐ人事案を黙々と裁可しながら、署名の筆を重く感じていたのではないか。

二年六月十五日、内大臣の牧野伸顕を呼んで言った。

「最近、官吏の更迭が頻繁で、節度を失していると思う。各省の事務次官を党人本位で更迭するのは、政務次官を別に設けた趣旨に反する。牧野から田中総理に、人事に考慮するよう注意してほしい[16]」

牧野は、昭和天皇の懸念をもっともなことだと思いつつ、天皇の意思として注意すれば内閣不信任と誤解されかねないので、元老の西園寺公望を通じ、それとなく指摘することにした。

これを聞いた田中は八月十八日、昭和天皇に拝謁し、前内閣と比べて官吏の更迭件数はそれほど多くないと弁明した。昭和天皇は黙って耳を傾けていたが、四日後に牧野を呼んで言った。

「田中は勘違いをしているのでないか[17]」

牧野は驚き、誤解が生じたことを陳謝した上で、田中に会って数の問題ではないことを改めて伝えた。

　しかし、田中はよく理解していなかったようだ。翌三年五月、政商として悪評の多かった衆院議員当選一回の久原房之助を逓信相に抜擢、さすがにほかの閣僚からも批判が噴出し、文相が辞表を提出する騒ぎとなった[18]。すると、田中は意外な行動に出る。昭和天皇に自らの進退伺を出したのだ。

　天皇が慰留すると見越して、政権批判をかわそうとしたのだろう。だが、これは天皇に政治責任を負わすことにほかならない。

　昭和天皇は牧野と相談の上、進退伺を却下したものの、それを責任回避の弁明にしないよう田中に伝えた[19]。

　田中内閣への不信が高まる中、昭和天皇をさらに困惑させる法案が持ち出される。

　三年六月十二日《内閣より書類を以て治安維持法改正緊急勅令案が上奏され、枢密院への御諮詢が奏請される。天皇は御熟考の後、上奏書は御手許に保留され、内閣総理大臣田中義一に明日の参内をお求めになる》[20]

　治安維持法は、共産主義などを牽制するため大正十四年の普通選挙法とほぼ同時に制定された法律だ。

　その第一条はこう規定する。

「国体ヲ変革シ又ハ私有財産制度ヲ否認スルコトヲ目的トシテ結社ヲ組織シ又ハ情ヲ知リテ

之ニ加入シタル者ハ十年以下ノ懲役又ハ禁錮ニ処ス」

これを田中は、「死刑又ハ無期若ハ五年以上ノ禁錮」に厳罰化しようと画策。[21] 帝国議会に上程したものの審議未了となったため、昭和天皇の緊急勅令によって断行しようとしたのだ。

言うまでもなく治安維持法は、国民の言論や結社の自由を制限する。改正には十分な審議を尽くさなければならない。ところが、田中は自ら改正案を説明することもせず、書類だけで緊急勅令を仰いだ。昭和天皇が田中に説明を求めたのは当然だろう。

六月二十七日、改正案を議題とする枢密院会議が開かれる前、臨席する昭和天皇は侍従長を通じ、枢密院議長に十分審議するよう伝えた。[22]

果たして会議では、政府への批判が相次いだ。

久保田譲枢密顧問官「極刑を盛り込んだ重大法案を緊急勅令で急ぎ制定する必要があるのか」

井上勝之助枢密顧問官「臨時議会に提出して協賛を求めるのが当然ではないのか」

田中は言った。

「共産主義を断固弾圧する決心を示す必要がある。再考の余地はありません」[23]

昭和天皇は、聖断を求められなければ発言しないのが慣例だ。二日間に及んだ議論に黙って耳を傾け、どんな気持ちでいただろう。

結局、政府案は賛成多数で可決された。[24]

六月二十九日《治安維持法改正案の御裁可に先立ち、午後一時過ぎ、内大臣牧野伸顕をお召しになる。その際（中略）御裁可は条件付きとしたい旨の御希望を漏らされ、牧野からの奏上をお聞きになる[25]》

すでに枢密院の結論は出ている。昭和天皇の最後のためらいに、牧野は同意するわけにはいかなかった。

六月二十九日午後《二時四十三分、内閣より奏請の「緊急ノ必要アリト認メ枢密顧問ノ諮詢ヲ経テ帝国憲法第八条第一項ニ依リ勅令治安維持法中改正ノ件」に御署名になる[26]》

その頃、田中が外相を兼務する中国問題までもが、猛然と火を噴きはじめた。

孫文の死後、中国南部の広東を根拠地とする国民革命軍が全国統一に向け、北方の軍閥政府を倒す北伐を開始したのは一九二六（大正十五）年の夏である。

当時の外相、幣原喜重郎は内政不干渉政策を貫き、外国人保護を目的とするイギリスからの派兵提案にも応じなかったが、政権交代後の昭和二年五月、首相兼外相の田中は、山東省青島の邦人保護のため陸海軍の派兵を断行。七月には兵力を増派して山東省済南に進出した。山東出兵である[27]。

大元帥となって初の本格的な海外派兵。平和を念願する青年君主は苦悩した。『昭和天皇実録』が書く。

七月八日《参謀総長鈴木荘六参殿につき謁を賜い、第十師団主力等の青島派遣に関する上奏を受けられる。なお参謀総長拝謁後、（中略）天皇は暫時沈思された後、（中略、侍従武官の蓮沼蕃に）撤兵についての考慮の有無、及び尼港《にこう》事件の如き事態は発生しないかとの懸念につき御下問になる》(28)

尼港事件とは、大正七年から十一年までのシベリア出兵の際、ニコラエフスク港（尼港）に駐屯する日本軍部隊と在留邦人、一般住民ら数千人がソ連のパルチザン部隊に虐殺された事件だ。昭和天皇は、山東出兵で中国との軋轢《あつれき》が深まり、第二の惨事が起きることを危惧したのである。

そして、その危惧は一年足らずで現実化する。

翌三年五月一日、国民革命軍は済南に進出し、日本側に「治安維持は保障するので日本軍の防御設備を撤去してほしい」と要請した。これを受けて日本軍が二日夜に防御設備を撤去すると、三日朝から邦人居留地で略奪が始まったのだ(29)。

邦人保護に動く日本軍は国民革命軍と各地で衝突、やがて済南を占領するが、その間に邦人社会が受けた被害は大きかった。

このとき、中国側に惨殺された邦人の状況について、外務省が以下のような電報を発している。

「腹部内臓全部露出セルモノ　女ノ陰部ニ割木ヲ挿込ミタルモノ　顔面上部ヲ切落サレタルモノ　右耳ヲ切落サレ　左頬ヨリ右後頭部ニ貫通突傷アリ　全身腐乱シ居レルモノ各一　陰

茎ヲ切落シタルモノ二……」[30]

山東出兵がなければ、被害はさらに拡大したことだろう。その一方、山東出兵によって日中関係がますます険悪化したことも事実だ。日本の国内世論は中国側の蛮行に激昂し、中国の国内世論は日本側の横暴に憤慨した。

昭和天皇の苦悩は、一段と深まったに違いない。

内外ともに混迷の度を増す中で、昭和天皇の即位の礼が行われようとしていた。

即位の礼

昭和三年六月のある日、侍従の一人が、昭和天皇に聞いた。

「来たる即位の礼の奉祝献上品について、各府県から何か御希望のものがあればと内々の問い合わせが来ておりますが……」

昭和天皇は言った。

「それなら、その府県において、例えば図書館とか何か国民に役立つものをつくって献上してほしい。それを府県に下賜して意義のある記念物としたい。国民に寄与することが、何よりの自分への贈り物である」[31]

万世一系の皇位継承を内外に示す即位の礼は、国民はもちろん、世界が祝福する最高の皇室儀礼だ。不況の折、昭和天皇は「できるかぎり節約して行いたい」との意向を示していたが、政府は一年以上も前から総勢約千五百人の「大礼準備委員会」を設置し、万全の準備を進めていた。(32)

そして迎えた三年十一月六日、即位の礼に向け、天皇と皇后が京都御所に出発する朝、皇居から東京駅までの沿道を埋めた二十万人の群衆は、即位の礼のときだけ組まれる儀仗行列「行幸第一公式鹵簿《ろぼ》」の荘厳さに、誰もが息をのんだ。

ペースメーカーの騎馬兵を先導に、警視庁騎馬隊十一騎、近衛騎兵二十七騎、式部長官や宮内大臣の馬車、十七人の八瀬童子《やせどうじ》に担がれた御羽車《おはぐるま》(33)、その左右に各四騎の近衛将校、続いて天皇旗をひるがえす近衛騎兵二十五騎が現れ、六頭引きの儀装馬車には陸軍正装の昭和天皇が、四頭引きの儀装馬車にはローブ・モンタント礼装の香淳皇后が乗り、沿道の群衆に会釈でこたえる。天皇の馬車の両脇を近衛将校六騎が護衛し、後ろに軍旗を持った近衛騎兵二十六騎が続き、その後ろから皇族、首相、枢密院議長らの馬車が連なって進む……。(34)

儀仗行列の長さは五九四メートル。沿道から歓喜のどよめきが起こったが、即位の礼まで万歳はご法度だ。

「荘重なる一大絵巻物をくりひろげたる如き鹵簿の華やかさよ！（中略）八千万国民の喜び極みなく、行幸を拝する御沿道はもとより、全国山間僻地《へきち》津々浦々までも翻へる日の丸の旗、昭和日本第一の歓びの日はけふぞ！」と、翌日の東京朝日新聞が書く。

六日は名古屋で一泊し、七日午後二時に京都に到着。八日は御所で簡単なリハーサルを行った。

十日、即位の礼の当日。昭和天皇は純白の束帯帛御袍《はくのごほう》をまとい、自らの即位を賢所に告げる賢所大前の儀に臨んだ。

続いて紫宸殿の儀、いよいよ即位を内外に示すときだ。

午後三時三十五分、太陽の色を象徴する束帯黄櫨染御袍《こうろぜんのごほう》に着替えた昭和天皇が、紫宸殿の高御座にのぼる。日本書紀にもその名が記された、皇位を象徴する玉座である。隣の御張台《みちょうだい》には十二単の香淳皇后がのぼり、東西の回廊などには皇族、閣僚、有勲者、各国使節ら約二千三百人が整列、頭上からは晩秋の陽光が降り注いだ。(35)

平安絵巻さながらの、世界に比類なき大礼――。昭和天皇は勅語を読み上げ、自らの即位を内外に宣した。

「朕惟フニ我カ皇祖皇宗惟神ノ大道ニ遵ヒ天業ヲ経綸《けいりん》シ万世不易ノ丕基ヲ肇メ一系無窮ノ永祚ヲ伝ヘ以テ朕カ躬ニ逮ヘリ朕祖宗ノ威霊ニ頼リ敬ミテ大統ヲ承ケ恭シク神器ヲ奉シ茲ニ即位ノ礼ヲ行ヒ昭ニ爾有衆ニ誥ク……」

周囲の静寂のなか、《玉音は遠く建礼門にまで達する》と、『昭和天皇実録』に記されている。(36)

午後三時、国民が待ちに待った瞬間だ。首相の田中義一が前庭に降りて高御座を仰ぎ見、声を限りに万歳三唱、同時に全国で号砲がとどろき、東京で、大阪で、名古屋で、日本中で万歳の嵐が巻き起こった。

この日、各都市にあふれ出た奉祝の人波は東京で三百万人、大阪で百万人に上ったと各紙は推計する。[37]

読売新聞が書く。

「(皇居前では号砲と同時に)大山の崩れるが如き『万歳』の声は天も裂け地も揺るげとばかり沸き起つた、その荘厳、その森厳、後の世までも謳ひ続けよと暫《しば》しは鳴りも止まなかつた」

大阪毎日新聞が書く。

「(大阪では万歳の後に)奉祝踊りの行列やだし、小学生の旗行列、街々に五彩七色の綾を織つて流れ出《い》で、市民の歓喜はます〳〵高潮し日の傾きゆくをよそに祝ひ狂つた」

東京日日新聞も書く。

「(京都では)正三時! 万歳だ、万歳だ、道を歩いてゐたものまでがみな『バンザーイ』と唱和する、市電の乗客は車掌さんの発声で万歳を三唱する、(中略)万民挙げて万歳の三唱が全市を包んでしまつた[38]」

街中にあふれる笑顔と万歳。だが、国民は知らなかった。その頃満洲で、日本の運命を左右する重大な事件が問題化していたことを——。

張作霖爆殺

一九二八（昭和三）年六月四日早朝、北京から奉天に向け、満洲の荒野を走る特別列車の展望車内。灰色の大元帥服をまとい、座席に深く腰を落とした張作霖の表情は、憂いに満ちたものだった。

弱体化した中央政府の政争に乗じて北京に進軍し、陸海軍大元帥に推戴《すいたい》されたのは前年六月。馬賊の頭目だった張は日本の支援を得て急成長し、中国の国家元首を名乗るまでに上りつめたが、得意の絶頂は一年しか続かなかった。蔣介石の北伐軍が北京に迫り、これと決戦すれば敗北必至と見られたため、満洲に退却することになったのだ。[39]

「大支那平定の夢破れ　張氏遂に北京を引揚ぐ　名残を惜みつゝ悲痛な沈黙」と、前日未明に北京駅を出発した張の様子を大阪朝日新聞が書く。[40]

張が乗る特別列車は三十余両の長蛇編成。貴賓車四両、展望車、食堂車、寝台車各一両が張専用の車両で、前後の車両には完全武装の護衛兵が乗り込んだ。鉄道襲撃のテロや強盗が横行していた時代だ。警備は厳重を極め、張がどこにいるのか分からないよう窓のブラインドはすべて閉ざされた。

四日午前五時二十分頃、特別列車は速度を落とした。間もなく終着駅の瀋陽（現遼寧省瀋陽市)に到着する。張は表情を改めた。出迎えの高官らに失意の心中を読み取られてはならない。張はまだ、「大支那平定の夢」をあきらめていなかった。[41]

だが、憂いの消えた表情を、誰にも見せることはできなかった。

特別列車が満鉄線と交差する陸橋ガードをくぐった時だ。轟音とともに展望車の屋根が吹き飛び、爆風が張の顔面を削り取った。瀕死の張は奉天城内の私邸に運び込まれたが、手の施しようがなく絶命、五十三年の波乱の生涯に幕を閉じた。

満洲の覇王が爆殺されるという非常事態。張の側近らは狼狽し、張の死は極秘にされた。後継争いに日本が介入してくることを、恐れたのである。[42]

奉天側と日本側の合同調査の結果、損傷の激しい展望車後方か食堂車前方、あるいは現場の陸橋ガード下に仕掛けられた高性能火薬が、電気仕掛けで爆発したものと推定された。

犯人は不明だが、現場近くで爆弾を持った中国人二人を関東軍の部隊が刺殺して調べたところ、彼らが北伐軍関係者の書類を持っていたため、関東軍は陸軍中央に「南方派ノ便衣隊ラシキモノ行進中ノ列車ヲ爆破セル……」と打電した。[43]

ところが半月後、事態は急転する。大陸浪人の工藤鉄三郎が鉄道相の小川平吉に宛てて、関東軍の謀略を示唆する報告書を送ってきたのだ。

「(関東軍の)某大佐は工兵中尉某氏をして満鉄線(陸橋)下の右側に弐個、左側に壱個の爆弾を装置せしめ(瀋陽駅に向つて)其の電線を展望台まで延長して同所に於て爆破せしめん準備を了せり……」

「張作霖氏の座乗せる貴賓車が（満鉄線と交差する陸橋下の）クロースに入るや電流を通ぜし為め、一大爆音と共に黒煙濛々として立つ上《ママ》り、遂ひに張作霖氏（中略）の死を見るに至れるものなり……」(44)

報告書にある某大佐とは、関東軍高級参謀の河本大作。このほか報告書には、河本が張作霖爆殺の首謀者であること、爆殺を南方便衣隊の仕業に見せかけるため、「命の入らぬ支那人三名」を招き寄せ、うち二人を現場近くで刺殺、「其の死体に亀甲型爆弾と爆破決行を促したる文書を差し入れ《ママ》」たことなど、事件の全貌が記されていた。

報告書を書いた工藤は、のちに満洲国の陸軍中将（宮内侍衛処長）となるほど有能な男だ(45)。当時は小川系の大陸浪人として満洲情勢をしばしば報告しており、その内容の信憑《しんぴょう》性は高かった。

小川から報告書を見せられた首相の田中義一は頭を抱えた(46)。発覚して国際問題となれば、首相の椅子が吹っ飛びかねない。

だが、嫌疑を受けて陸軍中央に呼び出された河本は、頑として自身の関与を否定した。陸軍中央も深く追及しようとせず、田中に「関東軍は無関係」と報告した(47)。

一方、事件からほぼ二十日後、内大臣の牧野伸顕のもとに、元内相の後藤新平から「張作霖暗殺は慥《たし》かに邦人なりとの確説を得たり、果して然らば実に容易ならざる影響を及ぼすべし」との情報がもたらされた。

牧野は日記に書く。

「若《も》し事実なりとせば固より秘密の保たるべきものならざれば、国際問題とならざる前に進んで相当善後策を講ずる事当然なるべく、（中略）何れにしても政府の当局に就き事実を確め、其上にて考慮を重ねる外なかるべしと（後藤に）陳じたる……」(48)

昭和天皇にも、何らかの情報が伝わっていたのではないか。夏には栃木県の那須御用邸に長期滞在する予定だったが、今年は中止すべきだろうかと侍従長らに相談している。

昭和天皇は、事件後に満洲の対日感情が一段と悪化したことに、苦悩を深めていたのだ。(49)しかし、政府から宮中に、具体的な説明はほとんどなかった。侍従次長だった河井弥八が日記に書く。

「田中首相兼外相は、重要なる外交問題に付ては常に陛下に奉告する所ありや。（中略）外交は殊に機宜の処置を取るを要すと云ふに拘はらず、最注意せざるべからず。須《すべから》く外相今後の行動を監督すべし」(50)

事件をめぐり宮中は、田中への不信感をますます募らせていく。そして、この不信感が昭和天皇の判断を誤らせ、ある失敗を招いてしまう。

田中首相を問責

　張作霖爆殺事件をめぐる関東軍の関与について、田中義一内閣がようやく本格調査に乗り出したのは昭和三年九月、事件発生から三カ月後である。

田中も最初は、どう対処すべきか分からなかったのだろう。ある日、元老の西園寺公望を密かに訪ねて聞いた。

「(犯人は)どうも日本の軍人らしい」

　西園寺は答えた。

「万一にもいよ〳〵日本の軍人であることが明らかになつたなら、断然厳罰して我が軍の綱紀を維持しなければならぬ」

田中「御大典(即位の礼・大嘗祭《だいじょうさい》)でも済んだらなんとか致しませう」

西園寺「陛下にだけは早速行つて申上げて置け」(51)

　この一言が田中をして、本格調査への重い腰を上げさせたようだ。田中は陸相に指示して憲兵司令官を現地調査に派遣。九月二十二日に外務省、陸軍省、関東庁の担当者らで構成する調査特別委員会を設置し、十月中に報告書を作成するよう命じた。(52)

　十月二十三日、調査特別委員会で関東庁から、事件は関東軍高級参謀の河本大作が計画し、実行したことを裏付ける報告があった。同月八日に帰国した憲兵司令官も、河本の犯行とする調査結果を田中に提出した。最終的な報告書の作成には至らなかったが、関東軍の関与は明らかである。(53)

となると問題は、河本ら関係者を処罰し、事件を公表すべきかどうかだ。田中は、公表に反対する小川平吉鉄道相に言った。

「自分は張作霖事件の犯行者を軍法会議に付し、軍紀を振粛するつもりだ。大元帥の陸軍にこのような不都合があるのは許されない。また、このような重大事件を陛下に上奏しないのは聖明を覆い奉るに等しい。自分は断固として決心した(54)」

それから二カ月後、即位の礼が終わり、万歳の嵐も静まった十二月二十四日、田中は参内し、昭和天皇の前に立った。

「張作霖事件には遺憾ながら帝国軍人が関係しているようです。鋭意調査中ですが、事実であれば法に照らして厳然たる処分を行います(55)」

昭和天皇は、田中の厳罰方針を了承した。すでに満洲では関東軍犯行説が朝野に広まっており、うやむやにすれば国家ぐるみの陰謀と見なされかねない。一時的に海外の対日感情が悪化するにせよ、事実を公表して関係者を厳罰処分し、再発防止への強い決意を示す方が、長期的にみて日本への信用につながる。厳罰方針は、元老の西園寺をはじめ昭和天皇を支える宮中側近に共通するものだった。(56)

何より、軍紀の弛緩が心配だ。処置を誤れば過激な中堅将校らが増長し、第二、第三の謀略事件を誘発する恐れもある。

だが、田中の「決心」は長く続かなかった。閣議も経ずに独断で奏上したことに、閣僚の多くが猛反発し、陸軍も事実公表には絶対反対と抵抗したため、迷走してしまうのである。翌年一月から始まった帝国議会でも、関東軍関与の事実をつかんだ民政党が「満洲某重大事件」として政府を攻撃、田中は四面楚歌に陥った(57)。

ついに田中は厳罰方針を捨てる。関東軍の警備上の問題として、責任者を行政処分で済ます方針に切り替えた(58)。天皇に奏上したことを実行しないくらいなら、閣内不一致で総辞職するのがあるべき姿だが、田中はそれをしなかった。

事件から一年余り経った四年六月二十七日、田中は最終報告のため参内した。『昭和天皇実録』が書く。

《御学問所において内閣総理大臣田中義一に謁を賜い、張作霖爆殺事件に関し、犯人不明のまま責任者の行政処分のみを実施する旨の奏上をお聞きになる。今回の田中の奏上はこれまでの説明とは大きく相違することから、天皇は強き語気にてその齟齬《そご》を詰問され、さらに辞表提出の意を以て責任を明らかにすることを求められる。また田中が弁明に及ぼうとした際には、その必要はなしとして、これを斥《しりぞ》けられる(59)》

田中は、昭和天皇の怒りを予期していなかったようだ。恐懼して落涙し、五日後に総辞職した。

立憲君主の反省

張作霖爆殺事件が日中関係にもたらした負の遺産は、あまりに大きいといえよう。

関東軍の狙いは、満洲を中国から分離し、親日的な政権に善政を敷かせて日本の権益を保護、拡大することだった。しかし張作霖は関東軍の支援下で力を蓄えると、中国統一の野望を膨らませて満洲から飛び出してしまう。そこで張を爆殺したわけだが、結果は、まるで逆効果だった。[60]

関東軍の一部は張の死後、混乱に乗じて軍事行動を起こし、後継選びなどに介入するつもりでいた。しかし、張の死が極秘にされたため思うような混乱とならず、軍事行動の機を逸してしまう。[61] 事件当時、張の息子で後継最有力の張学良は北京近郊にいたが、炊事兵に変装して満洲に潜入、父のサインを真似た命令書を発出し、父の存命を装った。[62]

張の死が公表されたのは昭和三年六月二十一日。学良の後継体制が固まってからだ。

学良は、父を殺した日本を激しく憎んだ。関東軍が求める満洲分離ではなく、関東軍が恐れる中央帰属、蔣介石の国民党政府と合同する道を選んだのである。張作霖が存命なら、あり得ない選択肢だろう。

三年十二月二十九日、満洲各地に国民党政府の青天白日満地紅旗が一斉にひるがえった。(63)以後、満洲の排日活動は激化し、事態打開のために関東軍の一部は第二の謀略を画策するようになる。

一方、張作霖爆殺事件と田中義一内閣の総辞職は、昭和天皇と側近らにも暗い影を落とした。天皇が首相に辞表提出の意思を問うのは、立憲君主の枠から逸脱した非常手段といえる。田中に近い政軍関係者は宮中への不信を抱き、内大臣の牧野伸顕ら重臣たちの陰謀だと騒ぎ立てた。

田中内閣の鉄道相だった小川平吉が書く。

「宮中の事情ほゞ世上に漏洩《ろうえい》し、宮中の陰謀に対して憤慨するもの少なからず」(64)

もっとも、昭和天皇は自らの発言の政治性を自覚していたようだ。事前に牧野らに対し、田中が参内したとき責任を追及しても大丈夫だろうかと意見を求め、「厳然たる態度を採らるゝこと然るべく」などの助言を受けて田中を問責している。(65)しかし昭和天皇は、宮中への批判を自身の責任と受け止め、牧野らに転嫁することはなかった。

田中内閣の総辞職から二日後の四年七月四日、昭和天皇は《千種ノ間において〔閑院宮〕載仁親王と午餐《ごさん》を御会食になり、前内閣閣僚慰労の思召しを以て、前内閣総理大臣男爵田中義一以下の前内閣閣僚ほか十八人に御陪食を仰せ付けられる。御食事後の牡丹ノ間における賜茶の席においては、椅子にて円陣が設けられ、種々御談話になる。御陪食・賜茶を通して、和歌山県田辺の南方熊楠、鰻《うなぎ》、御用邸、ゴルフのこと等が話題となる》(66)。

昭和天皇は、田中をはじめ閣僚らにショックを引きずらせたくなかったのだろう。あえて政治には触れず、好物の鰻などの話題で和ませようとした様子に、思いやりと気苦労がうかがえる。

それでもこの問題は、昭和天皇自身の思考と言動に、大きな影響を与えることとなった。

昭和天皇は後年、側近にこう漏らしている。

「あの時はまだ若かつたので言ひすぎた。田中総理にもう少し言ひようもあつたと思ふ。立憲君主としては言ひ過ぎであつたかも知れない(67)」

「この事件あつて以来、私は内閣の上奏する所のものは仮令自分が反対の意見を持つてゐても裁可を与へる事に決心した(68)」

首相への問責発言が内閣総辞職につながり、立憲君主の立場を逸脱してしまったと自責する昭和天皇――。救いとなったのは、家族だった。

政局が一段落した七月十二日以降、昭和天皇は、香淳皇后と長女の成子内親王が待つ神奈川県の葉山御用邸に休暇を兼ねて行幸し、しばらく滞在した。

七月十五日《皇后・成子内親王と海岸を御散策になり、汐見御茶屋において御朝餐を御会食になる。その後お揃いにて貝拾い等をされ、海岸を御逍遙《しようよう》になる》

七月二十四日《皇后と御夕餐を御会食になり、（中略）御食事後、皇后と共に八丈島・大島・関西行幸に関する活動写真を御覧になる》

八月四日《汐見御茶屋において皇后・成子内親王と御夕餐を御会食になり、（中略）終わって葉山町主催の花火を御覧になる[69]》

厳しい内外情勢が続く中、自然の中での家族とのふれ合いは、昭和天皇の苦悩を和らげたに違いない。

もう一つ、心を癒やしてくれるものがある。生物学研究だ。

前年の三年八月、皇居敷地内に生物学御研究所がつくられ、昭和天皇は毎週土曜、顕微鏡の中に広がるミクロの世界に没頭した。

研究対象に選んだのは、変形菌類（粘菌）とヒドロ虫類（ヒドロゾア）の分類学。生涯にわたって研究を続け、多くの新種を発見している[70]。

一般にはなじみの薄いヒドロ虫類の分類学を、どうして専攻したのだろうか。ここにも、国民への思いを読み解く鍵がありそうだ。

先の大戦後、昭和天皇はこう話している。

「日本には（ヒドロ虫類などの）分類学を研究してゐる者が少なかつた。これなら競争もせず、迷惑をかけることも少ないだらうと思つて始めたのだ[71]」

浜口内閣への協力

昭和四年七月二日、政友会系の田中義一内閣にかわり、民政党系の浜口雄幸内閣が発足した。浜口は田中の強行積極政策を一変し、外相に幣原喜重郎を起用して国際協調路線を、蔵相に井上準之助を起用して緊縮財政路線を推進する。

昭和天皇は、新内閣の発足を喜んだ。内大臣の牧野伸顕が組閣時の日記に書く。

「御召しに伺候したるに、（組閣）名簿を見よとの難有《ありがたき》御思召なり。良い顔触れなりと御満足なり[72]」

浜口内閣が掲げた内政上の重要課題は、金解禁だ。第一次世界大戦中、主要各国は金の国外流出を防ぐため、金本位制[73]を一時的に廃止し、金の輸出を禁止した。大戦後間もなく、各国は金本位制を復活し、輸出を解禁したが、日本は関東大震災の影響もあり対応が遅れていた。

円の価値を低下させずに金解禁を行うには、緊縮財政により正貨（金貨及び金地金など）を蓄積しなければならない。蔵相の井上は予算の大幅カットと公務員給与の一割減額を打ち出した。

昭和天皇は、進んで政府方針に協力しようとする。

十月二十三日《侍従次長河井弥八をお召しになり、皇室費百万円減額の思召しを伝えられ、その可否を御下問になる[74]》

だが、給与カットに公務員が猛反発して政治問題化したため、政府は方針を撤回。河井ら側近は《政情を踏まえ、皇室費減額は見合わせを願う》ことにした[75]。すると昭和天皇は同月二十八日、宮内大臣の一木喜徳郎を呼んで言った。

「初声御用邸の建築は目下の経済界の状況に鑑み、当分延期せよ。なお、宮内省においても充分整理緊縮方針を徹底せよ[76]」

神奈川県の三浦半島南部に建設予定だった初声御用邸は、東京に近く海洋生物の採集にも適しており、昭和天皇は着工を心待ちにしていた。それを自ら延期したことに、河井ら側近は心を打たれた[77]。

さらに十一月十二日、《従来慣行の皇族との御贈答並びに臣下への贈与に関し、国を挙げての財政の整理緊縮、消費経済の節約・合理化の折から、国民生活を質実ならしめるため率先して簡約すべしとの思召しにより、恒例の御贈答の廃止を御治定になる[78]》。

以後、宮内省は節約に省を挙げて取り組む。

一方、浜口内閣の外交上の重要課題は、ロンドン海軍軍縮会議だ。

それより前、一九二一（大正十）年十一月から翌年二月にかけ、米ワシントンで初の軍縮会議が開かれたが、アメリカ主導で決められた国際新秩序は、日本にとって喜ばしいものではなかった。

この会議で、日本の安全保障政策の基軸だった日英同盟が解消され、日本が対米七〇％を主張した戦艦など主力艦の保有比率も六〇％しか認められなかった。以後、日本は巡洋艦や潜水艦など補助艦の新造を進め、かえって建艦競争が激化する。

そこで行われたのが、補助艦保有を抑制する一九三〇（昭和五）年のロンドン海軍軍縮会議である。昭和天皇は、この会議が平和につながると期待した。

同年三月二十七日、昭和天皇は《御学問所において内閣総理大臣浜口雄幸に謁を賜い、ロンドン海軍軍縮会議の経過大要及び本問題解決に関する所信について奏上をお聞きになる。それより浜口に対し、世界の平和のため早くまとめるよう努力せよとの御言葉を賜う[79]》。

だが、交渉は難航した。日本側が対米七〇％の補助艦保有比率を求めたのに対し、米側は六二％を提案、双方の隔たりはあまりに大きかった。

結局、六九・七五％で妥協点に達したが、主力となる重巡洋艦が約六割に抑えられたため、海軍軍令部は「七割でなければ国防上責任が持てない」と猛反発。政府の決定が上奏される前に軍令部長が反対意見を上奏しようとしたのを、侍従長が二日遅らせる騒動まで起きた[80]。

いわゆる統帥権干犯問題が議会で火を噴くのは、その後である。四月二十五日の帝国議会。政友会の鳩山一郎が質問に立ち、政府を激しく攻撃した。

「政府が軍令部長の意見に反し、或は之を無視して国防計画に変更を加へたと云ふことは、洵に大胆な措置と謂《い》はなくてはならない。（中略）全く乱暴であると謂はなくてはならぬ」[81]

大日本帝国憲法下では、軍の作戦や用兵は政府から独立した統帥権であり、海軍軍令部長（陸軍は参謀総長）が天皇を補翼《ほよく》する。[82]一方、兵力量の決定は統帥権（帝国憲法十一条）ではなく編成大権（同十二条）とされ、軍政を担う海相か陸相が輔弼するのが慣例だ。しかし、政友会などは統帥権であると拡大解釈し、倒閣運動の材料としたのである。

政党が党利党略に走るとき、国家は危機に陥る。以後、軍部は政治が関与できない統帥権を振りかざし、やがて政党政治は終焉する。それを招いたのは、政党自身だったといえるだろう。

統帥権干犯問題や海軍の内部対立に揺さぶられながらも、ロンドン海軍軍縮条約が政府案通りに批准されたのは、同年十月二日である。

だが、それで混乱が収まったわけではない。

十一月十四日午前八時五十八分、東京駅の第四ホームで、岡山県に向かう首相の浜口が秘書官らを連れて列車に乗り込もうとした時、乾いた破裂音が響いた。

一瞬の出来事。周囲の秘書官らは、顔面蒼白の浜口が腹部を押さえてしゃがみ込むのを見て、何が起きたのかを知った。至近距離から浜口を狙撃したのは二十一歳の右翼団体構成員。「神聖なる統帥権を干犯したから撃った」などと供述したが、統帥権の意味をよく理解していなかったとされる。

浜口は東京帝国大学病院で手術を受け、一命はとりとめたものの長期の入院治療を余儀なくされた。このため野党の政友会が倒閣に動き、翌年一月の議会で臨時首相代理の幣原喜重郎を激しく攻撃する。軍縮条約を乗り越えたばかりの政局は、再び波乱含みとなった。

眼光鋭い風貌と頑固一徹な仕事ぶりから「ライオン宰相」と呼ばれた浜口は、元老の西園寺公望をはじめ誰もが認める尊皇家だった。猛勉強の末に帝国大学法科を三番目の成績で卒業し、大蔵省に入省。上司と衝突して地方に左遷され、なかなか中央に戻れなかったが、与えられた仕事は決して疎《おろそ》かにしなかった。

政界入りしてからは蔵相や内相を歴任。いわゆる料亭政治を嫌い、首相になってからも根回しを好まず、軍縮条約をめぐる難局には「玉砕すとも男子の本懐」と正面突破で乗り切った[83]。

そんなライオン宰相も、弱気になることがあったようだ。首相在任中、こう書き残している。

「内外重要の国務蝟集《いしゅう》して、之が解決必ずしも容易ならざるに至って、平素の修養の足らざる為か、残念ながら時に或は気餒《きう》え力弛む様なことがないでもなかった。此の如き場合に偶々麗わしき天顔を拝して優渥なる御諚《ごじょう》を承ることがあると、其の度毎《たびごと》に精神凜乎として勇気百倍、何とも言うことの出来ない感じが胸中に充ち満ちて来ることを覚ゆるのである[84]」

尊皇の志厚い浜口は、昭和天皇の励ましを受け、勇気を奮い立たせていたのである。

六年三月九日、浜口は参内し、首相復帰を内奏した。昭和天皇は病身をいたわり、杖《つえ》の使用を許したが、浜口は拝謁前に杖を侍従に預けた。[85]翌日から登院して政友会の質問に答弁する。だが、無理がたたったのだろう。四月四日に再入院し、総辞職を決意。その五カ月後に不帰の客となった。享年六十一。昭和天皇は、自身を支える真の愛国者を、また一人失ったのである。

昭和恐慌と三月事件

激動の昭和初期、昭和天皇を精神的に支えたのが、家族の存在だったことはすでに書いた。

昭和四年九月三十日、香淳皇后は第三皇女子の孝宮和子《たかのみやかずこ》内親王を出産、六年三月七日には第四皇女子の順宮厚子《よりのみやあつこ》内親王を出産する。内外ともに、日に日に社会情勢が悪化していた頃だ。昭和天皇は新しい命の誕生を、心の励みにしたことだろう。

昭和五年から六年[86]にかけ、日本は不況のどん底にあった。最大の原因は、政府が五年一月に断行した金解禁である。日本経済はそれまで、為替相場の乱高下に翻弄されており、金解禁による金本位制への復帰を望む声が強かったのは確かだ。しかし、タイミングがあまりに悪すぎた。

前年十月にニューヨークの株式市場が暴落し、やがて大恐慌の波が世界中を覆う。その中での金解禁は「嵐の中で雨戸を開ける」ようなものだとされ、たちまち金と正貨が海外に流出。激しいデフレにより経済は萎縮し、中小企業の倒産、失業者の増大、賃金カットや不払いなど、危機的状態に陥った。

日本史上最悪といわれる、昭和恐慌である。

不況で打撃を受けたのは、大学新卒のインテリ層だった。六年三月二日の東京朝日新聞がこう報じている。

「刀折れ矢は尽きた　各大学就職戦線　昨年に比し半減、三分の一減　無残、打砕かる丶若人」

この年の法・経・文科系の就職率はわずかに三割[87]。四年秋に上映された小津安二郎監督の映画タイトル「大学は出たけれど」が流行語にもなった。全体の失業率も四年の四・三%から五年は五・二%、六年は五・九%、七年は六・九%――と、急激に悪化していく[88]。

農村はさらに悲惨だ。農作物価格が暴落し、その穴を埋めようと農家が増産に励んだことがさらなる価格低下を招くという悪循環。昭和四年に比べ六年の米価は五八%、九年の繭は三一%に落ち込んだ。「キャベツ五十個で敷島（タバコの銘柄）一つ」といわれたほどである[89]。のちに凶作も加わり、娘の身売りや欠食児童が社会問題化するようになる。

金解禁などの経済政策を強引に進めたのは蔵相、井上準之助である。日銀出身の井上は現実よりも理論にこだわり、イギリスをはじめ欧州各国が次々に金輸出を再禁止していく中でも金解禁政策に固執した。このため正貨の流出に歯止めがかからなくなると、井上は公定歩合を一気に上げて金融を引き締めようとし、さらに不況を深刻化させてしまった。[90]

昭和恐慌は、先の大戦の原因にもなったとされる。全体主義的な風潮を生み出したからだ。その兆候が、早くも陸軍部内に見え始めていた。

元老西園寺公望の私設秘書、原田熊雄が歩兵第五旅団長だった東久邇宮稔彦王から衝撃的な疑惑を知らされたのは、昭和六年八月二日である。

「（前陸相の）宇垣（一成）朝鮮総督はクーデターを議会中にやらうとしたのぢやないか。或る陸軍の若い士官が自分の所に来て、『宇垣は野心家であります。議会中にクーデターをやる計画をしたさうです』と言つてゐたが……」[91]

原田は驚いた。事実かどうかを知己の陸軍省動員課長にたずねると、「絶対に秘密にしておいてもらいたいが、自分はよく知っている」と、未遂に終わった計画の概要を打ち明けてくれた。[92]

のちに三月事件と呼ばれる、クーデター計画の顚末はこうである。

中心となったのは、参謀本部ロシア班長の橋本欣五郎らが結成した秘密結社「桜会」のメンバーだ。政党政治が堕落していると考えた橋本ら中堅将校は、参謀次長、軍務局長、参謀本部第二部長らの賛同を得て、国家改造に向けた謀略を企てた。まず、協力者で過激右翼の大川周明が一万人の大衆を動員し、国会議事堂周辺で大騒動を起こす。これを鎮圧するため第一師団が出動。混乱の中で閣僚に辞職を迫り、当時陸相の宇垣を首班とする軍事政権をつくる——。

実行日は六年三月二十日とされ、演習用の擬砲弾三百発が大川に渡された。しかし、陸軍内部から反対の声が上がり、当初は乗り気だった宇垣も直前で中止を命令。計画は闇に葬られた。[93]

事件の概要は、原田から西園寺に伝えられ、首相、内大臣、侍従長らの耳にも届いた。前代未聞の不祥事に、誰もが唖然としたことだろう。

昭和恐慌で社会が疲弊し、政党内閣への不信と批判が渦巻く中、明治天皇の軍人勅諭で政治への関与が禁じられた軍人、それも参謀本部の中枢が政府転覆を画策した三月事件は、計り知れない悪影響を及ぼしたとされる。明確な軍紀違反でありながら誰も処分されなかったため、過激な中堅将校に「陸軍首脳も国家改造を望んでいる。謀略を起こしても処罰されない」という、誤った認識を抱かせたからだ。

戦前に大海軍記者と称された伊藤正徳は、戦後の著書にこう書いている。

「(三月事件は)日本の輝かしい歴史を暗黒の方向に変針させた第一歩として、張作霖爆死事件よりも深刻な意味を持つであろう。(中略)軍人の政治関与と暴力直接行動のスタートを切り、五・一五以下の相次ぐ乱行の教科書を書きおろしたからである」[94]

もっとも、全体主義的な風潮は日本だけに限らない。すでにイタリアでは五年前の一九二六年、ベニート・ムソリーニ率いる国家ファシスト党の独裁体制が確立した。ドイツでは前年の一九三〇年、アドルフ・ヒトラーの国家社会主義ドイツ労働者党（ナチス）が議会第二党に躍進、その約二年半後にヒトラー政権が誕生する。

全体主義に拍車をかけたのは、一九二九年から続く世界恐慌だ。危機を乗り切るため、多くの植民地を持つ英仏など〝持てる国〟は自国の経済圏から他国を締め出そうとし、日独伊など〝持たざる国〟は新たな経済圏を求めるようになる。イタリアはアフリカを、ドイツは中欧を、そして日本が目指したのは満洲だった。

昭和六年九月、昭和天皇は三十歳。日本の岐路となる運命の秋を迎える。

註

（1）『実録』一三巻、若槻礼次郎「『昭和』の年号」（『天皇百話』上の巻所収）より。昭和のほか「元化」「同和」などの候補もあった
（2）昭和二年三月十四日の衆院予算委で、片岡直温《なおはる》蔵相が「東京渡辺銀行がとうとう破綻した」と失言したことが、取り付け騒ぎの直接のきっかけとなった
（3）『実録』一四巻八頁から引用
（4）当時の金融恐慌で休業した銀行は全国で三十行以上に上り、宮内省の本金庫（御用銀行）だった十五銀行も経営破綻した
（5）高橋是清の経歴は上塚司『高橋是清自伝』、大島清『高橋是清』より。年齢はすべて数え年
（6）高橋亀吉ほか『昭和金融恐慌史』より
（7）法令により銀行預金などすべての債務の支払いを一定期間猶予すること
（8）『実録』一四巻七八頁から引用。金融恐慌に胸を痛めていた昭和天皇は高橋是清の労を深くねぎらい、旭日桐花大綬章を授与した
（9）、（10）『実録』一五巻三〇頁から引用。引用文中の「進める」は差し上げるの意味
（11）『実録』一五巻三一頁から引用
（12）昭和三年二月二十五日の東京朝日新聞より
（13）『実録』一五巻三四～三五頁から引用
（14）髙橋紘ほか編『昭和初期の天皇と宮中　侍従次長河井弥八日記』二巻より
（15）田中は内閣発足後二カ月足らずで、各省次官や局長、知事、警視庁部長ら五十六人を異動させた（伊藤之雄『昭和天皇伝』より）
（16）、（17）『実録』一四巻より
（18）田中は文相を慰留し辞表を撤回させたが、その際、昭和天皇に対し、文相に言葉をかけてもらうよう求め、その言葉を文相が公言したことから、天皇を政治利用したとして激しい批判を浴びた。なお、田中の情実人事はその後も続き、三年九月には勅任官の特別任用範囲を拡大する法案を上奏。昭和天皇は「現内閣の人事行政を見るに党利・私利を基とし、その弊害は大なるものがある」として留め置き、田中が法案を撤回したこともある
（19）『実録』一五巻より
（20）『実録』一五巻八三頁から引用
（21）このほか改正案では、「目的遂行罪」を導入して適用範囲の拡大が図られた
（22）『実録』一五巻より
（23）枢密院『枢密院会議議事録』四五巻（昭和篇

三）より

(24) 当時、日本の君主制廃止を打ち出したコミンテルンの「二七年テーゼ」により、非合法な共産主義活動が活発化しており、治安維持法の厳罰化を求める声も多かった。ただ、枢密院議長が政府案賛成者の起立を求めたところ、出席した顧問官十七人中五人が起立しなかった

(25)、(26)『実録』一五巻九二頁から引用

(27) 一九二六～二七年の北伐で、国民革命軍が南京に入城した際、日本を含む各国の領事館や居留地を襲撃する南京事件が発生。多大な被害が出たにもかかわらず日本政府は邦人保護に努めなかったとして、幣原外交を糾弾する声が噴出したことも、田中政権が山東出兵に踏み切る要因となった

(28)『実録』一四巻九二頁から引用

(29) 海軍軍令部第三班作成『済南事変ノ真相』（防衛省防衛研究所所蔵）より

(30) 昭和三年五月九日午後十時四十分発電送「済南事件邦人惨殺状況」（外務省外交史料館所蔵）から引用

(31)『実録』一五巻より

(32)『人間 昭和天皇』上巻より

(33) 八瀬童子は京都の八瀬里（現京都市左京区八瀬）の住民の古称で、古くから朝廷の儀式で、貴人の乗る輿などを担ぐ役目を任されていた。御羽車は三種の神器の一つである八咫鏡《やたのかがみ》（賢所）を移すときに用いる輿のような神具

(34) 儀仗行列の様子は十一月六～七日の東京日日新聞、東京朝日新聞、読売新聞より

(35) 即位の礼の様子は『実録』一五巻より

(36) 勅語とともに『実録』一五巻一七〇頁から引用

(37) 東京の人出を二百万人とする新聞報道もある

(38) 十一月十一日の各紙から引用

(39) 対支功労者伝記編纂会編『対支回顧録』上巻より

(40) 昭和三年六月四日の大阪朝日新聞から引用

(41) 爆殺直前の様子は稲葉正夫「解題付録　張作霖爆殺事件」（参謀本部編『昭和三年支那事変出兵史』所収）、秦郁彦「張作霖爆殺事件の再考察」より

(42) 張作霖の側近らは日本人を病室に近寄らせなかったため、日本側が張の死を把握したのは六月八日以降とされる

(43) 佐藤元英『昭和初期対中国政策の研究』より。文中の「南方派」とは蒋介石の北伐軍（国民革命軍）。「便衣隊」とは平服のまま敵地に潜入

し、謀略やゲリラ活動を行う部隊
(44) 工藤鉄三郎の報告書は、『小川平吉関係文書』二巻五三〇頁から引用
(45) 工藤は満洲国皇帝となる溥儀の信頼が厚く、のちに忠臣の「忠」の字を溥儀から贈られて工藤忠と改名した
(46) 事件直後に現場を訪れた予備役陸軍中将も、関東軍関与の疑いが強いことを田中義一に報告していた
(47) 大江志乃夫『張作霖爆殺』より
(48) 『牧野伸顕日記』三二二頁から引用
(49) 『昭和初期の天皇と宮中』二巻より
(50) 『昭和初期の天皇と宮中』二巻一三七頁から引用
(51) 二人の会話は原田熊雄述『西園寺公と政局』一巻三〜四頁から引用
(52)、(53) 『昭和初期対中国政策の研究』より。関東庁とは遼東半島先端の租借地と南満洲鉄道(満鉄)付属地などを統治する民政部門の機関で、軍事部門の機関が関東軍
(54) 『小川平吉関係文書』一巻六二八頁から要約
(55) 『田中義一伝記』下巻より
(56) 西園寺は田中に、「日本の陸軍の信用は勿論、国家の面目の上からいつても、(張作霖爆殺事件に関わった関東軍の参謀らを) 立派に処罰してこそ、たとへ一時は支那に対する感情が悪くならうとも、それが国際的に信用を維持する所以である」と述べ、厳罰に処すことを促していた(『西園寺公と政局』一巻より)
(57) 佐藤勝矢「張作霖爆殺事件における野党民政党の対応」(日本大学大学院総合社会情報研究科紀要五号所収)より。事件が起きた昭和三年六月、たまたま民政党の議員六人が現地を訪問しており、独自調査で (一) 関東軍によって犯人とされた中国人がアヘン中毒者であったこと (二) その中国人が所持していた証拠書類は日本流の漢文であったこと (三) 爆破装置の電線が現場近くの日本兵監視所から延びていたこと——など、謀略の事実をつかんでいた
(58) のちに下された行政処分は、首謀者の河本大作が停職処分、関東軍司令官の村岡長太郎が予備役編入だった
(59) 『実録』一六巻九九頁から引用
(60) 張作霖爆殺事件は関東軍高級参謀の河本大作が独自に計画し、実行したが、軍司令官の村岡長太郎らも張暗殺の構想を抱いており、関東軍としての狙いは同じだったとされる
(61) 秦郁彦「張作霖爆殺事件の再考察」より

(62) サンケイ新聞社『蔣介石秘録』八巻より
(63)『対支回顧録』上巻より
(64)『小川平吉関係文書』一巻六三六頁から引用
(65) 粟屋憲太郎「解説　田中内閣倒壊前後の政局と天皇・宮中」（『昭和初期の天皇と宮中』三巻所収）より
(66)『実録』一六巻一〇三頁から引用。文中の南方熊楠は生物学者で、当時の粘菌研究の第一人者。昭和天皇はその業績を高く評価していた
(67) 下村海南「内側から見た天皇」（『再建評論』昭和二十四年十一月号」所収）から引用
(68) 寺崎英成、マリコ・テラサキ・ミラー編著『昭和天皇独白録』二八頁から引用
(69)『実録』一六巻一〇七、一一〇、一一四～一一五頁から引用
(70) ヒドロ虫類は、体内が食物を消化する広い胃《い》腔《こう》になっている腔腸《こうちょう》動物の一綱で、定着性のポリプ型と遊泳性のクラゲ型などがある
(71) 藤樫準二『陛下の〝人間〟宣言』より
(72)『牧野伸顕日記』三八〇頁から引用
(73) 金を通貨価値の基準とする制度。発行した紙幣と同額の金を中央銀行が常時保管し、金と紙幣との兌換《だかん》を保証する。現在は、金の保有量に関係なく通貨を発行する管理通貨制をとっている
(74)、(75)『実録』一六巻一四七頁から引用
(76)『実録』一六巻一五〇頁から引用。原文はカタカナ表記。句読点なし
(77)『昭和初期の天皇と宮中』三巻より
(78)『実録』一六巻一六〇頁から引用
(79)『実録』一七巻四〇頁から引用
(80)『昭和初期の天皇と宮中』によると、軍令部長の帷幄《いあく》上奏を遅らせたことに右翼団体などが激昂し、内大臣ら宮中側近を攻撃する怪文書などが出回ることとなった
(81) 昭和五年四月二十六日の官報号外「第五十八回帝国議会　衆議院議事速記録第三号」（国立国会図書館所蔵）から引用
(82) 閣僚が天皇を補佐し、その責任を負う輔弼に対し、軍令部長や参謀総長が天皇を補佐することを補翼と区別して呼ぶこともあった
(83) 波多野勝『浜口雄幸』より
(84) 浜口雄幸『随感録』七〇頁から引用
(85)『実録』一八巻より
(86) 金本位制に復帰するため、金の輸出禁止を解除すること
(87) 東京12チャンネル報道部編『証言　私の昭和史（一）昭和初期』より

(88) 中村隆英『昭和恐慌と経済政策』より。当時の統計は十分なものではなく、実際の失業率はさらに悪かったとされる
(89) 森武麿ほか著『現代日本経済史』より
(90)『昭和恐慌と経済政策』より
(91)『西園寺公と政局』二巻一九頁から引用
(92) 同二巻より
(93) 同二巻、『満洲事変の裏面史』、伊藤正徳『軍閥興亡史』二巻より
(94)『軍閥興亡史』二巻一四四～一四五頁から引用

第五章——満洲事変と国際孤立

関東軍の謀略

一九三一（昭和六）年夏、満洲——。

在住邦人の若手らでつくる満洲青年連盟の理事、山口重次らは、関東軍司令部の幕僚から呼び出しを受け、浮かない顔で路地を歩いていた。

「どうも、相手がわるいな」

理事の一人が言った。青年連盟ではその頃、満洲で悪化の一途をたどる排日行為に何ら有効策を打ち出せない政府、総領事館を批判する遊説を各地で行っていた。批判の矛先は、相次ぐ邦人被害に立ち上がろうとしない関東軍にも向けられ、「腰の軍刀は竹光《たけみつ》か」と冷笑することさえあった。それをとがめられると思ったのだ。

ところが、意外にも関東軍の幕僚らは、青年連盟の理事らを酒席でもてなした。

「本夕は、皆さんのご意見をお伺いしたいので、とくにご足労をわずらわせました」

幕僚の言葉に、理事らは身を乗り出した。言いたいことは山ほどある。満洲を支配する張学良の排日政策によって、いかに在住邦人が虐げられているか、理事らは熱弁をふるった。

と、話の途中で、大きなあくびをした参謀がいた。

「結局、青年連盟も権益主義者か……」

聞こえよがしのひとり言に、山口は反論した。

「とんでもない誤解だ。われわれはむしろ、くだらぬ権益の放棄論者だ。日本の治外法権も、旅順と大連の租借権もみんな放棄して、日満共同の独立国を立てようと、青年連盟では主張している」

それを聞くと、参謀の態度が一変した。

「よろしい。あなた方の信念は分かった。腰の刀は竹光かといわれるが、張学良軍閥の打倒ごときに三尺の名刀を用いる必要はない。いざ事あれば、電撃一瞬のうちに決する」(1)

参謀の名は石原莞爾《かんじ》。意外な発言に、山口らは驚くよりもあきれた。張学良軍は二十万、関東軍は一万余り。しかも満洲の面積は日本本土の三倍もある。どうやったら電撃一瞬で打倒できるのか。

だが、石原らはその時、陸軍中央の一部と気脈を通じながら、壮大な謀略の最終準備を進めていたのだ。

軍部に不穏な動きがある――。

そんな情報が外務省などにもたらされたのは、昭和六年九月に入ってからだ(2)。不穏な動きを危惧した昭和天皇が、先手をとって動いた。

九月十日《(昭和天皇は)海軍大臣安保《あぼ》清種《きよかず》に謁を賜い、人事内奏などをお聞きになる。その際、安保に対し、海軍における規律の乱れの有無をお尋ねになる。その事実はないとする安保の奉答に対し、海軍軍紀の紊《みだ》れがなければ幸いであるが、将来大いに軍紀の維持に努力すべきようお命じになる》

九月十一日《陸軍大臣南次郎に謁を賜う。その際、南は、天皇よりの陸軍の軍紀問題に関する御下問を待たず、若い将校の言動に対し充分取り締まること、外交に関しては外務当局の管掌するものであることから陸軍としては容喙《ようかい》等は慎むなど注意する旨の奏上をなす。よって天皇は、南に対し厳なる軍紀の粛正をお命じになる》(3)

その頃、参謀本部の中枢が関与したクーデター未遂事件(三月事件)が発覚し、軍部の不穏な動きを憂慮する声が高まっていた。加えて関東軍の一部が謀略を画策しているとなれば、憲政の土台が崩れかねない。昭和天皇は、陸海両相に軍紀の厳正を命じることで、謀略の芽を摘もうとしたのだろう。

一方、陸軍首脳が外務省などを通じて関東軍の動きを知るのは、その数日後とみられる。陸相の南と参謀総長の金谷範三は、青ざめたことだろう。軍紀違反を取り締まると、昭和天皇に奏上したばかりだ。金谷は参謀本部第一部長の建川美次を呼び、謀略についてただした。

「君は何か知っているのか」

「多少は知っています」

「困るではないか。すぐやめさせろ」

建川は、関東軍の一部と気脈を通じていた一人だ。しかし、陸相と総長に真っ向から反対されれば、逆らうわけにはいかない。「何とかします」と言って引き下がった。(4)

計画が宮中にばれた――。

中央の動きは、三月事件に関わった中堅将校らを通じてその日のうちに関東軍に伝わった。今度は謀略を主導する関東軍高級参謀の板垣征四郎と作戦主任参謀の石原莞爾が青ざめる番だ。板垣らは九月十四日深夜、同志を集めて協議したが、意見は中止派と続行派の真っ二つに分かれ、十五日未明になっても結論が出なかった。(5)

その時の様子を、奉天憲兵隊長だった三谷清が振り返る。

「ここまで計画を進めて来たのに止めるのは残念だ決行すべしといふ主張と、参謀本部が既に反対してゐる以上火を付けても駄目だから中止して時期を見ようといふ主張とが対立した。板垣さんは唯ニヤ〳〵笑ってゐた。石原はお前達は如何《どう》するかと言ったので、私は自分達は即時決行すべし、ここまで計画が進んで来てゐるのだし、人も揃ってゐるのだから、火を付けさへすれば何とかなると主張した」(6)

次第に険悪となる深夜の謀議――。このまま意見を戦わせても亀裂が深まるだけだろう。リーダー格の板垣は、机の上に鉛筆を一本立てて言った。

「この鉛筆が右に倒れたら中止、左に倒れたら続行しよう」(7)

全員が固唾をのんで見守る中、板垣が、鉛筆から手を離す。鉛筆は、右に倒れた。

中止派は安堵《あんど》の息を吐き、続行派の三谷らは「悲壮な気持で解散した」という。(8) 時計の針は、十五日午前二時を指していた。

だが、それで終わりではなかった。

夜が明けてから、石原が三谷を呼び出し、こう言ったのだ。

「もし本当にやる気があるのなら、やろう」

さらに石原は、三谷を連れて板垣のもとに行き、決行を促した。

「そうか、それではやろうではないか」

板垣の一言で、未明の中止決定はあっさりひっくり返された。(9)

板垣と石原は、最初から続行するつもりだったのだろう。ただ、陸相と参謀総長のトップ二人が反対している限り、意志堅固な同志だけで、より慎重に進めなければ成功しない。板垣は、あえて鉛筆を右に倒すことで、将校らをふるいに掛けたのではないか。前日深夜、賛否の意見が拮抗したとき板垣が「ニヤ〳〵笑ってゐた」のも、それでうなずける。

改めて続行するとなった以上、急がなければならない。謀略の止め役として参謀本部第一部長の建川美次が東京を出発し、間もなく満洲に到着するとの情報が、陸軍中央の同志からもたらされたからだ。

「建川が着く前に決行すべし」

同志は極秘に打電した。

建川は関東軍司令官に宛てた陸相の封書を持っている。(10)それが軍司令官の前で開かれたら、一兵も動かせなくなる。

九月十八日午後、板垣らは満洲入りした建川を出迎え、奉天駅近くの料亭に連れ込み酒席でもてなした。建川は、中止の説得は明日でもいいと注がれるままに杯を傾けた。やがて板垣らは去っていき、建川はそのままいびきをかいた。(11)

その夜、昭和六年九月十八日午後十時二十分、突如として起こった爆音と砲声に、建川は飛び起きた。

柳条湖事件

一九三一（昭和六）年九月十八日午後十時二十分、南満洲鉄道（満鉄）奉天駅北約八キロの柳条湖。一面の高粱畑《コーリヤン》を照らしていた月は沈み、降るような星空の下、線路に仕掛けられた爆薬が轟音を上げた。(12)

付近で夜間演習を実施していた関東軍の独立守備第二大隊第三中隊は、中国軍の仕業とみて直ちに行動を開始し、現場から八〇〇メートル離れた中国軍の兵営（北大営）を攻撃。謀報活動を行う奉天特務機関から関東軍参謀長に、緊急電が発せられた。

「北大営の支那軍は満鉄線を爆破せり　其兵力は三、四中隊にして逐次兵営に遁入せり　虎石台中隊（第三中隊）は十一時過　北大営に在る敵兵五、六百と交戦中にして其一角を占領せるも敵は機関銃、歩兵砲を増加しつつあり　中隊は目下苦戦中　野田中尉は重傷せり」(13)

のちに柳条湖事件と呼ばれる、満洲事変の勃発である。

関東軍の参謀に、緊急召集がかかった。多くは着のみ着のままで駆けつけたが、作戦主任の石原莞爾だけは軍服を身につけていたという(14)。

その石原が、軍司令官の本庄繁に迫った。

「軍の全力を挙げて攻撃すべきです」

本庄は、事件が謀略であることを知らない。「まずは敵の武装解除をはかるべきではないか」と全軍への攻撃命令を躊躇《ちゆうちよ》した。だが、北大営で苦戦中との報告を受け、ついに攻撃を決心する(15)。関東軍は十九日午前までに奉天と営口（現中国遼寧省営口市）を占領。長春では激戦となったが、午後には攻略した。

事件当夜、在奉天総領事館で執務していた領事の森島守人は、満鉄爆破と関東軍出動の急報に驚愕した。関東軍による謀略の可能性が高い。外交当局が主導権を握らなければ、ますます紛争が拡大するだろう――。森島は、全職員に非常召集令を下すと、関東軍高級参謀の板垣征四郎のもとへ走り、説得を試みた。

「平和的に解決すべきだ。奉天の平時占領くらいなら外交交渉で実現してみせる」
板垣の顔色が変わった。
「すでに統帥権の発動を見たのに、総領事館は統帥権に容喙、干渉せんとするのか」
板垣のそばで参謀の一人が抜刀するのを見て、森島は無念の唇をかんだ。(16)

外相の幣原喜重郎が事件を知ったのは、十九日朝、新聞報道によってである。未明から急を告げる現地報告が入電していたが、幣原には伝わっていなかった。(17) 何事も不干渉、現地解決主義を掲げてきた幣原外交の、弊害といえるかも知れない。

事件は、政府と宮中に大激震をもたらした。十九日朝の宮中の様子を、『昭和天皇実録』が書く。

《午前九時三十分、（昭和天皇は）侍従武官長奈良武次より、昨十八日夜、満洲奉天付近において発生した日支両軍衝突事件について奏上を受けられる。奈良はこの日の朝、自宅にて新聞号外によって事件の発生を知り、奏上の際には事件が余り拡張しないことを信じる旨を申し上げる。ついで同四十五分、陸軍大臣南次郎に謁を賜い、（中略）我が軍が北大営を攻撃し、占領した旨の奏上を受けられる(18)》

昭和天皇は、事件が拡大することを憂慮した。その気持ちを知る奈良は南に対し、「大なる出兵を要するが如き場合には或は御前会議を要すべし」とクギを刺している。(19)

午前十時、臨時閣議が開かれ、政府は不拡大方針を決定。南も了承した。

《午後一時三十五分、御学問所において内閣総理大臣若槻礼次郎に謁を賜い、政府は今回の事件については、事態を現在以上には拡大せしめないよう努めるとの方針を決定した旨の奏上を受けられる[20]》

だが、関東軍は真逆の方向へ動いた。謀略を主導する板垣と石原の狙いは、戦火を全満洲に広げて占領し、中国から分離するという、壮大なものだった。局地的な紛争にとどまり、張学良の復権を許してしまえば、排日を激化させた張作霖爆殺事件の二の舞いになりかねない。

それを恐れる石原らは、〝次の一手〟を用意していた。

朝鮮軍の独断出兵

九月十八日深夜の柳条湖事件で勃発した満洲事変――。関東軍作戦主任参謀の石原莞爾が〝次の一手〟として画策したのは、朝鮮軍を巻き込むことだ。気脈を通じていた朝鮮軍の参謀が軍司令官の林銑十郎を説得し、林は十九日に朝鮮軍の出動準備と飛行隊出動の命令を下す。

その報告を受け、陸相の南次郎と参謀総長の金谷範三は狼狽した。この日、政府の不拡大方針が決まったばかりだ。侍従武官長からも「大なる出兵」にクギを刺されている。

金谷はすぐに参内し、昭和天皇に《朝鮮軍司令官から満洲の情勢危急により混成旅団並びに飛行隊の一部を奉天方面へ派遣する旨の報告を受けたが、かかる派兵は御裁可後に実行すべきものとして目下中止せしめつつあること、ただし飛行隊はすでに出発したためこれを制止することができず誠に恐懼に堪えない》などと陳謝した。(21)

一方、朝鮮軍の出動準備を許可した軍司令官の林も、陸軍中央から中止を命じられ、煩悶《はんもん》していた。部下の参謀からは、友軍を見捨てるのかと激しい突き上げを受けている。板挟みとなった林は二十日夕、ついに出兵を決断する。

天皇の裁可を受けずに軍を管轄外に動かすのは、天皇の統帥権をないがしろにするものだ。林の独断出兵は、のちの陸軍暴走にもつながる重大な禍根を残したといえよう。だが、このとき林の決断を支えたのは、意外にもマスコミ世論だった。

二十二日の新聞各紙に、特大の見出しが並ぶ。

「軍司令官の独断に基き　朝鮮軍愈《いよい》よ満洲出動」（読売新聞）

「支那側の暴慢に憤激し　皇軍積極行動に決す」（大阪毎日新聞）

「出動の朝鮮軍　奉天に到着す　一部はさらに前進」（大阪朝日新聞）

この報道に、陸軍中央も引きずられた。十九日に出兵中止を昭和天皇に奏上したばかりの参謀総長と陸相は、一時は辞職も考えたが、新聞各紙が陸軍の非を責めず、国民の多くが独断出兵を支持したため、「出てつた以上、仕方がない」と開き直った。(22)

風前の灯火となる不拡大方針――。政府と宮中は頭を抱えた。当時の陸軍について、侍従武官長の奈良武次はこう書き残している。

「陸軍大臣も参謀総長も軍司令官も威厳なく　中堅層殊に出先軍隊の不軍紀下剋上行為を制止し能はざる状態にあるを認め　遺憾至極将来恐るべきを感ず」(23)

それより前、奈良は紛争拡大を懸念する宮中幹部に「陸軍中央も相当強力に関東軍の行動を抑制しているので心配ないだろう」と答えていた。

しかし、その情勢判断は間違っていた。奈良は続けて書く。

「予の不明出先軍隊意外の専断は陛下に対し奉り誠に申訳なし」「軍部の高級者が威厳なく若手に引摺《ず》られ居る状況なるを（中略）痛嘆す」(24)

政府は結局、二十二日の閣議で朝鮮軍混成一旅団の越境出兵に伴う経費支出を承認。首相の若槻礼次郎が急ぎ参内し、独断出兵に賛成しないものの事後承諾したことを、苦渋の思いで奏上した。(25)

一方、関東軍の怒濤《どとう》の進撃に、なす術もなく押されていた中国側だが、紛争拡大の様相をみて、国際連盟に理事会招集を要求した。

満洲での軍事行動に、国際社会が厳しい目を向けていたことは言うまでもない。朝鮮軍の独断出兵は、日本の立場をさらに悪化させたと言えるだろう。若槻政権が推進し、昭和天皇も支持する国際協調路線は、最大のピンチを迎えようとしていた。

吹き飛ばされた幣原外交

「国際平和を危うくする事態の拡大を防ぐための処置。事態発生前の状態に戻らせるための処置。中国に与えられるべき損害賠償の程度と性質を定める処置――。以上を国際連盟理事会が即時に取られんことを中国政府は求める」(26)

九月二十一日、中国側が国際連盟に柳条湖事件の解決を訴えた時の、要求内容である。

これに対し日本側は、問題解決は日中の直接交渉によるべきだと主張、二十二日にジュネーブで開かれた緊急理事会で中国側と議論を戦わせた(27)。

当時の国際世論は、言うまでもなく日本に不利だ。しかし、ここで外相の幣原喜重郎が驚異的な粘り腰をみせる。中国側の訴えに不純な点がみられ、そこを突くのだ。

中国は当時、深刻な分裂状態にあった。南京に政府をおく蔣介石の独裁傾向に汪精衛らが反発し、広東に臨時政府をつくって対立していた。そこで蔣介石は、柳条湖事件を奇貨とし、広東政府に「統一団結」を提案する一方、国際連盟を舞台とした外交を主導することで政権強化を図ろうとしたのである(28)。

幣原は、蔣介石の狙いが「今次事件ヲ利用シ政権確保ニ資セム」ことだと見抜いていた(29)。

不純な動機を指摘し、日本に野心のないことを示せば、対日批判に傾く国際社会の空気も和らぐだろう。ただし問題は、政府の不拡大方針を無視する関東軍の手綱を引けるかどうかだ。

連日の閣議で、幣原は陸相の南次郎に、不拡大の徹底を強く迫った。南が「拡大せしめない見込み」とする書き付けを持ってくると、「見込みではいかん」とはねつけた。[30]

このとき、幣原の外交方針を側面から支えたのが昭和天皇である。九月二十二日の『昭和天皇実録』には《天皇は若槻（礼次郎首相）に対し、事態の不拡大という閣議の方針を貫徹するよう努力すべき旨を御懇諭になる》と書かれている。[31]

昭和天皇の意向が閣議の場で伝えられると、陸軍中央の強硬論も一気にトーンダウンした。政府は改めて不拡大方針を確認し、二十四日に声明を発表。関東軍の出動は軍事占領が目的ではなく、在住邦人と満鉄に対する脅威が除かれ次第、満鉄付属地内に撤兵すると明らかにした。[32]

この声明により、国際連盟の対日批判は一気に和らいだ。理事会は日本政府を信頼し、日中両国の通常関係回復に期待して三十日に休会する。幣原は、蔣介石が狙った国際連盟の直接介入を阻止したのである。

だが、幣原の外交的勝利は、関東軍によって、またしても打ち壊されてしまう。

八日後の十月八日、満洲南西の古都、錦州（現中国遼寧省錦州市）の上空に、十二機の軍用機が飛来した。

錦州には当時、奉天を失った張学良政権の臨時政府があり、多数の軍民が流入していた。彼らは、軍用機の翼に書かれた日の丸を見ても、とくに動揺しなかっただろう。それより前、日本政府が不拡大方針の声明を出したことは、現地でも大きく報じられていた。

しかし、軍用機が錦州駅の上空に達したとき、彼らは驚愕の目を見開いた。軍用機が駅周辺の兵営をめがけて、爆弾を落としはじめたからだ。一部は目標をそれて市街地に落下し、米国領事館にも被害が出た。(33)

軍用機に搭乗し、爆撃を指示したのは関東軍の作戦主任参謀、石原莞爾である。石原は司令部に戻ると言った。

「(偵察に)行ってみたら向こうのやつがボンボン撃ちゃァがるから、われわれ爆弾を積んでいったし、(中略)ちょっと落としたよ」(34)

司令部内は騒然となった。関東軍の監視役を兼ねて派遣されていた参謀本部員が、「なぜ行く前に言ってくれなかったのか」と詰め寄ったが、石原は「君らに何を言う必要があるのか」と相手にしなかった。

何も聞かされていなかったのは、軍司令官の本庄繁も同じだ。本庄は翌朝、「昨夜は眠れなかった。大変なことをやった」と嘆いたという。(35)

石原の狙いは、中国軍の兵営ではなく、政府の不拡大方針を吹き飛ばすことだ。不幸にしてそれは、見事に成功したといえる。

錦州爆撃を受け、日本に融和的だった国際連盟の空気は一変した。休会中の理事会が一日繰り上げて再開され、日本に三週間以内の撤兵完了を求める決議案を作成。日本に呑める内容ではなく、交渉は暗礁に乗り上げた。決議案は二十四日、全会一致を得られずに否決されたものの、反対票は日本一国だった。[36]

急速に孤立する日本外交。それを憂慮したのは、昭和天皇である。

三日後の二十七日、昭和天皇は内大臣の牧野伸顕に《経済封鎖を受けたときの覚悟、もし列国を相手として開戦したときの覚悟とその準備について、侍従武官長を通じて陸海軍大臣に質《ただ》したき旨を述べられる》と、『昭和天皇実録』は記している。[37] 開戦の恐れにまで言及しなければならないほど、事態は悪化していたのである。

満洲国建国

昭和天皇の意向に反し、満洲で軍事行動を続ける関東軍の謀略は、第二段階に入ろうとしていた。

清朝最後の皇帝、愛新覚羅溥儀（宣統帝）が暮らしている天津日本租界の仮寓《かぐう》に、関東軍の奉天特務機関長、土肥原賢二が訪れたのは一九三一（昭和六）年十一月初めの夜である。

「関東軍は誠心誠意、満洲人民が自己の新国家を建設するのを援助します。陛下におかれましては、すみやかに祖先発祥の地に帰り、親しく新国家の指導にあたられますよう、お願い申し上げます」

一九一一年から一二年の辛亥革命で退位した溥儀は、二四年には北京の紫禁城からも追放され、北京に近い日本租界で日本の庇護《ひご》を受けながら、皇帝復活の日を夢見ていた。土肥原の申し出に、溥儀の胸は高鳴ったことだろう。

「その新国家は、どのような国家になるのですか」

「独立自主の国で、宣統帝がすべてを決定する国家であります」

「私が知りたいのは、その国家が共和制か、それとも帝政か、ということです」

「それは、満洲へ行かれれば解決しましょう」

「帝政ならば行きますが、違うなら行きません」

土肥原は、温厚な微笑を崩さずに言った。

「帝国です。それは問題ありません」

溥儀は、満足の笑みを浮かべた。

「行きましょう」(38)

満洲に溥儀をトップとする新国家をつくり、中国と分離する構想は、参謀本部第一部長の建川美次らが提案したことだ。満洲領有の青写真を描いた関東軍作戦主任参謀の石原莞爾は当初、溥儀の担ぎ出しは時代錯誤として反対したが、最終的に同意する。(39)その際、石原が考えたのは、日・満・蒙・漢・韓の五族協和による王道楽土で、日本からも中国からも干渉されない完全独立の国家モデルだった。[40]

一方、幣原喜重郎をトップとする日本の外交当局は溥儀の担ぎ出しを警戒した。満洲に新国家がつくられれば、石原の理想はどうあれ各国は日本の傀儡《かいらい》国家とみなすだろう。国際連盟を舞台とする交渉は完全に行き詰まり、国際的に孤立するのは必至である。

のちに土肥原が語ったところでは、外務省は当時、溥儀を天津日本租界から出さないようにし、もしも出たら「殺しても構わない」とする意見まであったという。[41]

土肥原と会った数日後、溥儀は関東軍の手引きでひそかに天津を脱出し、満洲に入った。翌年三月一日には満洲国建国宣言が発表され、溥儀は国家元首の執政に就任。その二年後に皇帝に即位する。

満洲事変は、ついに後戻りのできないところまできてしまったのだ。

なぜ、満洲事変はかくも拡大したのか。

柳条湖事件が起きた昭和六年九月、張学良が率いる満洲の中国軍は二十二万、対する関東軍は一万余りで、二十倍以上の兵力差があった。[42] もしも中国軍が徹底抗戦に動いたなら、関東軍といえども容易に進撃できなかっただろう。

だが、当時北京にいた張学良は、抵抗するなと指示を出した。

「私はあの時、日本軍があそこまでやるとは予想だにしていませんでした。絶対あり得ないと思ったのです。私は日本はこの軍事行動によって、我々を挑発しようとしているのだと思いました。ですから、命令を出して抵抗させなかったのです」(43)

晩年の張学良がNHK取材班に語った言葉である。

なぜ、日本軍は「あそこまで」やったのか。

先の大戦後は「侵略」の言葉とともに語られることが多いが、ことはそう単純ではない。満洲の張学良政権と南京の蔣介石政権が、極端な排日政策をとっていたことはすでに書いた。満洲事変当時、アメリカの上海副領事だったラルフ・タウンゼントは、中国の排日政策は国内の不満を外に向けさせるためであると指摘した上で、こう書いている。

「確かに、条約、協定、議定書などに従えば、日本が満州を占領したのは悪い。しかしながら、見方を変えれば日本が正しかったとも言える。いくら条約を結んでも、日本の権益を不安に曝す中国人の妨害行動は収まらなかった。条約は守らない、地下工作・破壊活動は止まない。こういうことが何年も続いた。（中略）中国にいる数千の米英人は、日本人と同じ苦悩を味わっているから、気持ちがよくわかる。大半は内心、日本を応援したと思う」(44)

政府の不拡大方針に反して暴走する関東軍を、当時の国民世論は熱狂的に支持した。中国の不法行為に断固たる措置をとらない外相、幣原喜重郎の方針にフラストレーションがたまっていたからだ。

関東軍の暴走を止めようとした奉天総領事代理の森島守人ですら、のちにこう書いている。

「幣原外相がワシントン会議後の国際的風潮を理解し、かつこれが実現に渾身《こんしん》の勇を揮《ふる》った点において、第一人者たることは何人も否定し得ないが、（中略）あまりにも内政に無関心で、また性格上あまりにも形式的論理にとらわれ過ぎていた。満州に対する幣原外交の挫折は、要するに内交における失敗の結果で、当時世上には春秋の筆法をもってせば、幣原が柳条溝を惹起《じやつき》したのだと酷評した者すらあった」(45)

満洲事変の処理に失敗し、国民からの支持も失った幣原は、内閣総辞職とともに下野した。昭和六年十二月のことである。

二つのテロ

昭和六年十二月十二日、若槻礼次郎内閣の総辞職を受け、組閣の大命を受けたのは野党第一党の政友会総裁、犬養毅である。

元老の西園寺公望が参内し、犬養を次期首相に推薦したとき、昭和天皇はこう言った。

「後継内閣の首班になる者に対しては、特に懇に西園寺から注意してもらひたい。即ち今日のやうな軍部の不統制、並に横暴、――要するに軍部が国政、外交に立入って、かくの如きまでに押しを通すといふことは、国家のために頗る憂慮すべき事態である。自分は頗る深憂に堪へない。この自分の心配を心して、お前から充分犬養に含ましておいてくれ」[46]

政友会は親軍的な色彩が強い。昭和天皇は、軍部の暴走による国際関係の険悪化を危ぶんだのだろう。

犬養は、この思いを重く受け止めたようだ。組閣から半月後、犬養から満洲情勢について奏上を受けた昭和天皇は、《侍従長鈴木貫太郎に対し、犬養首相について、局にあれば在野の時分とは自ずから改まり幣原前外相と別に変わらないと御満足の意》を示したと、『昭和天皇実録』に記されている。[47]

だが、犬養をもってしても、関東軍の手綱は引けなかった。関東軍は年明け後の七年一月三日、張学良が拠点にしようとしていた錦州を占領し、国際社会の、ことに米国の憤激を買った。

衝撃的な事件が追い打ちをかける。

一月八日、陸軍始観兵式を終えて皇居に戻る昭和天皇の儀仗行列に、沿道から手榴弾が投げ込まれたのだ。昭和天皇の御料車から約三〇メートル離れたところで炸裂し、昭和天皇は無事だったが、行列の近衛兵一人、馬二頭を傷つけた。のちに桜田門事件と呼ばれる、白昼のテロリズム――。犬養は色を失い、閣僚の辞表をまとめて即日提出した。[48]

一方、昭和天皇は冷静だった。

《還幸後、侍従長鈴木貫太郎より（中略）爆弾を投擲《とうてき》したのは朝鮮人であることをお聞きになる。その際、満洲問題に対する御懸念より、種々政務に関して御下問になり、（中略）内大臣牧野伸顕に対しても満洲問題を憂慮する旨を述べられる(49)》

昭和天皇は自身の安全を気にするより、国家の安全が気になっていたのだ。

犬養内閣の辞表は、昭和天皇の意向により取り下げられ、《内外時局非常の際につき留任すべき旨の御言葉》が下された(50)。

この日、侍従次長の河井弥八は日記に書いた。

「陛下の御態度は御沈着を極め、還幸後も右顚末に付ては御下問なく、却て米国の通牒如何を問はせ給ひしことなど、感激に堪えず(51)」

満洲事変をめぐり、昭和天皇を悩ませた問題がもう一つある。

一月十八日《（昭和天皇は）御学問所において陸軍大臣荒木貞夫に謁を賜い、満洲事変に対する国民の同情、並びに満洲出征軍への国民の後援の熾烈《しれつ》な情況につき奏上を受けられる(52)》

事変の不拡大を願う昭和天皇は、軍部を熾烈に支持する世論を、どう思ったことだろう。

国民の熱狂をあおったのは、新聞報道である。

統帥権干犯問題に揺れた昭和五年のロンドン海軍軍縮条約の頃、新聞各紙は浜口雄幸内閣の軍縮方針を支持し、軍部の横暴に批判的だった。しかし、満洲事変が勃発すると論調が一変する。

大阪朝日新聞は六年十月十二日の重役会議で「現在の軍部、軍事行動に対しては絶対批難、批判を下さず極力これを支持すべきこと」を決定。東京日日新聞は同月の社説で「強硬あるのみ――対支折衝の基調」（十月一日）、「進退を決せよ――無力な現内閣」（九日）、「最終的対支抗議――これ国民の声なり」（十日）――と書き立て、政府の不拡大方針を痛烈に批判した。(53)

七年一月から三月、満洲事変が上海に飛び火し、日中両軍が激しく衝突すると（第一次上海事変）、東西大手二紙の論調に拍車がかかる。「進撃」「爆撃！」「突撃！」の見出しを躍らせ、国民の熱狂をさらにあおった。(54)

政府は、国際社会が注視する上海での軍事行動を最小限に抑えたかった。だが、新聞と世論を味方につけた陸軍の要求に抗しきれず、二月二十三日、二個師団の増派を決定する。

その軍司令官となる白川義則が出征前に参内したとき、昭和天皇は言った。

「三月三日の国際連盟総会までに何とか停戦してほしい。私はこれまでいくたびか裏切られた。お前ならば守ってくれるであろうと思っている」(55)

白川は、昭和天皇の目に深い憂慮が浮かぶのを見たことだろう。三月一日に上陸して中国軍を撃退すると、追撃戦を求める声を抑え、三日に戦闘中止を宣言した。

歴史はときに残酷だ。昭和天皇の意向を守った白川だが、四月二十九日、上海で行われた天長節式典で朝鮮半島出身の活動家が投げた爆弾に吹き飛ばされ、一カ月後に絶命した。

昭和天皇は、白川の忠義をいつまでも忘れなかった。翌春の一周忌を前に、和歌を詠んで遺族におくった。

をとめらの　ひなまつる日に　いくさをば
と、めしいさを　おもひてにけり(56)

ダルマ再登場

関東軍が満洲事変を拡大し、それを国民が支持した背景の一つに、未曾有の経済危機、すなわち昭和恐慌がある。(57)犬養毅内閣にとって、抜本的な経済対策こそ待ったなしの内政課題だ。

昭和六年十二月十二日夜、昭和天皇から組閣を命じられた犬養は、皇居から退出するとすぐ、東京・赤坂表町にある高橋是清の自宅へ向かった。昭和二年の金融恐慌を大胆な施策で乗り切った、七転び八起きの「ダルマ」こと高橋を引っ張り出さなければ、昭和恐慌で転んだ日本経済を立て直せない。

「国家の危機です。ぜひ、蔵相を引き受けていただきたい」

「わかりました。やりましょう」

犬養の頼みを、高橋は二つ返事で引き受けたといわれる。(58)高橋、このとき七十七歳。四回目の蔵相就任である。

老骨にむち打った高橋の行動は素早かった。

十三日に皇居で親任式を終えると、その日のうちに金輸出再禁止の大蔵省令を発令。十五日に参内して昭和天皇に金本位制からの離脱方針を説明し、十七日、日本銀行券と金との兌換を禁止する緊急勅令の公布にこぎつけた。

こうした措置により、昭和五年一月の金解禁で深刻化した海外への金流出を食い止めると、七年には日銀の金利を三度引き下げて低金利政策を推進。総額二十億円を超える財政史上最高額の予算案をつくり、歳入不足は日銀引き受けによる赤字公債で補填《ほてん》した。

高橋は、前蔵相の井上準之助が固執した緊縮財政と高金利政策を、大転換したのだ。(59)

高橋の積極財政は、第二次世界大戦後に資本主義各国が採用するケインズ理論を先取りしたと評されている。その効果は目覚ましく、実質経済成長率が井上蔵相時代の昭和六年には〇・四%と低迷していたのに、高橋蔵相時代は七年四・四%、八年一〇%と跳ね上がった。(60)円安によって輸出も増大し、日本は世界恐慌からいち早く脱出する。

高橋が重んじたのは、理論よりも現実だ。それは、こんな言葉にもあらわれている。

「一足す一が二、二足す二が四だと思いこんでいる秀才には、生きた財政は分からないものだよ」(61)

この高橋財政を参考にしたのが、大胆なデフレ脱却政策を進める現代のアベノミクスだ。(62)だが、アベノミクスによる景気回復を一般国民がなかなか実感できないように、高橋財政の効果が庶民レベルにまで浸透するには、時間がかかった。

それを待ちきれない者たちが、過激な行動に走る。

十月事件と血盟団事件

昭和六年秋から七年春にかけて、日本国内には、憲政を揺るがすテロリズムの嵐が吹き荒れた。

まずは陸軍、急進派将校らによる十月事件だ。

陸軍中枢が関与したクーデター未遂事件（三月事件）を起こした秘密結社「桜会」のメンバーらは六年十月、満洲事変に呼応した軍事クーデターを再び計画。歩兵十個中隊、機関銃二個中隊を動員して全閣僚を襲撃するとともに、警視庁などを占拠し、陸軍中将の荒木貞夫を首班とする軍事政権を樹立しようとしたが、直前に計画が陸軍首脳に漏れ、十月十七日に首謀者十二人が憲兵隊に検束された。(63)

未遂に終わったものの、この事件が政党内閣に与えた影響は大きかった。高まる政党批判に焦燥した閣僚の一部が政友会と民政党の大連立を画策し、閣内不一致で若槻礼次郎内閣が総辞職する主因となる。

不穏な動きは、右翼活動家にも伝染した。彼らが標的にしたのは財界人らである。

六年秋以降、井上準之助の金解禁政策が近く崩壊するとみた三井、三菱、住友など財閥系銀行はドルの思惑買いに走り、昭和恐慌で一般国民が苦しむ中、巨額の利益を上げた。これに憤激した右翼団体「血盟団」の構成員が七年二月九日、井上を銃撃して殺害。三月五日には三井合名会社理事長の団琢磨を射殺する。(64)

血盟団の暗殺リストには、政財界の要人のほか元老の西園寺公望、内大臣の牧野伸顕ら宮中側近も含まれていた。昭和天皇は、憲政を踏みにじるテロリズムを深く嘆いたことだろう。

軍部の急進派将校や右翼活動家らが目指したのは、昭和天皇を中心とする全体主義国家だ。しかし、彼らは昭和天皇がどんな気持ちでいるかを、考えようとしなかった。

十月事件のあったころ、満洲事変を起こした関東軍の内部では、こんな虚言まで流れていたという。

「陸軍大臣が御裁可を仰ぐために参内したところ、三時間待たされた。どうしてそんなに待たされたかと思つてきいたところが、陛下は内大臣、侍従長を相手に麻雀をしてをられた」(65)

現実の昭和天皇は、軍部などの暴走による憲政の崩壊を憂慮し、一時不眠状態にあった。元老の西園寺公望は七年二月にこう語っている。

「陛下は、陸軍の跋扈《ばっこ》について頗る御心配で、実は夜もろく〳〵お休みになれないらしく、十一時頃侍従を侍従長の家に遣はされて、『すぐ来てくれ』といふやうなお言葉もあったとか、まことに畏れ入つた話である……」(66)

そして、昭和七年五月十五日、憲政の常道にピリオドを打つ重大事件が起きる。

五・一五事件

昭和七年五月十五日、日曜日の首相官邸は、訪問客の予定もなく、ふだんより警備が手薄だった。

午後五時二十五分頃、一台のタクシーが猛スピードで表門を走り抜け、官邸表玄関に横付けした。中から五人の海軍将校らが降り、官邸内に入り込んだ。

将校らは、中にいた護衛の警察官に拳銃を突きつけて言った。

「首相の居場所を言え」

警察官が断ると、将校の一人が発砲。裏門から進入した四人の士官候補生らとともに、首相の姿を求めて官邸内を探し回った。

このとき、首相の犬養毅は食堂にいた。

「総理、大変です。暴漢が乱入しました。早くお逃げください」

警察官の一人が駆けつけて叫んだが、犬養は動じずに言った。

「そいつたちに会おう。会って話せば分かる」

そこへ、将校らが乗り込んできた。犬養を見るなり一人が拳銃の引き金を引いたが、不発だった。

「まあ待て、撃つのは何時でもできる。あっちへ行って話を聞こう」

犬養は明治二十三年の第一回衆院選以来、連続十八回当選を重ねてきた言論の府の最重鎮だ。新聞記者としての経験もあり、言論の力を信じていた。将校らを客間に案内する姿はいつもと変わらなかったと、目撃者が話している。

だが、狂信的な将校らにとって、犬養の落ち着きはかえって逆効果だったようだ。客間に座った犬養が、「靴ぐらい脱いだらどうか」と気さくに言ったとき、将校が叫んだ。

「撃て！」

休日の官邸に、二発の銃声が響きわたった。

将校らが去り、古参の女中らが客間に駆け込んだとき、犬養は顔から血を流していたものの、意識はまだはっきりしていた。

「いまの若い者をもう一度呼んで来い。話して聞かせてやる」

犬養ならではの、渾身の気迫であろう。同日午後十一時二十六分、七十六歳の老宰相は、息子で政治家の健《たける》から「お父さん、後は安心して下さい」と声をかけられて、静かに息を引き取った。(67)

首相襲撃の凶報は、発生から一時間ほどで昭和天皇の耳に達した。

五月十五日午後《六時三十分過ぎ、(昭和天皇は)急遽参内の侍従長鈴木貫太郎に謁を賜い、内閣総理大臣犬養毅が首相官邸において遭難した旨の内閣書記官よりの電話連絡につき、奏上を受けられる》(68)

事件を起こした海軍将校らは首相のほか、内大臣の牧野伸顕も標的にした。将校らは牧野を、「袞竜《こんりょう》の袖に隠れて権勢を振ひつつある特権階級の代表」と見なしていたのだ。(69)ただ、外から内大臣官邸に手榴弾を投げつけただけで、牧野は無事だった。

翌十六日、《内大臣牧野伸顕に謁を賜い、御機嫌伺いを受けられる。昨日の事件に関し、牧野の無事を悦ぶ旨の御詞あり》(70)。

海軍将校らは、なぜ首相暗殺という重大テロを起こしたのか。背景の一つに、農村問題がある。

昭和六年から七年にかけ、昭和恐慌のあおりを受けた農村は貧困のどん底にあった。五・一五事件からほぼ半月後、六月二日の東京朝日新聞が書く。

「農産物価の激落、租税公課の重課、背負ひ切れぬ借金、深刻化して行く農業恐慌の重圧に没落の途を急ぐ――それが直視されたる我農村の現実の姿だ」

昭和天皇も、農村問題に心を痛めた。この頃、農家の生活状況や救済策などを首相や農相に繰り返し質問する様子が、『昭和天皇実録』に記されている。

一方、軍隊には農村出身の下士官兵が多い。五・一五事件を起こしたのは海軍中尉や陸軍士官候補生ら尉官クラスで、兵士と身近に接している。彼らは、農村などの窮状を救うため「堕落せる政党、財閥、特権階級の形成して居る醜悪なる現在の政治権力を破壊し、建国精神に基いた政治の行はれる皇国日本」を、暴力によってでもつくろうとした。(71)

「建国精神に基いた政治と云ふのは、天皇の御意図が其儘《そのまま》国家統治の上に反映し、（中略）君民一体の政治を行ふと云ふことであります」と、内大臣襲撃に関わった陸軍士官候補生が軍法会議の予審尋問で語っている。(72)

実際の昭和天皇の意図は憲政と平和を重んじることだが、彼らは、内大臣ら側近が天皇の目を「曇らせている」と邪推した。

純真であればあるほど、現実の政治に憤慨し、過剰な思想を抱きやすい。一般社会から離れて集団生活を送る軍隊内ではその傾向が強く、当時、天皇親政による国家改造を望む声が少なくなかった。

その中には、昭和天皇の弟、雍仁親王も含まれていた。

弟宮との確執

五・一五事件の三日後、昭和七年五月十八日《午後四時、皇后と共に奥内謁見所にお出ましになり、翌十九日習志野に出発の雍仁親王と御対面になる。引き続き御談話になり、雍仁親王は五時十五分退出する。親王の退出後、直ちに侍従長鈴木貫太郎に謁を賜う》[73]。

翌年に侍従武官長となる本庄繁によると、このとき、昭和天皇と雍仁親王は「激論」を交わしたという。本庄の日記に、こう書かれている。

「秩父宮(雍仁親王)殿下参内、陛下に御対談遊ばされ、切《しき》りに陛下の御親政の必要を説かれ、要すれば憲法の停止も亦止むを得ずと激せられ、陛下との間に相当激論あらせられし……[74]」

雍仁親王は大正九年十月に陸軍士官学校に入学して以来、長く軍務についていた。昭和六年十一月の陸軍大学卒業時には、恩賜の軍刀を与えたらどうかと教官陣が話し合うほど、成績優秀だったと伝えられる[75]。当時は歩兵第三連隊第六中隊長で、部下の兵士らと身近に接し、同年代の将校らとの交流も多かった。彼らの全体主義的な発想に影響を受けることもあっただろう。「陛下の御親政」や「憲法の停止」の言葉の中に、それがうかがえる。

昭和天皇は雍仁親王と十一歳まで生活をともにし、何をするのも一緒だった。弟思いの兄と、兄思いの弟は、ひとつの菓子も分け合い、戦争ごっこでも決して敵味方に分かれなかった。

それから二十年、意見が合わなくなってしまったことに、昭和天皇はどんな気持ちでいただろう。

雍仁親王は第一位の皇位継承資格者だ。集団生活で思考が固定化されやすい連隊勤務に長期間とどめておくことを、昭和天皇は憂慮した。

五月二十八日《侍従武官長奈良武次をお召しになり、暫時御用談になる。青年将校の言動が過激なため、雍仁親王を他所に転補する必要なきや、陸軍大臣荒木貞夫にも協議するよう仰せられる(76)》

宮中側近も、雍仁親王の環境を心配した。六月二十一日には有力華族の近衛文麿《このえふみまろ》、元老私設秘書の原田熊雄、宮内大臣の一木喜徳郎、内大臣府秘書官長の木戸幸一が集まり、「秩父宮の最近の時局に対する御考が稍々《やや》もすれば軍国的になれる点等につき意見を交換」したと、木戸が日記に書いている(77)。

のちの二・二六事件と並び、戦前の軍服テロリズムを象徴するとされる五・一五事件――。それが日本の政治形態に及ぼした悪影響は計り知れない。皇族の間にすら全体主義的な風潮が入り込む中で、昭和天皇は、憲法に基づく政治を何とか保持しようとする。

暗殺された犬養毅の後継首相を推薦するのは元老、西園寺公望の役目だ。その際、昭和天皇は三つの希望を伝えた。

一、首相は人格の立派なる者。現在の政治の弊を改善し、陸海軍の軍紀を振粛するのは首相の人格如何による。ファッショに近き者は絶対に不可なり

二、外交は国際平和を基礎とし、国際関係の円滑に努むること

三、事務官と政務官の区別を明らかにし、官規振粛を実行すべし(78)

この希望を侍従長から伝えられた西園寺は、私設秘書の原田熊雄に言った。

「いずれもごもっともな思し召しだ(79)」

昭和天皇が摂政だった大正十三年以来、首相は議会第一党の党首が任ぜられ、失政で総辞職する場合は野党第一党の党首に、首相が死亡や病気で退陣する場合は与党の後継党首に、それぞれ大命降下される「憲政の常道」が続いていた。

この慣例に従えば、次期首相には政友会の後継党首となった鈴木喜三郎を推薦するのが順当だが、西園寺にその考えはなかった。当時、政党内閣には軍部からの批判が強く、鈴木を首相にした場合、第二の五・一五事件が起きることを恐れたのである。しかも鈴木には、内相だった昭和三年に大規模な選挙干渉を行い、憲政をないがしろにした〝前科〟があった。五・一五事件直後の緊迫した情勢下、昭和天皇も、憲政の常道の終焉を覚悟したことだろ

う。とはいえ、憲政をないがしろにする首相であっては困る。天皇自身が首相選定に直接かかわれば立憲君主の枠をはみ出しかねないが、せめて希望だけは伝えたかったのではないか。

下馬評では、枢密院副議長の平沼騏一郎、二回の首相経験がある山本権兵衛、海軍重鎮の斎藤実が有力視されていた[80]。このうち平沼は、ファッショの傾向が強い。山本に対しては、東郷平八郎らが猛烈に反対している[81]。熟考した西園寺は五月二十二日、次期首相に斎藤を推薦した。

かつてジュネーブ軍縮条約の首席全権を務めた斎藤は、海外にも知己の多い国際派として知られる[82]。海軍出身なので、軍部の暴走に一定の歯止めをかけることも期待できよう。昭和天皇は、斎藤の手腕にかけるしかなかった。

斎藤内閣にとって最大の懸案は、国際連盟を舞台とした各国との協調だ。その頃、満洲事変について国際連盟が派遣したリットン調査団が、日本の運命を左右する報告書を作成しようとしていた。

リットン調査団

満洲事変をめぐり、国際連盟理事会が調査団の派遣を決めたのは一九三一（昭和六）年十二月である。

イギリス元インド副総督のリットンを団長とし、フランス植民地軍総監のクローデル、元駐独イタリア大使のアルドロバンディ、元ドイツ領東アフリカ総督のシュネー、米元大統領副官のマッコイ――の五人で構成。団長の名を冠し、リットン調査団と呼ばれた一行は翌七年二月二十九日、横浜港に到着した。(83)

調査団の派遣には日本政府も同意している。一行を迎えた国内世論は、おおむね好意的だった。

昭和天皇も調査団を歓迎した。

七年三月三日《午後零時三十分、皇后と共に豊明殿においてリットン一行のため午餐を催され、雍仁親王・同妃勢津子、鳩彦王・同妃允子内親王と御会食になり、外務大臣芳沢謙吉ほか十八名に御陪食を仰せ付けられる。終わって、牡丹ノ間において珈琲を供される(84)》

調査団の一員、シュネーはこう書き残している。

「東京滞在の最終日、われわれは天皇からカモ猟のお招きを受けた。聞くところによると、これは皇室がわれわれに深い好意をよせているしるしであった(85)」

だが、好意を持たなかった勢力もある。関東軍だ。

満洲独立を画策する関東軍は、調査団の派遣を知ると水面下での工作を活発化させ、調査団が日本に滞在していた三月一日、満洲国の建国宣言が発表される。関東軍は、調査団が満洲入りする前に既成事実をつくろうとしたのだ。(86)

当時の首相、犬養毅は国際社会の反発を恐れ、満洲国を当面は承認しない方針をとった。犬養暗殺後に首相となった斎藤実もこの方針を引き継いだが、承認を求める声は日増しに強まっていく。

関東軍は政府に対し、満洲国の即時承認を要求。政権奪取のため軍部に取り入ろうとした政友会と民政党も、満洲国承認決議案を衆院本会議に共同提出し、六月十四日に全会一致で可決された(87)。

国民の多くも満洲国の建国を熱狂的に支持している。斎藤内閣の不承認方針は、大きく揺らいだ。

満洲などの視察を終え、七月に再来日したリットン調査団は、雰囲気が一変していることに驚いたことだろう。シュネーが見聞記に書く。

「私としては、日本の対外政策が、あまりにも国内政局の動きや、国民世論によって左右されすぎているとの印象を受けた(88)」

九月十五日、斎藤内閣はついに満洲国を承認する。

その日の夕刻、《満洲国承認祝賀のため、在郷軍人・青年団・女学校生徒その他約四万人の旗行列が宮城二重橋前広場において万歳を三唱する(89)》。

昭和天皇は、国際社会が反発する満洲国を承認したことで日本が孤立し、国民が戦争の危機にさらされることを憂えている。宮城前に響く万歳の声を、どんな気持ちで聞いたことだろう。

満洲事変について、リットン調査団の報告書が日本に通達されたのは、半月後の十月一日のことだ。その内容は、現在からみれば決して日本に不利なものではなかったが、すでに満洲国を承認してしまった以上、政府が妥協できる余地は極めて限られていた。

報告書では、満洲事変における日本軍の行動を「正当な自衛手段と認めることができない」と否定する一方、満洲には「世界の他の地域に類例を見ないような多くの特殊事情がある」として、日本側の権益を大幅に認めていた。

また、中国側の「ボイコット（排日活動）」を不法行為とし、満洲に自治政府を設立すること、主権は中国にあるものの、複数の外国人顧問を任用し、その多数を日本人が占めるべきだと提案した。[90]

中国に「名」を与えるかわりに、日本に「実」を取らせる内容とも言えるだろう。

昭和天皇は、外交交渉に望みをつないだ。

十月三日《内大臣牧野伸顕をお召しになる。いわゆるリットン報告書が（中略、国際）聯盟に提出された以上、如何ともし難きため、聯盟の問題となれば、なるべく円満に解決するよう希望する旨を外相に伝えたこと等を内大臣に語られる[91]》

政府も、何とか外交交渉の糸口を探ろうとした。しかし、過熱した新聞報道がその足を引っ張った。

十一月十九日の新聞各紙が社説に書く。(92)

「錯覚、曲弁、認識不足――発表された調査団報告書」（東京朝日）

「夢を説く報告書――誇大妄想も甚し」（東京日日・大阪毎日）

「認識不足と矛盾のみ」（大阪朝日）

「よしのズイから天井覗き」（読売）

「報告書は過去の記録のみ」（時事新報）

元老私設秘書の原田熊雄によれば、外務省はリットン報告書の発表に際し、「できるだけ穏便な態度を以て臨む」という方針で、新聞各社に「決して号外は出さないやうに」と申し入れたが、『東京日日』『大阪毎日』は号外を発行し、しかも相当に報告書の内容をこき下《おろ》してゐた」という。

「『朝日新聞』の如きは、閣議でも閣僚達がその（リットン報告書の）内容について頗る憤慨したといふやうな意味を大きな活字で発表してゐたので、総理に電話をかけて事の真否をたゞしたところ、『いや、全然ない。あれは新聞が勝手に書いたのであつて、あゝいふことはちつともなかつた』との返事だつた」(93)

新聞報道にあおられ、国際連盟批判に傾く国内世論――。

それでも、昭和天皇はあきらめなかった。元凶である軍部の暴走を、自ら抑えようとするのだ。

リットン報告書の通達から三カ月後、昭和八年は、重く戦雲が垂れこめる中で明けた。万里の長城の東端、山海関（現中国河北省秦皇島市）で一月二日、日中両軍が衝突し、三日に日本軍が山海関を占領する事件が発生したのである。

その翌日、侍従武官が山海関事件の拡大防止策を報告したとき、昭和天皇は言った。

《軍部は中央の訓令を守るか否か、事件が北支に波及拡大することはなきかを御下問になり、満洲事変に対する国際連盟の決定を目前にして、過度に積極的な行動を起こし、支那側の術中に陥ることなからしむべき旨を述べられる(94)》

このとき、昭和天皇が憂慮したのは熱河《ねっか》作戦の発動である。

満洲国は建国宣言で、山海関のある熱河省（現河北省など）を領土の一部と主張していた。しかし、中国側が同省に軍隊を送り込んだため、満洲国を支える関東軍は熱河作戦を策定。山海関事件を機に、同省で軍事行動を起こす動きが強まった。

当時、国際連盟ではリットン報告書に基づき、日本への勧告内容をめぐって緊迫した交渉が続けられていた。熱河作戦が発動されれば、国際協調の致命傷になりかねない。昭和天皇は、内大臣を呼んで言った。

「御前会議を開いたらどうだろう(95)」

立憲君主として、天皇がみだりに政府や軍部の決定に関与することは許されない。しかし、御前会議で聖断を下せば、それは大日本帝国憲法下でも許容される、絶対的な命令となる[96]。昭和天皇は、いわば〝伝家の宝刀〟を抜こうとしたのだ。

だが、元老の西園寺公望らは、昭和天皇が直接命令を下すことに否定的だった。陸軍の中堅将校らが素直に従うかどうか、確信が持てなかったからである。もしも命令に反する事態が起きれば、昭和天皇の威信に傷がつき、国家が崩壊しかねない[97]。

それでも昭和天皇はあきらめなかった。いよいよ熱河作戦が発動されようというとき、侍従武官長の奈良武次を呼んだ。

《統帥最高命令によって作戦発動を中止することが可能か否かを（奈良に）御下問になる[98]》

奈良も、西園寺と同様、国家の最後の砦《とりで》ともいえる昭和天皇の威信に傷がつくことを何より恐れている。首を縦に振るわけにはいかなかった。

二月二十三日、熱河作戦が発動。関東軍は満洲国軍と連携し、たちまち熱河省内の要衝を攻略した。

ジュネーブに本部をおく国際連盟で、リットン報告書の採択などを審議する総会が開かれたのはその翌日、二月二十四日のことである。

国際連盟脱退

一九三三（昭和八）年二月二十四日、ジュネーブで開かれた国際連盟総会。リットン報告書などの採決にあたり、日本の首席全権として最終演説に臨んだのは、昭和天皇がのちに強い不満を漏らす松岡洋右である。

元外交官の松岡は、英語でケンカができるといわれたほど語学力に優れ、演説もうまかった。「満蒙は日本の生命線」という、当時の流行語を生み出したのも松岡だ。(99)

首席全権に任命されたのは、リットン報告書が公表された九日後の前年十月十一日。その英語力を買われての起用だが、結果的に、最悪の人選だったといえる。松岡は自己顕示欲が強く、まとまりかけていたものを途中でぶち壊すような一面があった。(100)

もっとも、松岡は当時、交渉をぶち壊すつもりは毛頭なかった。首席全権に任命されるとき、元老の西園寺公望にこう言ったという。

「今度はもう、できるだけ穏やかに事をまとめて帰るよう努めます」(101)

十二月八日、ジュネーブに乗り込んだ松岡は、国際連盟総会で早速ぶった。

「諸君！　日本は将に十字架に懸けられやうとしてゐるのだ。然《しか》し我々は信ずる。確《かた》く確く信ずる。僅かに数年ならずして、世界の輿論は変るであらう。而してナザレのイエスが遂に世界に理解された如く、我々も亦、世界に依って理解されるであらう」(102)

キリスト教信者の多い欧米諸国民には、決して「穏やか」とはいえない内容である。

以後、松岡は脱退をちらつかせながら連盟当局に譲歩を迫ったが、効果があったとは言い難い。連盟がリットン報告書を採決することが確実になった翌八年二月十七日、松岡は外務省に打電した。

「事茲ニ至リタル以上何等遅疑スル処ナク断然脱退ノ処置ヲ執ルニ非スンハ徒ニ外間ノ嘲笑ヲ招クヘキト確信ス……(103)」

そして迎えた二月二十四日、リットン報告書などの採決の結果は、賛成四十二カ国、反対一カ国（日本）、棄権一カ国（タイ）——。惨敗である。

この結果に松岡は、国際連盟総会の閉会宣言を待たずに堂々と退場した。松岡流のパフォーマンスだろう。最後の最後まで「穏やか」ではなかった。(104)

三月二十七日、日本は正式に連盟脱退を表明する。

日本はなぜ、孤立する道を選んだのか——。

満洲事変から連盟脱退まで、先の大戦につながる孤立の序曲を奏でたのは陸軍だが、伴奏したのはマスコミだ。当時、大半の新聞論調は連盟批判の大合唱だった。中でも東京日日新聞は、一年前から早くも「連盟脱退すべし」の社説を繰り返し掲載、世論をあおった。昭和十六年に刊行された社史がうたう。

「何人といへども日日新聞の努力貢献を看過することは出来ない。（中略）堂々と連盟脱退論を公にした。この事は当時においては言論界の急先鋒《せんぽう》としてその勇断を、その後においては先覚的見識を謳はれたものである」[105]

同紙以外の各紙社説も、連盟の姿勢を痛烈に批判し、八年になると急速に「脱退論」に傾いていく。

「救ひ難き連盟　決裂以外にもはや途なし」（二月十一日の読売新聞）

「わが代表は引揚げよ　連盟は我が誠意を解する能はず」（同日の大阪朝日新聞）

各紙は、強硬論を吐く陸軍の主張にも、連日大きく紙面を割いた。脱退回避を模索する政府は頭を抱え、二月一日の閣議では、蔵相の高橋是清と陸相の荒木貞夫とが、こんな議論を交わしている。

高橋「近来、日本の外交はまるで陸軍が引きずっているような形で、新聞なども二言目にはすぐ脱退だのなんのと騒ぎ立てるし、外交に関してすぐ陸軍が声明したりするが、一体なぜあんなことをするのか」

荒木「陸軍が宣伝するのじゃない。新聞が勝手に書くのだからやむを得ない」

高橋「新聞社が勝手に書くのなら、なぜ取り締まらないのか。知らん顔して書かせておくのがけしからん」[106]

八年四月二十七日、国際連盟総会を退場した日本全権の松岡洋右が帰国するのを、各紙は「凱旋《がいせん》将軍」扱いで称賛した。[107]

昭和天皇は、どんな気持ちでいたことだろう。

とはいえ、平和への努力を怠るわけにはいかない。その頃、昭和天皇が憂慮したのは、脱退前に発動した熱河作戦の行方だった。

すでに書いたように、日本軍は昭和八年二月、満洲国軍と連携し、満洲国が領土と主張する熱河省の要衝を次々に攻略した。一方、満洲事変で奉天を追われた張学良は、熱河省を反撃の拠点にしようと軍隊を送り込み、それを蒋介石が支援、各地で激戦となった。

この戦闘をめぐる中国側の事情は複雑だ。蒋介石は、熱河省での軍事行動で各国の同情を引くとともに、いまだ中央の威令が届かない地方軍閥を日本軍と戦わせ、その勢力を弱めようとしていた。雑軍整理と呼ばれる、蒋の常套《じょうとう》手段である。[108]

蒋の思惑通り、張学良軍は敗退し、張は軍の役職を辞任、張作霖時代から続く奉天軍閥は解体した。ところが、地方軍閥の弱体化により共産ゲリラ勢力が拡大し、かえって蒋は窮地に陥ってしまう。

ちょうどその頃、昭和天皇は三月二十二日に侍従武官長の奈良武次を呼んで言った。

「日本の対支政策は支那への同情援助を欠き　共匪（共産ゲリラ）を助けるに等しい。対支方針を寛大にして国民党政府の共匪対策を容易にしてはどうか。参謀本部の意向を尋ねてみよ」[109]

昭和天皇は、日中間の紛争を早期に解決するためにも、蔣介石の国民党政府が弱体化して中国が混乱することを望まなかった。むしろ蔣を助けることで、関係改善の一助にしたかったのである。

奈良が回顧録に書く。

「予は陛下の御意見は大局を達観せるものにて極て適当なるものと考ひ恐れながら御聡明に敬服す、当時日本人多くの意見が之に逆行するは遺憾なり」[110]

熱河作戦などが進行中の八年二月から五月、『昭和天皇実録』には、日本軍が万里の長城を越えて深く中国領内に進出しないよう、昭和天皇が繰り返し注意する様子が記されている。その頃には現地の関東軍にも昭和天皇の意向が行き渡り、政府を慌てさせるような事態は少なくなった。

五月三十一日《侍従武官石田保秀より、この日午前に塘沽（現中国天津市）において日支停戦協定が調印されたことにつき奏上を受けられる。（中略）この協定により満洲国の国礎が確立する》[111]

ここに、一九三一（昭和六）年九月の柳条湖事件にはじまる満洲事変は終結した。わずかの期間だが、日中間に平和が訪れたのである。そして、皇室にも、全国民が待ち望んだ大きな喜びが訪れようとしていた。

註

（1）満洲青年連盟と関東軍幕僚とのやりとりなどは、山口重次『悲劇の将軍　石原莞爾』より。一九二八（昭和三）年の張作霖爆殺事件以降、後継者の張学良は極端な排日政策をとり、日本人への土地の賃借を事実上禁止し、鉱山採掘権を否認するなど、日本が持つ条約上の権益を次々に侵していた。一方で日本側にも問題があり、昭和恐慌などのあおりで満洲に渡った新興住民の中には、中国人を見下して横柄な態度をとるものも少なくなく、それが満洲の排日行為を助長していたとされる

（2）『満洲事変の裏面史』より。参謀本部ロシア班長の橋本欣五郎がのちに語ったところでは、右翼巨頭の頭山満の関係者が関東軍の謀略を外務省に密告し、それが宮中にも知られて陸軍首脳が驚愕したという

（3）『実録』一八巻八六〜八七、八七〜八八頁から引用

（4）金谷と建川のやりとりの様子は、建川が昭和十八年七月に語った「建川美次中将談」（『満洲事変の裏面史』所収）より

（5）謀略を知るのはごく少数で、この時の協議には九人が参加した。時間は十五日深夜から十六日未明だったとする説もある

（6）三谷が昭和十七年五月に語った「三谷清氏談」（『満洲事変の裏面史』所収）から引用

（7）阿部博行『石原莞爾　生涯とその時代』上巻より。鉛筆ではなく箸だったという説もある

（8）、（9）「三谷清氏談」より

（10）『西園寺公と政局』二巻より

（11）『石原莞爾』上巻より。九月十八日夜の建川の言動については諸説ある

（12）、（15）『石原莞爾』上巻より。満鉄の運行に大きな支障が出ないよう、線路爆破の威力はそれほど大きくなかったとされる

（13）参謀本部作成「満洲事変に於ける軍の統帥（案）」（小林龍夫ほか編『現代史資料（一一）』所収）から引用

（14）片倉衷『回想の満洲国』より。片倉は当時、関東軍参謀の一人だった

（16）森島守人『陰謀・暗殺・軍刀』より

（17）幣原喜重郎『外交五十年』より

（18）『実録』一八巻九〇頁から引用。「北大営」とは奉天にある中国軍の兵営

（19）『侍従武官長奈良武次日記・回顧録』四巻より

（20）『実録』一八巻九〇頁から引用

(21)『実録』一八巻九〇頁から引用
(22)昭和六年九月二十二日の読売新聞より。当時の新聞によれば、柳条湖事件を好機として満洲問題を解決せよとする声は一般国民のほか財界からも上がっており、各地で開かれた在郷軍人会主催の演説会はどこも満員だったという
(23)『侍従武官長奈良武次日記・回顧録』四巻二六二頁から引用
(24)同巻二六二、二六三頁から引用
(25)『実録』一八巻より
(26)昭和六年九月二十二日の東京朝日新聞夕刊より
(27)同月二十三日の東京朝日新聞より
(28)、(29)種稲秀司「満洲事変における幣原外交の再検討（二）」（政治経済史学会編『月刊政治経済史学』五二六号所収）より
(30)『外交五十年』より
(31)『実録』一八巻九二頁から引用
(32)昭和六年九月二十五日の東京朝日新聞、「満洲事変における幣原外交の再検討（一）」より
(33)『石原莞爾』上巻より
(34)、(35)中村菊男『昭和陸軍秘史』所収の今井武夫インタビューより。今井は当時、関東軍を監視するために派遣された参謀本部員の一人だった
(36)倉山満「満洲事変期幣原外交の再検討」（国士舘大学日本政教研究所『政教研紀要』二七号所収）、「満洲事変における幣原外交の再検討（一）」より
(37)『実録』一八巻一〇八頁から引用
(38)土肥原が溥儀を訪れた際のやりとりは、『わが半生』上巻より
(39)『石原莞爾』上巻より
(40)角田順編『石原莞爾資料　国防論策篇』より
(41)土肥原が昭和十八年十二月に語った「土肥原大将談」（『満洲事変の裏面史』所収）より
(42)東亜同文会編『続対支回顧録』上巻より
(43)ＮＨＫ取材班、臼井勝美『張学良の昭和史最後の証言』一二三～一二四頁から引用
(44)ラルフ・タウンゼント『暗黒大陸　中国の真実』二七六～二七七頁から引用
(45)『陰謀・暗殺・軍刀』七一頁から引用文中の「ワシントン会議」は第一次世界大戦後のアジア太平洋地域の勢力関係を画定するため一九二一～二二年に開かれた国際会議で、海軍軍縮に関する五カ国条約、中国に関する九カ国条約、太平洋問題に関する四カ国条約が結ばれた。「柳条溝」は柳条湖のこと

(46)『西園寺公と政局』二巻一六〇頁から引用
(47)『実録』一八巻一五五頁から引用
(48)『実録』一九巻、『犬養木堂伝』中巻より。手榴弾を投げたのは朝鮮独立運動家の李奉昌で、大逆罪に問われて死刑判決を受けた
(49)『実録』一九巻六頁から引用
(50)『実録』一九巻九頁から引用
(51)『昭和初期の天皇と宮中』六巻六頁から引用。米国の通牒とは、満洲事変をめぐりスティムソン米国務長官が戦線不拡大を要求したこと
(52)『実録』一九巻一四頁から引用
(53)前坂俊之『太平洋戦争と新聞』より
(54)慶応義塾大学法学部編「第一次上海事変と日本のマスメディア」(慶応義塾大学法学部政治学科玉井清研究会『近代日本政治資料』一八所収)より。東西大手二紙の大がかりなキャンペーンにより「爆弾三勇士(肉弾三勇士とも)」の軍国美談がつくられ、人命無視の無謀な作戦に拍車がかかるのも、第一次上海事変のときである
(55)『昭和天皇独白録』三六頁から引用
(56)『実録』二〇巻より
(57)満洲事変を理論的に主導した石原莞爾は昭和六年四月作成の講義録で「我国情は殆んど行詰り人口糧食の重要諸問題皆解決の途なきが如し。唯一の途は満蒙開発の断行にあるは輿論の認むる所なり」との考えを示していた(『石原莞爾資料　国防論策篇』より)
(58)今村武雄『三代宰相列伝　高橋是清』より
(59)『高橋是清』より
(60)岩田規久男『デフレの経済学』より
(61)津本陽『生を踏んで恐れず　高橋是清の生涯』の「あとがき――是清の魅力」から引用
(62)安倍晋三政権下で日銀副総裁に就任した岩田規久男上智大学名誉教授は昭和恐慌の研究で知られ、著書などで高橋是清の財政金融政策を高く評価している
(63)秦郁彦『軍ファシズム運動史』より。十月事件に対し、陸軍幹部の一部からは厳罰処分を求める声も上がったが、首謀者の橋本欣五郎(陸軍中佐)が二十日間の謹慎にとどまるなど、あいまいな処分となった
(64)血盟団を結成した日蓮宗僧侶の井上日召は、団員に「一人一殺」を指示した
(65)『西園寺公と政局』二巻一一二～一一三頁から引用。この虚言を耳にした侍従長の鈴木貫太郎は、「麻雀なんかといふものは、見たこともない」とあきれたという

(66) 同巻二三三頁から引用
(67) 五・一五事件の経緯と犬養首相らの発言は、原秀男ほか編『検察秘録 五・一五事件 匂坂《さきさか》資料』一〜三巻、『犬養木堂伝』中巻、『軍ファシズム運動史』より。この日、実行犯として関与したのは海軍士官十人、陸軍士官候補生十一人、右翼団体に率いられた農民決死隊などで、首相官邸のほか内大臣官邸、警視庁、政友会本部、三菱銀行などを襲撃した。帝都を混乱させ、軍事政権樹立に結びつけるのが目的だった
(68) 『実録』一九巻七五頁から引用
(69) 堀真清「五・一五事件の海軍将校たち」(早稲田大学政治経済学会発行『早稲田政治経済学雑誌』三三三号所収)より。「袞竜」とは竜の縫い取りのある天子の衣服
(70) 『実録』一九巻七六頁から引用
(71)、(72) 『検察秘録 五・一五事件』一巻所収「坂元兼一に対する予審訊問調書写」から引用
(73) 『実録』一九巻七八頁から引用
(74) 本庄繁『本庄日記』普及版一六三頁から引用。なお、本庄は「激論」あった日を明確にしていないが、冒頭の『実録』の記述は出典のひとつに本庄日記を挙げており、五月十八日とみられる。昭和天皇は「激論」の後、侍従長に「憲法の停止の如きは明治大帝の創制せられたる処のものを破壊するものにして、断じて不可なりと信ず」と漏らしたという。
(75) 秦郁彦『昭和史の謎を追う』上巻より。恩賜の軍刀とは、陸大や海大などの卒業時、成績優秀者に天皇が授与する軍刀
(76) 『実録』一九巻八五頁から引用
(77) 『木戸幸一日記』上巻一七六頁から引用
(78) 『実録』一九巻、『西園寺公と政局』二巻より
(79)、(80) 同二巻より
(81) 日露戦争時に海相の山本から連合艦隊司令長官に抜擢された東郷だが、晩年は主義主張の対立などから関係が悪化していた
(82) 『歴代総理大臣伝記叢書(二一)』より
(83) ハインリッヒ・シュネー『「満州国」見聞記』より
(84) 『実録』一九巻三九頁から引用
(85) 『「満州国」見聞記』五一頁から引用。昭和天皇は四月十五日、満洲に渡ったリットン調査団の保護を万全にするよう、侍従武官長を通じて参謀本部に確認した
(86) 『満洲事変の裏面史』より
(87) 井上寿一「国際連盟脱退と国際協調外交」(一橋大学一橋学会編『一橋論叢』九四巻三号所

収）より
(88)『「満州国」見聞記』一四八頁から引用
(89)『実録』一九巻一二八頁から引用
(90)渡部昇一解説・編『全文リットン報告書』より
(91)『実録』一九巻一三六頁から引用
(92)各紙社説は『太平洋戦争と新聞』より
(93)『西園寺公と政局』二巻三七六〜三七八頁から引用
(94)『実録』二〇巻三頁から引用
(95)『牧野伸顕日記』より
(96)御前会議は天皇臨席の下、元老、主要閣僚、軍部首脳らが国家の最高意思を決定する会議。法制上の明文規定はないが、明治二七年の日清戦争開戦時に開催して以来、天皇が発言できる唯一の公式会議として慣例上認められていた
(97)『西園寺公と政局』二巻より
(98)『実録』二〇巻一九頁から引用
(99)松岡は昭和六年一月、衆院本会議で「満蒙問題は、わが国の存亡に関わる問題である。わが国民の生命線である」と演説し、幣原外交を痛烈に批判した。その後、「満蒙は日本の生命線」のキャッチフレーズは満洲事変を論じる際のキーワードとなった
(100)元老の西園寺公望は、「松岡といふ人はどうもパラドックスに陥り易い人」と危ぶんでいた
(101)『西園寺公と政局』二巻より
(102)三輪公忠『松岡洋右』一〇三頁から引用
(103)内山正熊「満州事変と国際連盟脱退」（日本国際政治学会編『満州事変』所収）から引用
(104)松岡だけでなく、当時は外相の内田康哉や外務省情報部長の白鳥敏夫も強硬論を主張しており、外務省が一枚岩でなかったことも国際連盟脱退の一因となった
(105)東京日日新聞社編『東日七十年史』二四〇〜二四一頁から引用
(106)『西園寺公と政局』三巻より
(107)『松岡洋右』より。なお、時事新報は「脱退は誰でも出来る。脱退しないのが外交」との論陣を張り、各紙が唱える脱退論に最後まで反対した（『太平洋戦争と新聞』より）
(108)昭和八年三月三十一日、四月九日の東京朝日新聞より
(109)『侍従武官長奈良武次日記・回顧録』四巻より
(110)同巻一七三頁から引用
(111)『実録』二〇巻六九頁から引用

第六章——万歳とファッショ

皇太子ご誕生

昭和八年十二月、昭和天皇は三十二歳――。期待と不安に胸を締めつけられながら、それを表にあらわさないようにしていた。

天皇家に新たな命が誕生する日が、近づいていたのだ。

大正十四年に成子内親王を出産した香淳皇后は、昭和二年に祐子内親王（三年に薨去）、四年に和子内親王、六年に厚子内親王と、ほぼ二年ごとに皇女子を産んだが、世継ぎとなる皇男子には恵まれなかった。

皇統の維持は、天皇家の最重要課題だ。なかなか皇男子が誕生しないことに宮中関係者らは焦燥し、昭和天皇が確立した〝一夫一婦制〟をやめ、側室を置くよう求める声も上がっていた。(1)

国民生活の模範であろうとする昭和天皇に、側室制度を復活させるつもりはない。だが、国家の柱である皇統を揺るぎないものとする必要性は、痛いほどよく分かっている。厚子内親王が生まれた直後の六年三月下旬、宮内大臣にこう言っている。

「この際、皇室典範を改正して養子の制度を認めることの可否を（元老の西園寺公望に）聞いてきてほしい」(2)

昭和天皇は、そこまで考えていたのだ。

香淳皇后が受けるプレッシャーは、より激しかっただろう。七年十月には流産も経験している。昭和天皇は当時、香淳皇后を気遣い、生まれてくる子の性別を気にするそぶりを、ほとんど見せなかった。

八年八月に皇后妊娠が公表されて以来、国民が、今度こそはと祈る気持ちでいたことは言うまでもない。吉報をいち早く知らせるため、帝都にはサイレンを鳴らして速報する仕組みが整えられていた。皇女子誕生ならサイレン一回、皇男子誕生なら二回だ。

内大臣ら宮中幹部のもとに、「皇后に御産気の御徴候あり」と緊急電話が回されたのは、十二月二十三日午前五時半である。午前六時二十分、香淳皇后が産殿に入った。(3)

午前七時、朝日の輝く帝都に、サイレンは鳴った。

内大臣府秘書官長の木戸幸一が日記に書く。

「サイレンの二声を聴く。遂に国民の熱心なる希望は満されたり。大問題は解決せられたり。感無量、涙を禁ずる能はず」(4)

『昭和天皇実録』にはこう記されている。

十二月二十三日《午前六時二十分皇后は産殿にお入りになり、同三十九分御分娩、親王すなわち皇太子が誕生する。身長五十センチ七ミリメートル、体重三千二百六十グラム。午前七時、東京市中に皇太子の誕生を意味する二回のサイレンを鳴らし、一般に周知せしめる》(5)午前

吉報を昭和天皇に伝えたのは、皇后宮職事務官の永積寅彦（のちの侍従次長）だ。産殿近くの控室で待機していた永積は、看護婦などから「親王さまです」と伝えられ、昭和天皇がいる御座所へ走った。

「皇太子殿下ご誕生でございます」

「そうか、それはよかった」

昭和天皇は、努めて平静を装っていた。しかし、その表情の中に、あふれる喜びを抑えようとしているのを、永積は読み取った。(6)

《（昭和天皇は午前）七時過ぎ、産殿伺候者の宮内大臣湯浅倉平及び内大臣牧野伸顕以下側近総代より祝詞の言上を受けられ、七時三十分皇太子と御対面になる》(7)

その頃、新聞各社は号外発行の準備で、興奮と喧噪《けんそう》の真っ只中にあった。

各社とも、数日前から号外用と朝夕刊用の予定稿を、皇男子の場合、皇女子の場合とに分けて用意している。この日、宮内省から各社に「皇后陛下ただいま御産殿に」の一斉電話があったのは午前五時過ぎ。泊まり込みの社会部員らは着の身着のまま、靴下とネクタイは手に持って宮内省へ車を飛ばし、地下の記者室にある電話回線の取り合いとなった。(8)

午前七時前、官房から発表があると伝えられ、記者たちがワアッと階段を駆け上がる。庁舎四階には広報担当の書記官がおり、記者が固唾をのんで見つめる中、「親王御誕生アラセラル」と書かれた筆太の発表文を掲げた。

東京日日新聞の宮内省担当記者だった藤樫準二が、その瞬間をこう振り返る。

「三十数名の記者が〝皇太子〟に歓声をあげてとびあがった。細い階段に殺到して転がる者、合言葉でどなっている者、階段ごとに口頭リレーなどたいへんな騒ぎである。各社は秘術をつくして一分一秒を争うものすごい号外戦であった」(9)

カラリと晴れた師走の帝都に、号外、号外、チリンチリンと鐘の音が響く。

東京日日新聞の号外はこうだ。

「高朗たる御産声よ　玲瓏《れいろう》玉の如き御尊姿　天皇・皇太后両陛下御満悦　今ぞ全国民の念願達す」

この後、命名の儀が行われる十二月二十九日まで、日本中が歓喜の嵐に包まれる。

国民の歓喜

皇太子（上皇さま）がお生まれになった昭和八年十二月二十三日、帝都の夜は、光の輪につつまれた。

翌日の読売新聞が書く。

「空は光の交叉――地上は奉祝旗の波、街頭に流れる灯の行列が空のそれと喜びの双曲線を描き出す――巷《ちまた》に喜びは溢《あふ》れてラウドスピーカーを流れるラヂオの奉祝放送が行人に感激と喜びのステップを踏ませる――われらの皇太子殿下御生誕の夜の街頭風景だ」

帝都だけではない。この日、日本中の都市が、町や村が、眠りを忘れた。各地で提灯行列が行われ、万歳が繰り返され、日の丸の小旗が打ち振られた。昭和恐慌や満洲事変で内外の情勢は悪化したが、その流れが一変する兆しを、誰もが感じていた。(10)

二十四日の東京朝日新聞が書く。

「皇太子殿下御誕生！　このお喜びは全日本に偉大なる『活《かつ》』を入れて、ものみな一ときに明るく、朗らかに生き〳〵と新たなるスタートを始めた。止まつてゐた針も思はずはづんで健康な針音と共に動き出すかと思はれるばかり、あらゆるものが、明るい」

事実、この年の歳末は、皇太子景気とも呼べる活気にわいた。株価も上昇し、新聞には企業がこぞって奉祝広告を出した。

当時の新聞広告は、こんな調子である。

「奉祝　うぶ湯の時から花王石鹼」「国民　聖代を寿《ことほ》ぎ　こぞりて乾杯せむ　蜂ブドー酒」「ばん　ばんざい！　僕ら　子供は　カルピス(11)で御祝盃！」「在伯十五万同胞も歓喜の声に南米の広野を揺がさん　ブラジル珈琲」……

二十四日朝、香淳皇后は皇太子に初の授乳を行い、昭和天皇も何度か産殿に足を運んだ。

「皇太子殿下にはすや〳〵といとも御安らかに御安眠遊ばされ（中略）丸々と御ふとらせ給ふ御様子は御健全そのもの……」と、二十五日の読売新聞に記されている。

二十九日、命名の儀。昭和天皇は、明治三年に明治天皇が発布した詔書の一節から《御名を明仁《あきひと》と命じられ、継宮《つぐのみや》と称される。また、御印章を榮《えい》と御治定になる》[12]。

この夜、帝都は再び光の輪に包まれた。紅白の提灯を手にした群衆が二重橋前の広場を埋め尽くし、万歳の声が夜通し響いた。

万世一系の皇統がつながったことに、昭和天皇の喜びも一入《ひとしお》だっただろう。それを、国民とともに味わいたい――。

《夜、御車寄より御徒歩にて二重橋鉄橋上にお出ましになり、東京市民奉祝の提灯行列を御覧になり、御自ら提灯をお手に打ち振られ、君が代と万歳の三唱に御答礼になる》[13]

明くる昭和九年、宮中は、穏やかな新春を迎えた。

一月二日、昭和天皇は《しばしば御静養室にお出ましになり、皇太子御分娩以来御静養中の皇后、及び皇太子と御対面になる。翌三日以降も折に触れ御静養室にお出ましになる》[14]。

ところで、皇太子ご誕生後の宮中の課題は、養育方針をどうするかだ。昭和天皇と香淳皇后は、学齢期になられるまで膝元《ひざもと》で養育したいと考えたが、元老の西園寺公望らは否定的だった。将来、万人を赤子とする皇位を継がれるにあたり、あまりに濃密な親子関係は好ましくないと考えたのだろう。

過保護になるかもしれない、という懸念もあった。戦艦扶桑の分隊長となっていた弟の宣仁親王も、一月七日の日記にこう書いている。

「新宮が御誕生になつて皆大よろこびだ。併《しか》しお兄様も御仝感《どうかん》の様だが、やはり御教育方法が心配になる。(中略)両陛下は共に極めて御やさしい。おそらくほんとに御叱りになることはあるまい。(中略)育て方が弱々しくされることによつては男さんについてはたしてどうであらうか[15]」

世継ぎとなる皇男子は、臣下の家で養育されるのが宮中の慣例だ。明治天皇は公家の中山忠能のもとで、大正天皇も同じ中山家で育てられた。昭和天皇も生後七十日で大正天皇(当時は皇太子)から離され、枢密顧問官の川村純義に預けられている。

だが、その頃とは時代が違う。昭和天皇と香淳皇后は、第一子の成子内親王が六歳で女子学習院に入学するまで膝元で養育しており、今回もその意向だった。のちに侍従次長となる木下道雄は日記(昭和二十年十一月十一日付)に、昭和天皇のこんな言葉を綴っている。

「御幼少の頃、両陛下との御交り、即ちお膝許の御生活はなかりし。御親しみも従って薄し。渡英のとき、Prince of Wales(エドワード英皇太子)から、毎日両陛下に逢わるるかと尋ねられて困ったとのお話あり[16]」

昭和天皇は、皇太子に同じ思いをさせたくなかったのだろう。

一方、西園寺らは、ご同居は三歳くらいまでと考えた。そもそも天皇と皇后の日常は極めて多忙だ。養育に力を注ぐことが困難なうえ、臣下が「無限の恭敬と絶対の臣従」で奉仕する宮中の環境は、養育の場にふさわしくない。皇太后（貞明皇后）も早くから別居が望ましいと側近らに伝えていた。(17)

結局、皇太子は三歳で皇居を離れ、赤坂の東宮仮御所に移られることになる。しかし、それまでは親子一緒だ。皇太子が順調に成長される姿を見ながら、昭和天皇は、新たな決意で時代と向き合うようになる。

軍部の手綱

昭和九年一月二十三日、満洲事変時の朝鮮軍司令官、林銑十郎が陸相に就任した。昭和天皇は、侍従武官長の本庄繁(18)を呼んで言った。

「林陸相に対し、軍人勅諭の精神を遵奉して軍を統率し、再び五・一五事件のごとき不祥事件が起こることのないよう伝えよ(19)」

前々年の五・一五事件後も、青年将校らによる不穏な動きがくすぶっていた。だが、政府に軍部を抑える力はなく、昭和天皇は自ら軍紀の厳正を徹底させようとしたのだ。

三日後の一月二十六日、再び本庄を呼んで言った。

「今朝の新聞によれば、陸海両相が議会で、軍人が政治を論じ研究するのは必ずしも不当ではないと答弁したようだが、研究も度を過ぎて、悪影響を及ぼすことがあってはならない[20]」

さらに二月八日、「農村出身の下士官兵と身近に接している将校らが農村の悲境に同情し、政治に関心を持つのはやむを得ないが、持ち過ぎると害があり、不可である[21]」と述べた。

それまで昭和天皇は、立憲君主としての立場を重んじ、内大臣ら古くからの側近に意向を漏らす程度にとどめていた。だが、皇太子がお生まれになったことをきっかけに、自身の考えを、より積極的に表に出そうとしたようだ。

陸軍予算が議会を通過した三月十六日の翌日も、参謀総長と陸相に言った。

《天皇は両名に対し、予算は通過したとはいえ、すべて国民の負担であり、針一本すらも無駄にしないよう御注意になる[22]》

昭和天皇は、軍を不快に思っていたわけではない。一般の将兵には限りない厚情を示し、観兵式をはじめ軍務をおろそかにすることはなかった。ただ、昭和天皇にとって軍事と政事に優劣はなく、軍人も文民も同じ国民だ。満洲事変以降、何事も軍部が優先される風潮が強かったのを、正そうとしたのだろう[23]。昭和天皇の意向は、軍上層部に浸透し、さらなる暴走の歯止めになったとみていい。

一方、テロリズムの脅威が薄まるにつれ、今後は別の方面に不穏な動きが出てきた。政党とファッショ勢力が結託し、倒閣工作を活発化させたのだ。

議会第一党、政友会による倒閣工作は、早くも五・一五事件の半年後、昭和七年十一月半ば頃から始まっていた。[24]

当時の同党幹部らの考えは、こうである。

〈犬養毅首相の暗殺後に成立した斎藤実内閣は、政局の混乱が落ち着くまでのピンチヒッターにすぎない。政友会と民政党の二大政党が交互に組閣する憲政の常道こそ、あるべき姿だ。政友会総裁に大命降下する日は、そう遠くないだろう〉

だが、秋になっても総辞職する気配がないのをみて、同党幹部らは焦りはじめる。

〈このままでは、非政党内閣が常態化してしまう。政党のトップになっても首相になれず、幹部らの大臣ポストも遠のくだろう。何とかして、内閣総辞職に追い込めないものだろうか〉

倒閣工作にあたり、幹部らが目をつけたのは、蔵相の高橋是清だ。斎藤内閣の大黒柱となっていた高橋を辞めさせれば、内閣は瓦解するに違いない。

八年一月のある夜、政友会総裁の鈴木喜三郎が高橋の私邸をひそかに訪ねた。辞職を促す鈴木に、高橋はこう言ったという。

「どうせわが輩も健康がすぐれないから、時局が許すならば、議会後にやめたい。この際、政友会としては現内閣を支持し、円満に政権が授受されるようにしたほうがよいだろう」[25]

すでに首相を経験している高橋に、執着心はない。かつて政友会総裁も務めており、憲政の常道に戻したいという思いもある。そこで後輩の鈴木に、予算成立などで協力すれば辞職すると示唆したのだ。

鈴木や同党幹部らは雀躍し、高橋の発言を「黙契」として喧伝《けんでん》した。驚いたのは首相の斎藤である。斎藤は元老の西園寺公望に相談した上で、高橋に言った。

「公爵（西園寺）も、とにかく引続き一層努力してみたら、といふ御意見だつたし、こゝはなんとか一つ考へ直してもらひたい」(26)

高橋の進退をめぐり、八年四月から五月の政局は揺れに揺れた。閣僚の大半が留任を求め、高橋は五月に辞意を撤回したものの、それでは政友会がおさまらない。以後、政府と議会の関係は悪化し、政友会内部の派閥争いも激化する。

政党の混乱をみて、首相の座を狙う司法界の重鎮、枢密院副議長（元大審院検事総長）の平沼騏一郎を中心とする勢力も倒閣に動き出した。斎藤内閣の支持基盤は、一気に弱体化したといえるだろう。

そして、九年一月、ある新聞の連載記事が政界、財界、官界を巻き込んだ奇怪な疑獄事件に発展し、斎藤内閣にとどめを刺す。

混迷する政局

「『番町会』を暴く」——

昭和九年一月十九日の時事新報に掲載された、連載記事のタイトルだ。番町会とは、日本経済連盟会会長の郷誠之助が主宰する実業家グループで、東京・麴町番町にある郷の私邸に毎月集まったことから、その名がついた。

連載記事は、こんな調子で書きはじめる。

「何が目覚しいといつて、近頃番町会の暗躍位《くらい》目覚しいものはない。寧《むし》ろ凄《すさま》じいと云つた方が良からう。いや凄じいでもまだ足らぬ。全く戦慄に値するものがある……」

以後、三月まで続く連載記事が暴いたのは、帝国人造絹糸（帝人）株の売買をめぐる疑惑である。

帝人は昭和二年の金融恐慌で破綻した鈴木商店の系列会社で、株の過半数を台湾銀行が担保として所有していた。この帝人株が値上がりしたことから、民間で取得しようとする動きが強まり、八年六月、生保会社などのグループが買い受けた。その際、売買を周旋した番町会の一部メンバーらが不正利得を得て、政界や官界に賄賂をばらまいた――という内容だ。

この疑惑は、斎藤実内閣の倒閣を画策する勢力に格好の攻撃材料を与えた。九年二月以降、政友会の一部や国民同盟など少数野党が議会質問で政府を追及。平沼騏一郎の影響下にある検察当局も捜査に乗り出し、商工相や鉄道相、大蔵事務次官、帝人社長、台銀頭取らが次々に検束された。取り調べは過酷を極め、各界の名士らもほとんど検察の筋書き通りの〝自白〟をしたという。

事件はその後、異例の展開をたどる。疑惑を報じた時事新報の社長が殺害され、主任検事も病死した。そして裁判では、事件そのものが検察のでっち上げとされ、被告十六人全員に無罪判決が下るのだ。倒閣が目的の、検察ファッショとまで批判された(27)。

だが、でっち上げと分かるのは三年後で、閣僚から検挙者を出した斎藤実内閣はひとたまりもなかった。九年七月、内閣は混迷のうちに総辞職する。

海軍重鎮の斎藤は穏健な国際派で、昭和天皇の信頼も厚かった。首相在任中、昭和恐慌後の経済立て直しや農村救済に尽力。満洲国の承認と国際連盟脱退は失政といえるが、以後は英米との関係改善に努めた。昭和天皇は、斎藤の退陣を惜しんだことだろう。

慣例上、次期首相を天皇に推薦するのは元老、西園寺公望の役目だ。昭和天皇は斎藤の穏健路線を引き継いでもらいたいと思い、西園寺に（一）憲法の精神を遵守《じゅんしゅ》すること（二）外交にも内政にも無理をしないこと――を求めた(28)。

これを受けて西園寺は七月三日、歴代首相ら重臣を宮中に集めて協議し、海軍穏健派の筆頭格、岡田啓介に白羽の矢を立てる。

同日、昭和天皇は《公爵西園寺公望に謁を賜い、海軍大将岡田啓介を後継首班に推薦する旨の奉答を受けられる。西園寺に対しては、暑中にも拘わらず老軀を提げて上京したことを多とし、慰労の御言葉を賜い、併せて岡田ならば最も安心すると述べられる(29)》。

国民と苦楽を共に

岡田啓介内閣の発足から約三カ月後、昭和九年十月一日、昭和天皇は、皇居内につくられた水田で稲刈りをしていた。《まず農林一号、続いて信州早生の稲を刈り取られ、終わって愛国・撰一・小針糯等の成熟状況を御覧になる》(30)

昭和天皇が自ら稲作をするようになったのは、天皇になって間もない昭和二年の春からだ。赤坂離宮に住んでいたころは二畝二〇歩（約二六五平方メートル）を耕し、皇居に移ると面積を二倍に広げ、全国から取り寄せたさまざまな品種を毎年育てた(31)。

多忙な公務の合間をみて、春は水田に膝まで没して苗を一つ一つ植え、秋はたわわに実った稲穂を鎌で収穫する。その後も脱穀から精白まで、米づくりの全作業を侍従らとともに行った(32)。昭和天皇は、農家の苦労を少しでも分かち合いたかったのだろう。

この年、昭和九年の東北地方は冷害で記録的な凶作に見舞われ、幾つかの小村が飢餓に直面するなど深刻な状況にあった。岩手県などの農村を視察した社会主義者の山川均が、こう書いている。

「子供は驚くほど生れて、驚くほど死んでゆく。（中略）岩手郡の御堂村は、乳児死亡率九〇％だといふから驚くのほかない。奥中山でも、栄養不足のためだらう、眼の見えなくなるのが、ことに年寄りに多かつた。こうなると飢餓の問題ではなくて、なし崩し的な餓死なのだ」

「蒲団《ふとん》のある家は、まづ一軒もないと云つてい、だらう。（中略）たゞ床張りの片隅に、長いま、の藁《わら》が置いてある。でなければ鼠《ねずみ》の巣のようにボロ屑《くず》が積んである。その中へもぐつて寝るのだ。（中略）新屋新町付近の農家を訪づれたときのことだが、ふとその中のボロ屑が動いたので、私は猫かと思つたが、よく見ると赤ん坊だつた」(33)


発足したばかりの岡田内閣も、農村救済に予算をつぎ込んだが、社会保障制度が十分でなかった当時、政府のできることには限界があった。

「今思いだしても涙を催すような哀話ばかりだった。東北地方から上野に着く汽車で、毎日のように身売りする娘が現れたのもそのころで、身売り防止運動が盛んに行われていた」と、のちに岡田自身が述懐している。(34)

こうした中、つねに国民と苦楽をともにしようとする昭和天皇の姿勢は、多くの人々に勇気と希望を与えたに違いない。

昭和天皇は地方に行幸すると、分刻みのスケジュールで現地の小中学校や商工業施設を視察して回った。その姿を見て、国民がどれほど励まされたかが、各地の郷土資料などに残されている。

戦後に首相となる中曽根康弘も、当時の昭和天皇の姿に、生涯忘れ得ぬ感銘を受けた一人だ。昭和九年十一月、旧制高崎中学（現群馬県立高崎高校）四年生だった中曽根は、陸軍特別大演習の統裁で群馬県に行幸した昭和天皇を見て、こんな感想文を書いている。

「実に何たる神々しい御姿であらうか、純白な台の上に夕日を浴びて立たせ給ふた　聖上陛下の御英姿、燦然《さんぜん》として夕日に映ゆる（中略）現人神の尊厳に自然頭が垂れて感激の涙が浮ぶ」

「我々は、しみじみと日本人に生れた幸福を味ふことが出来た。そして何となく天地がひろ〴〵して、三山も一層秀麗さを増した様な気がした。空は相変らずすつきりと晴れてゐた」(35)

昭和天皇の公務は多忙だ。同年四月に公表された侍従長謹話によると、前年の公務で、内閣などからの上奏の裁可件数は六千三百件以上、宮中での賜謁者数は二千百人以上、陪食者数は六百五十人以上、進講回数は百二十五回に及んだ。(36)

心労は尽きないが、皇太子のご誕生もあり、家庭生活は円満だった。昭和天皇は四人の内親王にも、等しく愛情を注いでいる。

九年一月二十日《呉竹寮にお出ましになる。以後、土曜日・日曜日を中心にしばしばお出ましになり、内親王と御一緒に過ごされる》(37)

七月二十一日《午前七時より、成子内親王と御一緒に、上直の侍従・侍従武官を御相手に

ラジオ体操をされる[38]》

昭和天皇は、運動不足を解消するため定期的にゴルフをしていた。ただし上手とまではいえず、むしろ結婚後にはじめた香淳皇后のほうが筋が良かったようだ。

九月三日《ゴルフ大会を催される。天皇・皇后及び男女供奉員から成る全二十一名の参加者は七組に分かれ、天皇は皇后・西園寺八郎と組まれてコースを廻られる。競技の結果、天皇は第七等、皇后は第一等を獲得され……[39]》

香淳皇后とは同年春、結婚十年を迎えた。三月二十六日には家庭的なパーティーを開き、皇后や内親王と一緒に《皇太子時代の御姿を写した活動写真や喜劇映画、パラマウント・ニュース等を御覧になり、さらに内庭において侍従職・皇后宮職職員による仮装行列を御覧になる[40]》。

悲しい別れもあった。

五月三十日《元帥海軍大将東郷平八郎は午前六時二十五分全く危篤となり、七時死去する。天皇は当番侍従よりこの旨をお聞きになり、追悼の意味を以てこの日の御運動をお控えになる[41]》

ナチス台頭

東北地方などの農村が危機に瀕していた昭和九年、欧州では、ファシズムの嵐が吹き荒れていた。

台風の目となったのは、ナチス・ドイツである。一九二〇（大正九）年に発足したナチス（国家社会主義ドイツ労働者党）は、強烈なカリスマを持つアドルフ・ヒトラーの指導の下、急速に勢力を伸ばして一九三三（昭和八）年一月に政権を獲得した。(42)

首相となったヒトラーは同年二月以降、ドイツ共産党などの大弾圧を行い、三月には内閣に絶対的権限を付与する全権委任法（民族及び国家の危機を除去するための法律）を制定、ナチスによる一党独裁体制が確立する。

一九二〇年代にベニート・ムソリーニが独裁体制を築いたイタリアと並び、ドイツにファシズムが形成された背景には、第一次世界大戦後のベルサイユ体制に対する不満とコミンテルン（共産主義インターナショナル）に対する脅威がある。(43)

ドイツに過酷な賠償金を押しつけた一九一九年のベルサイユ条約と英仏が主導するベルサイユ体制は、ドイツ一般国民の生活を困窮させた。コミンテルンが指導する共産革命運動の世界的な広がりは、資本家層を震え上がらせた。この二つの課題を、独裁による全体主義で

強権的に打破するファシズムは、ドイツの各界各層に熱狂的に支持されたのである。(44)

当時、ナチスの躍進は日本でも大きな話題となり、宮中に思わぬ珍事までもたらした。ドイツで唯一、ヒトラーを抑えられる存在だった大統領のヒンデンブルクが一九三四(昭和九)年八月二日に死去したとき、昭和天皇は弔電を送ったが、その宛先を宮内省などのミスで間違えてしまうのだ。

《弔電は同国首相アドルフ・ヒトラーが大統領に就任したとの認識のもと新大統領に宛てられたが、ドイツ国においてはそのような事実はなく、七日、首相たるアドルフ・ヒトラーより礼電が寄せられる(45)》

ヒトラーの存在感の大きさがうかがえよう。

欧州のファシズムが、日本に及ぼした影響は小さくない。資源の少ない国として、全体主義によって危機を乗り切ろうとするファッショの動きが、この頃から勢いづいていくのだ。(46)

昭和天皇が全体主義に強い警戒感を持ち、五・一五事件後の首相選定の際、「ファッショに近き者は絶対に不可なり」との意向を示したことはすでに書いた。だが、時代の流れをとめることは難しい。

翌十年二月、帝国議会で取り上げられたある問題が、穏健路線の岡田啓介内閣を揺さぶり、全体主義の風潮に拍車をかけることになる。

天皇機関説問題

昭和十年二月十八日の貴族院本会議。陸軍予備中将の男爵議員、菊池武夫の演説が波紋を呼んだ。

「憲法上、統治の主体が国家にあると云ふことを断然公言するやうなる学者著者と云ふものが、一体司法上から許さるべきものでございませうか、是は緩漫なる謀反になり、明かなる反逆になるのです」(47)

菊池が「反逆」と批判したのは、東京帝国大学名誉教授の貴族院勅選議員、美濃部達吉が主唱する「天皇機関説」だ。(48) 統治権の主体は国家にあり、天皇は国家の最高機関であるとする美濃部の学説に対し、菊池は「天皇を機関とは何事か」「わが国体を破壊するもの」などと噛みついた。

政府側は、「斯かる点は学者の議論に委して置くことが相当」(49) と答弁して深入りしなかったが、問題はそれでおさまらなかった。政権がとれずに政府批判を強める議会第一党の政友会などが、倒閣に向けて走り出したからだ。

以後、天皇機関説は国体に反すると主張する野党議員は、厳格に処分しようとしない岡田啓介内閣を責め立て、議会に機関説排撃の嵐が吹き荒れた。岡田の回顧録によれば、こんな

不毛な質疑が何度も繰り返されたという

議員「総理は日本の国体をどう考えているのか」

岡田「憲法第一条に明らかであります」

議員「では憲法第一条はなんと書いてあるか」

岡田「それは第一条に書いてあるとおりであります」(50)

立憲君主の立場を重んじる昭和天皇は、美濃部の学説を支持していた。岡田に「天皇は国家の最高機関である。機関説でいいではないか」と漏らし(51)、岡田も穏便におさめようと努力したが、排撃の声は強まる一方だ。

政府は八月三日、機関説を「我が国体の本義を愆《あやま》るもの」とする声明(第一次国体明徴声明)を発表、事態の収束をはかったが、議会の追及はやまず、十月十五日に「厳に之を芟除《さんじょ》せざるべからず」との声明(第二次国体明徴声明)を出して排除した(52)。この間、美濃部は不敬罪で告発され、貴族院議員の辞職に追い込まれている。

そもそも美濃部の天皇機関説は、明治四十五年刊行の著書『憲法講話』に書かれたものだ。それから二十年以上もたって排撃するファッショの高まりを、昭和天皇は深く嘆いたことだろう。

同年四月、侍従長にこう漏らした。

「美濃部のことをかれこれ言ふけれども、美濃部は決して不忠な者ではないと自分は思ふ。

今日、美濃部ほどの人が一体何人日本にをるか。あゝいふ学者を葬ることは頗る惜しいもんだ[53]」

天皇機関説はなぜ、これほど排撃されたのか。東京日日新聞の主筆を務めた阿部真之助が、当時の雑誌記事にこう書いている。

「政友会がこの問題を取り上げたのは、国体精神の明澄《ママ》ならざるを憂へたといふよりは、恰かも問題となつたのを好期として、倒閣の道具に使つたものと、一般に信ぜられてゐる」

「それは政権に目が眩《くら》んだ政党の自殺行為であった[54]」

統治権の主体は国家にあり、天皇は国家の最高機関であるとする天皇機関説は、天皇の行政権を輔弼する閣僚と、天皇の立法権に協賛（同意）する議会の役割を重視する。一方、統治権の主体を天皇とし、機関説を批判する天皇主体説は、天皇大権を唯一、絶対、無制限の権力とし、閣僚と議会の役割を軽視する[55]。議会での機関説排撃は、まさに「政党の自殺行為」だったといえよう。

議会だけではない。一般社会も心中を強いられた。機関説を主唱した美濃部の著書が発禁処分となり、美濃部が貴族院議員の椅子を追われたことで、言論の自由をおびやかす風潮が一気に強まるのだ。

先の見えない政友会の一部幹部は、攻撃の矛先を昭和天皇の側近たちにも向けた。十年六月、政友会の派閥の領袖、久原房之助が新聞にこう語っている。

「重臣ブロックの指導精神は連盟脱退、軍縮問題の実例に見ても判るやうに今や清算すべき時に直面して居る、それは欧米追従主義で御都合主義、穏健主義だ」「この際政友会は殊更に更正などをする必要はない、更正しなければならぬのは重臣ブロックだ、政友会は伝統の積極政策で一路邁進するのみだ(56)」

久原らは、昭和天皇が平和主義であるのは側近たちがブロックして「真実」を伝えないからだと喧伝した。まずやり玉に挙げたのは、美濃部と同じく天皇機関説を唱えた枢密院議長(前宮内大臣)の一木喜徳郎である。陸海軍の一部も一木を批判したため、体調を崩していた一木は元老の西園寺公望らに、辞職したいと訴えるようになった(57)。

昭和天皇は嘆息した。

三月十一日《(昭和天皇は侍従武官長に)一木には非難すべき点のない旨を仰せになり、その根拠として同人の宮内大臣時代の事例を挙げられる(58)》

七月九日《侍従武官長をお召しになり、天皇機関説を明確な理由なく悪いとする時には必ず一木等にまで波及する嫌いがある故、陸軍等において声明をなす場合には、余程研究した上で注意した用語によるべきとのお考えを述べられる(59)》

昭和天皇は先の大戦後、側近らにこうも述べている。

「重臣『ブロック』とか宮中の陰謀とか云ふ、いやな言葉や、これを真に受けて恨を含む一種の空気が、かもし出された事は、後々迄大きな災を残した。かの二・二六事件もこの影響を受けた点が少くないのである」[60]

そのころ警視庁では、機関説排撃の真の狙いは一木と内大臣の牧野伸顕を排除することだとみて、警戒を強めていた。[61]牧野は、自身への批判が昭和天皇に累を及ぼさないかと、苦悩したことだろう。六月十八日に元老西園寺公望の別邸を訪れ、宮内省在職十五年に及ぶこと、健康にも不安があることを理由に加えて辞意を示唆した。[62]西園寺は取り合おうとしなかったが、牧野の辞意は固かったようだ。

政府の二度にわたる国体明徴声明で天皇機関説問題が一段落した十一月二十日、牧野は内大臣府秘書官長の木戸幸一に、正式に辞意を伝えた。同じ頃、一木も辞職したいと訴えており、困惑した木戸が西園寺に相談したところ、こんな答えが返ってきた。

「事情はよく判ったが、実は自分ももうやがて八十八で、最近は朝云ったことを午後は忘れると云ふ様な次第で、（中略）そう云ふ話なら先づ私を御免蒙《こうむ》らして貰いたいものだ」[63]

もちろん、三人一緒に辞めるわけにはいかない。西園寺は「誠に御同情に堪へないがお互に死ぬ迄やらうじゃないか」と木戸に言づてたが、結局、牧野だけは十二月二十六日、病気を理由に辞職した。

その日、内大臣更迭の上奏を裁可した直後、昭和天皇は「お声を上げてお泣き遊ばした」と、侍従の入江相政《すけまさ》が日記に書いている。[64]

ファッショが進む苦難の時代、皇室の藩屏として、命を狙われるほど尽くしてくれたことへの感謝と、最も頼りにしていた相談相手を失うことへの寂寞とが、一気に押し寄せてきたのだろう。

後任の内大臣は、海軍重鎮の前首相、斎藤実だ。しかし、その斎藤も、就任わずか二カ月で非業の死を遂げることになる。

永田鉄山惨殺事件

天皇機関説問題で議会、政府、宮中が揺れた昭和十年、陸軍も、かつてない混乱をきたしていた。いわゆる皇道派と統制派の派閥争いが、激化したのである。
陸軍内に派閥があり、対立していると昭和天皇が耳にしたのは、九年三月である。
三月二日《侍従武官長本庄繁をお召しになり、昨日外務大臣に賜謁の折、御下問に対し、軍部内部の派閥間の対立と意見の相違のために困難を生じていると奉答があったとして、かかる事実の有無について御下問になる(65)》
大正期までの陸軍は、元老の山県有朋ら長州閥がにらみを利かし、政府に悪影響を及ぼすような派閥争いはほとんどなかった。(66)昭和に入ると長州閥は後退し、陸相だった宇垣一成の統制力が強まるが、昭和六年の三月事件で宇垣は中堅将校、青年将校らの反感を買うようになる。(67)

かわって青年将校らの信望を集めたのは、犬養毅内閣で陸相となった荒木貞夫だ。日本軍隊の正式用語を「国軍」から「皇軍」に改称した精神主義者の荒木は、陸相となるや親友の真崎甚三郎を参謀次長に起用するなど、陸軍要職を自派で固めて一大勢力を築いた。いわゆる皇道派である。

荒木は、青年将校らの人心掌握が巧みだった。上官に対する無礼な振る舞いも「元気がいいのう」の一言で許し、過激思想を抱く急進派から絶大な人気を集めた。半面、下剋上的な風潮を助長したともされる。

一方、荒木ら皇道派の勢力拡大に危機感を抱いたのは、陸軍随一の英才といわれた永田鉄山を中心とするグループ、いわゆる統制派だ。軍の組織力、統制力で国家改造を進めようとする永田らは、青年将校らの政治運動を抑えようとした。(68)

九年一月に荒木が陸相を辞任し、前朝鮮軍司令官の林銑十郎が後任になると、やがて陸軍内の勢力図は一変する。昭和天皇が侍従武官長の本庄に、派閥についてただしたのもこの頃だ。

当時、昭和天皇が軍紀の厳正を再三指示したことはすでに書いた。林はそれを重く受け止めたのだろう。永田を軍務局長に昇格させて重用し、皇道派の締め出しにかかった。

だが、林と永田による急激な人事刷新は青年将校らの反感を買い、さらなる対立を生んでしまう。

林は十年七月、教育総監を務める皇道派の重鎮、真崎の更迭を断行し、皇道派一掃の総仕上げとした。その際、昭和天皇は本庄に言った。

「この人事が、陸軍の統制に波紋を起こすようなことはないか」[69]

昭和天皇の懸念は、一カ月後に現実のものとなる。

昭和十年八月十二日は、格別に暑い日だったという。

午前九時四十五分、陸軍省内の執務室で東京憲兵隊長と面談していた軍務局長の永田鉄山は、無言で入室してきた男の存在に、最初は気付かなかった。殺気を感じて振り向いたとき、男は、すでに軍刀を抜いていた。とっさに立ち上がり、逃げようとした永田の背中に白刃一閃《はくじんいっせん》、軍刀は振り下ろされた。男は、なおも逃げようとする永田の背中に軍刀を突き刺し、側頭部を叩き斬った。制止しようとした東京憲兵隊長も振り払い、左腕に重傷を負わせた。[70]

男の名は相沢三郎、陸軍歩兵中佐である。犯行当時は四十五歳、長身屈強、剣道四段の達人で、「純情朴直にして尊皇の念厚きものがあったがやや単純の嫌」いがあったとされる。[71]歩兵第四一連隊に所属していたが、同月の人事異動で台湾転勤を命じられ、その直前に凶行に及んだ。

相沢は、皇道派にシンパシーを抱いていた。敬愛する教育総監の真崎甚三郎が更迭されたことに憤慨し、統制派の領袖である永田を斬れば、陸軍は「正道」に戻ると信じていた。自身の行為が重大犯罪とは思わず、憲兵隊に拘束後、今後どうするつもりかと聞かれて「さあ（台湾の）任地へ行くべきだろう」と答え、正気を疑われている。[72]

一方、斬られた永田はどうなったか。騒ぎを聞いて軍務局長室に駆け込んだ同局政策班長の池田純久が見たのは、凄惨な血の海だった。

「局長は鮮血に染つて、片肘をついて絨毯《じゆうたん》の上に倒れている。まだ息はあるようだ。でも頭は、ざくろのように割れて、そこからドクドクと血が迸《ほとばし》り出ている。（中略）暫くして最後の息を大きく吸つて、ガックリと首を垂れてしまつた(73)」

統制派を主導し、皇道派の暴発を抑えようとした永田は、尉官時代から「将来の陸相」といわれていた。陸軍士官学校と陸軍大学校を抜群の成績で卒業。陸軍省軍事課長、参謀本部第二部長、歩兵第一旅団長などの要職を歴任し、一糸乱れぬ軍の統制力により、憲法の枠内での国家改造を遂げようとしていた。

「永田の前に永田なく、永田の後に永田なし」といわれた、陸軍随一の英才の死――。白昼の惨劇により陸軍は「バラバラになつて目茶苦茶になつた」と、同じ統制派の池田が述懐する(74)。

永田の死後、統制派の中心となったのは一年後輩の東条英機、日米開戦時の首相だ。池田は言う。

「頭脳の上では東条大将も仲々切れていたが、永田中将のそれには到底及ばない。（中略）永田中将が存命だつたら日本歴史の歯車は逆転していたであろう(75)」

溥儀の来日

天皇機関説問題や永田鉄山斬殺事件で、ファッショの高まりが鮮明になった昭和十年だが、国民の万歳が響きわたるニュースもあった。

満洲国の皇帝、溥儀が来日したのだ。

四月六日《満洲国皇帝溥儀は御召艦比叡にて横浜港に御入港になり、雍仁親王の出迎えを受けられ御上陸、御入京になる。天皇はお出迎えのため、午前十一時十分御出門、東京駅に行幸される。（中略）十一時三十分、御召列車御到着、天皇は挙手の御敬礼にて皇帝を出迎えられ、雍仁親王の紹介にて御対面になり、握手をされる[76]》

一九三二（昭和七）年三月に建国した満洲国は二年後に帝政を敷き、執政の溥儀が皇帝に即位した。その際、日満親善のため雍仁親王が渡満し、昭和天皇の祝意を伝えた。溥儀の来日は、その答礼である。

日本側は、溥儀を最大級の国賓として、官民挙げて奉迎した。入京の日、東京駅には正装の皇族、閣僚、軍幹部らが整列して出迎え、宿舎にあてられた赤坂離宮までの沿道は、日章旗と満洲国旗を打ち振る四万五千人の群衆で埋め尽くされた[77]。

翌日の読売新聞が書く。

「かくばかり栄光の、かくばかり感激の日が世にあらうか！　三千年の皇統を戴《いただ》くわが九千万同胞と清朝三百年の歴史を嗣ぐ五協三千万国民とがひとしくたからかに『万歳』を叫び『万歳《ワンソイ》』を唱へて、いや固き日満親善の手と手を握りしめた日、（中略）皇紀の青史を飾る忘れ難きこの日よ！」

昭和天皇は、真心をこめて溥儀に接した。夜には歓迎の晩餐会を開き、こうあいさつした。

「陛下　朕ハ新ニ興レル隣邦ノ元首タル陛下ノ御来訪ヲ受ケ　衷心愉悦ノ情ヲ禁スル能ハス　茲ニ深ク歓迎ノ意ヲ表シマス」(78)

続いて溥儀が答辞を述べる。

「両陛下ニハ特ニ朕ノ為ニ宴ヲ設ケラル　慇懃《いんぎん》ナル友愛ノ至情　洵ニ感謝ノ至ニ勝ヘス」(79)

会食後は皇居の正殿で舞楽が催され、翌日の東京日日新聞によれば「畏《かしこ》くも天皇陛下にはには曲目を御手に御隣席の皇帝陛下に時折御説明遊ばされ皇帝陛下にはいと御熱心に御覧、日本の崇高なる芸術に御感慨一入であらせられた」。

溥儀は滞日中、明治神宮を参拝したり、歌舞伎座で十八番の演目「勧進帳」を観劇したりした。この間、帝都の市民はこぞって歓迎、各地で奉迎行事が開かれ、花電車が走り回った。(80)

最大のイベントは、四月九日に挙行された陸軍観兵式だ。しかし、ここで昭和天皇を悩ます問題が起きる。いわゆる軍旗敬礼問題である。

帝国軍人にとって絶対の存在である軍旗は、天皇の分身とされ、その下で軍人は死地にも赴く。軍旗は、天皇の前では水平に傾けられ、敬礼するが、天皇以外にはたとえ皇族であっても敬礼しない。軍旗の方が上位だからだ。

この慣例が、溥儀の来日にあたり問題となった。観兵式の際、溥儀に軍旗を傾けたくないと、陸軍が強硬に主張したのだ。昭和天皇は、驚くよりも呆れたのではないか。そもそも溥儀を担ぎ出して満洲国の元首としたのは、陸軍である。当初は反対だった政府も、陸軍におされて満洲国を承認した。今や政府も宮中も、溥儀を対等の国家元首として迎えようとしているのに、陸軍の対応は国際儀礼上、非礼といえよう。

溥儀の来日前、昭和天皇は侍従武官長に言った。

「朕は、一兵卒に対しても答礼を為すに、（中略）軍旗は朕より尊きか」[81]

侍従武官長は恐懼しつつ、「国軍の忠勇は実に崇厳なる軍旗に負ふ所多し、従て軍旗に対する信仰を、幾分にても減ずるが如き事は御許し願ひたし」と深く頭を下げた[82]。

四月九日、代々木練兵場で挙行された陸軍観兵式は、荘厳そのものだった。近衛師団一万二千の精鋭は、昭和天皇と同列で閲兵する溥儀に特別丁重な敬礼をささげた。

だが、軍旗が傾くことはなかった。

もっとも、内情を知らない溥儀は観兵式に大満足だったようだ。昭和天皇の真心のこもった応接も、溥儀の自尊心をくすぐったことだろう。

皇太后（貞明皇后）も、溥儀を温かく迎えた。赤坂離宮の茶室でもてなし、日本庭園を親しく案内した。別れ際、皇太后は「毎日、日が没するのを見るたびに陛下のことを考えます」といい、溥儀は「朝日の昇るのを見るたびに東天を思い、両陛下および皇太后陛下を思い出すでしょう」と応じたという。(83)

溥儀を送迎した雍仁親王を含め、皇室全体で国際儀礼を尽くした様子がうかがえる。

二十四日に離日した溥儀は、のちにこう書いている。

「日本皇室のこのもてなしによって私はますます熱にうかされ、皇帝になってからは空気さえ変ったように感じた。私の頭には一つの論理が出現した。天皇と私とは平等だ、天皇の日本における地位は、私の満州国における地位と同じだ、日本人は私にたいして、天皇にたいするのと同じようにすべきだ……」(84)

残念ながら溥儀は、絶対権力ではなく最高権威として君臨する天皇の地位を、少し勘違いしていたようだ。この勘違いがやがて溥儀を苦しめることになる。

陽光と暗雲

昭和十年の晩秋、全国の町や村に、再び国民の万歳が響いた。

十一月二十八日《午前五時、（昭和天皇は）侍従牧野貞亮より皇后が産殿に入られた旨の奏上を受けられ、直ちに御起床になる。七時五十七分、親王が誕生し、即刻、侍従小出英経より報告を受けられる。（中略）九時、親王と御対面になる[85]》

この日は終日曇天だったが、親王がお生まれになった一瞬だけ、雲の切れ間から皇居に陽が差した。「不思議に思はれた」と、侍従の入江相政が日記に書いている。[86]

皇太子（上皇さま）につぐ皇位継承資格者のご誕生だ。母子ともに健康で、昭和天皇の喜びも一入だっただろう。皇族や首相、重臣、側近らも続々と参内し、シャンパンで乾杯して「大騒ぎ」となった。[87]十二月四日、昭和天皇は親王を正仁《まさひと》と名付け、義宮《よしのみや》の称号をおくった。のちの常陸宮《ひたちのみや》さまである。

皇太子も順調に成長されていた。

十二月二十三日《皇太子誕辰（満二歳の誕生日）につき、（中略）御学問所において内宴を催され、皇太子・成子内親王・和子内親王・厚子内親王と御会食になり、宮内大臣湯浅倉平以下の側近高等官四十二名に御陪食を仰せ付けられる[88]》

年が明けてからも、宮中では穏やかな日が続いていた。

十一年一月四日《午後、この年初めて生物学御研究所にお出ましになる。以後、主に土曜日と月曜日に同所にしばしばお出ましになり、研究をされる[89]》

一月十八日《午後、この年初めて呉竹寮にお出ましになり、成子内親王・和子内親王と御一緒に過ごされる。以後、土曜日または日曜日に呉竹寮に度々お出ましになる[90]》

二月五日《午後、天皇は、（前日から雪が降り積もった）内庭において、侍従・侍従武官等を御相手にスキーをされる。以後、連日スキーをされ、九日には、参内の成子内親王・和子内親王のソリ遊びを御覧になりながらスキーをされる》[91]

だが、昭和天皇は知らなかった。そのころ、皇道派と統制派の派閥争いに揺れる陸軍で、一部の青年将校らが秘密裏に会合を重ねていたことを――。永田鉄山斬殺事件に刺激を受けた彼らは、日本の歴史を変えるような大謀略を練っていたのだ。

この年、昭和十一年の冬、帝都はたびたび大雪に見舞われた。とくに二月二十三日未明からは吹雪となり、記録的な積雪をもたらした。

一面の空を覆う暗雲――。帝都は、二月二十六日の朝を迎えようとしていた。

註

（1）藤樫準二『千代田城』より。昭和天皇は結婚と同時に女官制度を改革し、側室役を務めることもあった典侍や掌侍などの女官をなくしたが、戦前に皇室担当記者だった藤樫によれば、香淳皇后が皇男子に恵まれなかった頃、「（元宮内大臣の田中光顕が）しかるべき側女を推薦して〝親王〟の御降誕をはかるべきであると、側近幹部に対し再三進言してきたという噂もとんでいた」という

（2）『牧野伸顕日記』より

（3）『実録』二〇巻、『牧野伸顕日記』より

（4）『木戸幸一日記』上巻二九四頁から引用

（5）『実録』二〇巻一五七頁から引用

（6）『昭和天皇と私』、『人間 昭和天皇』上巻より

（7）『実録』二〇巻一五七〜一五八頁から引用

（8）当時の新聞社の様子は『千代田城』より

（9）『千代田城』三四頁から引用

（10）皇太子のご誕生を新しい時代の幕開けと感じる風潮は、当時の文化人にもみられ、日露戦争時の「君死にたまふことなかれ」で知られる歌人の与謝野晶子も二十四日の読売新聞に「新しき　光さし出づ　あなかしこ　東方の主を　おん父として」の奉祝歌を寄せた

（11）いずれも昭和八年十二月二十四日の東京朝日新聞に掲載された広告から引用

（12）『実録』二〇巻一六二頁から引用

（13）『実録』二〇巻一六三頁から引用

（14）『実録』二一巻二頁から引用

（15）高松宮宣仁親王『高松宮日記』二巻一九六頁から引用

（16）『側近日誌』四一〜四二頁から引用

（17）『昭和天皇伝』、『人間 昭和天皇』上巻より。宮中には同居を可とする意見もあり、侍従長の鈴木貫太郎はのちに「（昭和天皇の）御願望を達成させてあげたいと努力したが、どうしても駄目だった。貞明皇后と西園寺が旧慣をガンとして割らなかったからだ」と語っている

（18）満洲事変時の関東軍司令官だった本庄繁は昭和八年四月、定年で退任する奈良武次にかわり、侍従武官長となった。昭和天皇はその際、満洲事変の功績を武官長就任の理由とすることに同意しなかった

（19）、（20）、（21）『実録』二一巻、『本庄日記』より

（22）『実録』二一巻四二頁から引用

（23）昭和天皇は八年三月、国際連盟脱退の詔書を

出す際にも、文官と武官を同列に督励することを強く意識していた
(24)『西園寺公と政局』二巻より
(25)『三代宰相列伝　高橋是清』一九三頁から引用。なお、『西園寺公と政局』では、鈴木が高橋を訪ねたのは七年十二月中旬としている
(26)『西園寺公と政局』三巻五二頁から引用
(27)帝人事件の経緯は、前島省三「帝人事件とその後景」（立命館大学法学会編『立命館法学』昭和三十年一二号所収）、松浦正孝「『帝人事件』考」（日本政治学会編『現代日本政官関係の形成過程』所収）、有竹修二「番町会と帝人事件」（昭和四十年の別冊中央公論「経営問題」所収）より。なお、時事新報社長の殺害と主任検事の病死は、帝人事件とは無関係とされる
(28)『実録』二二巻より
(29)『実録』二二巻一〇四頁から引用
(30)『実録』二二巻一四三頁から引用。文中の「農林一号」や「信州早生」などは稲の品種
(31)、(32)『陛下の〝人間〟宣言』より
(33)山川均「東北飢餓農村を見る」（『改造』昭和九年十二月号所収）から引用
(34)岡田貞寛編『岡田啓介回顧録』より
(35)中曽根康弘「聖駕を迎へ奉りて」（群馬県立高崎中学校内校友会発行『群馬』所収）から引用
(36)『実録』二一巻より
(37)『実録』二一巻一〇頁から引用。呉竹寮は成子内親王が学齢期に達した際、皇居敷地内の旧本丸跡地に新築された修学所。内親王は七年春以降、呉竹寮に移り、昭和天皇と香淳皇后の膝元から離れて暮らした
(38)、(39)、(40)、(41)『実録』二一巻一一二、一一七、四七～四八、八六頁から引用
(42)ナチスの前身は一九一九年設立のドイツ労働者党で、二〇年にナチスと改称、二一年にヒトラーが指導者（フューラー）となった
(43)山口定『ファシズム』より
(44)ナチスの弾圧におびえて反対運動ができなかったという側面もある
(45)『実録』二一巻一一八頁から引用
(46)絶対的な指導者が独裁体制を築いた独伊と、一年前後で内閣がめまぐるしく変わる日本とでは、ファシズムを同列に論じられないとする指摘もある
(47)、(49)昭和十年二月十九日の官報号外「第六十七回帝国議会　貴族院議事録速記録第十号」（国立国会図書館所蔵）から引用。原文はカタカナ表記

(48) 天皇機関説は、前宮内大臣で枢密院議長の一木喜徳郎らも提唱しており、当時の通説だった。一方、陸軍はもともと機関説を批判しており、議会での追及が青年将校らを刺激して排撃の声が一段と強まった
(50)、(51)『岡田啓介回顧録』より
(52)『実録』二二巻より。原文はカタカナ表記
(53)『西園寺公と政局』四巻二三八頁から引用
(54) 阿部真之助「美濃部問題と岡田内閣」(『改造』昭和十年五月号所収)から引用
(55) 富永健「天皇機関説と国体論」(関西憲法研究会発行『憲法論叢』平成十七年一二号所収)より
(56) 官田光史「国体明徴運動と政友会」(日本歴史学会編『日本歴史』平成十六年五月号所収)から引用
(57)『西園寺公と政局』四巻より
(58)、(59)『実録』二二巻二八、七七頁から引用
(60)『昭和天皇独白録』二八頁から引用
(61)『西園寺公と政局』四巻より
(62)『牧野伸顕日記』より
(63)『木戸幸一日記』上巻四四四頁から引用
(64) 朝日新聞社編『入江相政日記』一巻三五頁から引用
(65)『実録』二一巻三四頁から引用
(66) 大正期の陸軍にも上原勇作元帥を中心とする薩摩閥、宇都宮太郎大将を中心とする佐賀閥などがあったが、山県有朋の存命中は長州閥に対抗できなかった
(67) 三月事件の首謀者らは当時陸相の宇垣を首班とする軍事政権樹立を目指したが、直前で宇垣が中止を命令し、中堅将校らの信望を失った
(68) 皇道派と統制派については、池田純久「統制派と皇道派」(『文藝春秋』昭和三十一年十一月特別号所収)、『軍ファシズム運動史』より
(69)『本庄日記』より
(70) 永田鉄山刊行会編『秘録 永田鉄山』より
(71)『軍ファシズム運動史』より
(72)『秘録 永田鉄山』より
(73)、(74)、(75)「統制派と皇道派」から引用。事件当時、永田も東条も少将だったが、永田は殉職で中将に特進、東条は首相就任の際に大将となった
(76)『実録』二二巻三八頁から引用
(77) 昭和十年四月七日の東京朝日新聞より
(78)、(79)『実録』二二巻三九頁から引用。原文はスペースなし
(80) 四月八日の東京日日新聞、読売新聞より

(81)、(82)『本庄日記』二〇二頁から引用
(83)『人間 昭和天皇』上巻より
(84)『わが半生』下巻六四頁から引用
(85)『実録』二二巻一五四頁から引用
(86)『入江相政日記』一巻三三頁から引用
(87)同巻より
(88)、(89)、(90)、(91)『実録』二二巻一六七～一六八、二三巻三、同巻九、同巻一六頁から引用

第七章——二・二六事件

雪の日の惨劇

その日、昭和十一年二月二十六日、帝都に積もった雪は、無数の軍靴に踏み砕かれた。

二・二六事件――。昭和維新断行を求める陸軍の青年将校らが、彼らのいう「君側の奸」を誅殺《ちゅうさつ》するため、決起したのだ。

夜明け前、二十人余の青年将校に率いられた歩兵第一連隊第一一中隊、機関銃隊、歩兵第三連隊第一、第三、第六、第七、第一〇中隊、近衛歩兵第三連隊第七中隊の下士官兵千四百人余が、雪明かりの中を整然と行進する。[1] 各隊はそれぞれの目的地にわかれ、午前五時を期して一斉に行動を開始した。[2]

【岡田啓介首相官邸】

永田町の首相官邸を包囲したのは、栗原安秀中尉が指揮する歩兵第一連隊の二百九十一人だ。完全武装の下士官兵は通用門、非常門、裏門の三方から敷地内に侵入。警備の巡査詰所を制圧すると、一部が官邸の日本間入り口を破壊して中に入り込んだ。

一方、異変に気付いた首相私設秘書、松尾伝蔵の行動も素早かった。陸軍予備役大佐でもある松尾は官邸内を走り回って各部屋の電灯を消し、首相の岡田を浴場にかくまった。官邸内にいた護衛の警官四人も拳銃を抜き、応戦態勢をとった。

暗闇の中を、侵入した兵士が手探りで進んでくる。警官が発砲し、兵士は機関銃を乱射、激しい銃撃戦となり、大広間のシャンデリアが砕け散った。

だが、多勢に無勢だ。警官は一人倒れ、また一人倒れる。浴場にひそむ岡田も、間もなく発見されてしまうだろう。

松尾は、岡田と風貌がよく似ている。兵士の足音が近づく中で、自身の使命と運命とを、悟ったのかもしれない。松尾は浴場をはなれ、中庭に出た。

「誰かいるぞ！」。兵士が叫ぶ。

「撃て！」と将校の声。未明の雪空に、銃声が散った。

襲撃の指揮をとる栗原は、松尾の遺体を寝室に運ばせ、官邸内にあった岡田の写真と見比べて言った。

「首相だ。間違いない」

集まってきた兵士らも、口々に「これだ、これだ」と歓声を上げる。その声は、浴場に隠れていた岡田の耳にも届いた。

【斎藤実内大臣私邸】

首相官邸から直線距離でほぼ二キロ、赤坂離宮の西隣にある斎藤の私邸は、坂井直《なおし》中尉に率いられた歩兵第三連隊の下士兵ら二百十人によって襲撃された。午前五時、突撃隊が正門から侵入。一部は敷地内の巡査詰所にいた護衛警官らに銃剣を突きつけ、一部は私邸の雨戸を壊して中に入り込んだ。

数人の将兵が二階に駆け上がり、寝室のふすまを押し開ける。中には斎藤の妻、春子がおり、両手をひろげて立ちふさがった。

「待ってください！　待ってください！」

だが、将兵は待たなかった。部屋の奥から斎藤が近づいてくるのを見ると、「国賊！」と叫んで発砲。斎藤は一言も発せず、よろけるように倒れた。

その身体に、春子が覆いかぶさった。

「殺すなら私を殺してください！」

目標は斎藤ただ一人だ。将兵は、春子の下から拳銃をさしこみ、たてつづけに発砲、軽機関銃も浴びせて斎藤を蜂の巣にした。

「私も殺してください！」

春子の絶叫が邸内に響いた。

【鈴木貫太郎侍従長官邸】

雪明かりの中、安藤輝三大尉が指揮する歩兵第三連隊二百四人が侍従長官邸を包囲し、表門と裏門から侵入する。電灯の消えた官邸内は真っ暗で、兵士らは銃剣をかまえながら、鈴木の姿を捜し求めた。

やがて、一階の十畳間に鈴木の妻、孝《たか》がいるのを下士官が見つけ、その奥の八畳間にいた鈴木を十数人が取り囲んだ。

侍従長発見の連絡を受けて安藤が駆けつけたとき、鈴木は胸部などに四発の銃弾を受け、倒れていた。安藤は、そばにいた孝に両膝をついて頭を下げた。

「われわれは鈴木閣下と信念を異にするため、やむを得ず今回の行動に出ましたが、鈴木閣下の犠牲が国家永久安泰の礎石となられるよう祈ります」

そして軍刀を抜き、まだ息のある鈴木の首にあてて「とどめをさせていただきます」と言うと、孝が口を開いた。

「もうこれ以上のことは、しなくてもよろしいでしょう」

毅然とした言葉に、安藤は軍刀を鞘におさめた。

孝は、昭和天皇の保母を務めたほどの人物だ。「その態度は驚くほど冷静であった」と、襲撃に加わった兵士がのちに書き残している。部隊が官邸から立ち去ると、孝は直ちに止血措置をとり、鈴木は一命を取り留めた。

【高橋是清蔵相私邸】

帝都の雪はなおも降り続き、しんと静まる東京・赤坂表町――。その静寂を、近衛歩兵第三連隊の下士官兵百三十七人が破る。中橋基明中尉を先頭に、突撃隊二十人余が蔵相私邸の内玄関を破壊、屋内になだれ込んだ。

高橋は、二階の寝室にいた。それまでの人生を何度も転んでは起き上がり、日本経済も起き上がらせてきた「ダルマ」の高橋だが、このときは、階下に殺気だった将兵の声が響いても、布団から起き上がろうとしなかった。

中橋ら将兵が寝室に入り込んできたとき、高橋は、薄目を開けて仰向けに寝ていた。中橋が「天誅《てんちゅう》！」と叫び、布団をはねのけたが、高橋は寝たままである。その腹部に向けて数発の銃弾が撃ち込まれ、軍刀が振り下ろされた。

のちに中橋は、軍法会議でこう語っている。

「高橋蔵相は遂に即死しましたが私が初め天誅と叫んでも高橋蔵相は布団の中で従容《しょうよう》として薄く目を開き黙つて居りました(3)」

【渡辺錠太郎教育総監私邸】

それからおよそ一時間後、東京・杉並の陸軍教育総監私邸に、歩兵第三連隊の将兵約三十人が軍用トラックで乗りつけ、包囲態勢をとった。

すでに夜は明けている。指揮をとる安田優《ゆたか》少尉を先頭に数人が敷地内に入り、玄関を破壊しようとしたところ、中から拳銃の発砲を受けて三人が負傷した。

現役将官の渡辺は、射撃の名手でもある。従容として死を迎えた高橋とは異なり、果敢に応戦した。

安田らは玄関からの侵入をあきらめ、裏口に回って屋内に入り込んだ。すると、ある部屋のふすまの前で渡辺の妻、鈴子が立ちふさがり、「それが日本の軍隊のやり方ですか」と大声をだした。

「閣下の軍隊ではありません。陛下の軍隊です」

そう言って安田は鈴子を押しのけ、ふすまを開けた。はたしてそこに、渡辺はいた。

途端に無数の銃声が響く。渡辺は布団をたてに伏射し、安田らは軽機関銃を乱射した。多勢に無勢だ。やがて動かなくなった渡辺に、将校の一人がとどめの軍刀を斬り込んだ。

その一部始終を、渡辺の晩年にできた九歳の娘、和子が見ていた。のちにこう書いている。

「父の死は、誠に潔いものでした。今思えば、父をたった一人で死なせることなく、その最期を見とることが出来て私は幸せでした(4)」

和子は成人後にシスターとなり、ノートルダム清心学園の理事長を務めた。

【牧野伸顕前内大臣宿所】

昭和天皇の信任が厚い牧野はこの日、神奈川県湯河原町の旅館「伊藤屋」別館に投宿していた。だが、その門前は河野寿《ひさし》大尉率いる八人の襲撃班によって、ひそかに監視されていた。

暗がりの中、河野がマッチをすって腕時計を確認する。午前五時、行動開始だ。襲撃班は勝手口に走り、引き戸を叩いた。

「電報、電報」

護衛の警官が細目に引き戸を開け、慌てて閉めようとしたが、河野は強引に押し入り、拳銃を突きつけた。

「牧野の寝室に案内せよ」

やむなく警官は、奥の方へとゆっくり歩き出す。その後ろを、拳銃や軽機関銃を構えた河野らが追う。狭い廊下は軍靴で軋み、不気味な音をたてた。

突き当たりを曲がったときだ。警官がいきなり振り向いた。その手に拳銃が握られ、鋭い発射音が一発、二発——。河野も反射的に発砲、警官を倒したものの、自身を含め二人が重傷を負った。

失敗だ。河野は襲撃班に抱きかかえられて屋外に出ると、寝室のあたりに向けて機関銃を乱射し、火を放った。牧野が逃れ出てきたところを、射殺しようとしたのだ。

やがて女中らの一群が庭に出て、裏山へと逃れようとした。その中に、女物の羽織を頭からかぶった者がいた。襲撃班のひとりが「待て」と叫んで発砲する。弾はそれ、付き添いの看護婦の腕にあたった。

「女子供にけがをさせてはいかん」

河野は、唇をかんで発砲をおさえた。負傷した胸の痛みに耐えながら、その目は、女中らにまぎれて逃げる羽織を、むなしく追うしかなかった。(5)

その頃、帝都では野中四郎大尉が指揮する歩兵第三連隊の約四百五十人が警視庁を包囲していた。数挺の機関銃、十数挺の軽機関銃、数百挺の小銃で重装備された精鋭部隊だ。警視庁に応戦する力はなかった。このほか栗原安秀中尉ら一部将兵は独断で、当初の計画にはなかった東京朝日新聞社を襲撃。社員に拳銃を突きつけて退去させた上、二階の印刷工場に侵入して活字ケースを床にぶちまけた。

政府首脳や宮中側近らが襲撃され、雪の帝都を凍りつかせた二・二六事件――。斎藤実内大臣、高橋是清蔵相、渡辺錠太郎教育総監が死亡し、鈴木貫太郎侍従長が重傷を負った。日の出までに首相官邸、陸相官邸、警視庁などが決起部隊に占拠され、首都機能は完全にマヒした。(6)

昭和天皇が惨劇を知ったのは、同日午前六時二十分である。未曾有の非常事態に、昭和天皇は敢然と立ち向かう。

鎮圧の督促

二・二六事件の発生から四十五分後、二月二十六日午前五時四十五分、《当番侍従甘露寺受長は、当番高等官宮内事務官高橋敏雄より、侍従長官邸が軍隊に襲われ侍従長鈴木貫太郎が重傷を負った旨の連絡を、続いて、内大臣私邸が襲撃され内大臣斎藤実が即死した旨の連絡を受ける。六時頃、甘露寺は皇后宮女官長竹屋志計子を通じ、（昭和天皇に）御目覚めを願う旨を言上する。（中略）六時二十分、御起床になり、甘露寺より事件の報告を受けられる(7)》。

昭和天皇は危機に強い。御召自動車が狙撃された大正十二年の虎ノ門事件でも、儀仗行列に手榴弾を投擲された昭和七年の桜田門事件でも、ほとんど動じなかったことは既述の通りだ。

東京朝日新聞の記者だった高宮太平によれば、甘露寺から事件の報告を受けたとき、昭和天皇は静かに聞きながら、こんなやりとりを交わしたという。

「まだ他にも襲撃された者はないか」

「唯今の所ではこれ以上の情報はありませんが、他にも被害者があるかも知れませせぬ。何れ各方面に問合はせて、また奏上致します」

「さうしてくれ、自分はすぐ支度して、表の方に出るから」[8]

以後、昭和天皇は事件の早期解決に向け、迅速果敢に対応しようとする。

午前七時十分《侍従武官長本庄繁に謁を賜い、事件発生につき恐懼に堪えない旨の言上を受けられる。これに対し、事件の早期終息を以て禍を転じて福となすべき旨の御言葉を述べられる。（中略）以後、頻繁に武官長をお召しになり、事件の成り行きを御下問になり、事件鎮圧の督促を行われる》[9]

午前七時二十分《侍従次長広幡忠隆をお召しになる。以後、度々侍従次長をお召しになり、この日の侍従次長の拝謁は六回に及ぶ》[10]

午前十一時十三分《陸軍大臣川島義之に謁を賜い、事件の情況につき奏上を受けられる。（中略）事件発生につき恐懼に堪えない旨の言上を受けられ、これに対し速やかな鎮定を命じられる》[11]

決起した青年将校の心情はどうあれ、彼らのいう天皇の軍隊を、天皇の意思に反して勝手に動かし、天皇の股肱を殺害するようなことは決して許されない。昭和三年の張作霖爆殺事件以降、将校らの軍紀違反を厳正処分せず、あいまいにしてきたことが今回の事件を招いたともいえるだろう。昭和天皇はこのとき、断固たる姿勢でのぞむ決意でいたようだ。

一方、未曾有の非常事態に陸軍上層部は狼狽し、断固とした処置をとることができなかった。前年八月の永田鉄山斬殺事件で統帥派の求心力が低下しており、バラバラの状態だったのだ。

事件当日の朝、決起将校のリーダー格で元陸軍大尉の村中孝次ら三人が陸相の川島に面会を強要。「蹶起趣意書」を読み上げ、（一）決起の趣旨を天皇に奏上すること（二）決起の部隊を攻撃しないこと（三）統制派幹部らの即時逮捕もしくは罷免――などを迫った。

「君たちの要望は、自分としてやれる事もあれば、やれぬ事もある。勅許を得なければならぬ事は、自分には何とも言えぬ(12)」

そう言って川島は、村中らをなだめようとしたが、あいまいな対応により、かえって問題をこじらせたといえよう。のちの軍法会議で村中は(13)「陸相は私共の行動が悪いと云はれず私共の精神を認められた様でありました」と語っている。

午前八時半過ぎ、皇道派重鎮の前教育総監、真崎甚三郎が陸相官邸に姿をみせると、情勢は決起側に有利に傾きはじめる。

真崎は、決起将校らに言った。

「とうとうやったか、お前達の心はヨオックわかっとる、ヨオックわかっとる(14)」

以後、事態収拾に向けた陸軍の方針を、決起に同情的な皇道派系の意見がリードするようになる。午前十一時過ぎに参内した川島に、昭和天皇は速やかな鎮定を命じたが、優柔不断な川島は聖旨を徹底させることができなかった。

午後一時過ぎ、宮中で非公式の軍事参議官会議が開催。ここでも、鼻息が荒かったのは皇道派の陸軍長老だ。真崎と並ぶ重鎮、元陸相の荒木貞夫が言った。

「刻下の急務は一発の弾も撃たずに事をおさめることだ。一度あやまてば不測の戦闘が起こり、飛弾は宮城内にも落ちる」

午後三時二十分、川島は皇道派の意見におされ、のちに問題となる「陸軍大臣告示」を出す。この告示で、決起の趣旨を認めてしまうのだ。

決起部隊を「義軍」扱い

「内外真に重大危急、今にして国体破壊の不義不忠を誅戮《ちゅうりく》して、稜威《いつ》を遮《さえぎ》り御維新を阻止し来れる奸賊《かんぞく》を芟除するに非ずんば皇謨《こうぼ》を一空《いっくう》せん。（中略）茲に同憂同志機を一にして蹶起《けっき》し、奸賊を誅滅して大義を正し、国体の擁護開顕に肝脳を竭《つく》し、以て神州赤子の微衷《びちゅう》を献ぜんとす」[15]

二・二六事件で青年将校が掲げた、「蹶起趣意書」の一部だ。皇道派に影響を受けた青年将校は、「国体破壊」の具体例として統帥権干犯問題と天皇機関説問題を挙げ、そのいずれかに関わった政府首脳や宮中側近を「誅滅」し、陸軍中央から統制派を一掃して「御維新」を断行しようとした[16]。

これに対し、陸相の川島義之は二月二十六日午後、陸軍大臣告示を発出する。

「蹶起ノ趣旨ハ天聴ニ達シアリ　諸子ノ行動ハ国体顕現ノ至情ヨリ出タルモノト認ム　国体ノ真姿顕現ニ就テハ我々モ亦恐懼ニ堪ヘサルモノアリ……」(17)

ここに、政府首脳や宮中側近を襲撃し、護衛の警官を含め九人を殺害した反乱部隊は、表面的とはいえ「義軍」扱いされ、決起将校らは喝采した。陸軍の方針は、断固とした処置をのぞむ昭和天皇の意向から離れてしまったと言えるだろう。

一方、海軍出身の岡田啓介首相、斎藤実内大臣、鈴木貫太郎侍従長を襲撃された海軍軍令部は激昂した。同日午前、軍令部第一課長の福留繁が軍令部総長の伏見宮博恭《ひろやす》王に進言する。

「陸軍では同情的な態度で説得一本で処理する考えのようでありますが、この不祥事件は明らかに反乱でありまして、断固討伐の肚《はら》で臨むべきものと思います」(18)

当時、陸軍の首都集結兵力は三個師団だが、海軍は最大で三個師団半の兵力を動員できる。第一次上海事変などで市街戦の経験もあり、福留には、海軍だけでも決起部隊を鎮圧できる自信があった。

以後、昭和天皇の裁可を得て海軍横須賀鎮守府の先遣部隊が東京に急行、第一艦隊も東京湾に集結し、各艦の砲門を決起部隊に向けた。

一方、私設秘書の身代わりにより難を逃れ、決起部隊が占拠する官邸に隠れていた首相の岡田はどうなったか。

首相秘書官の迫水久常に、岡田の「遺体検分」の許可が下りたのは、二・二六事件の発生から四時間後、二月二十六日午前九時ごろである。

すでに迫水は、決起将校の一人から「国家のために首相のお命を頂戴いたしました」と告げられていた。岡田は迫水の岳父だ。無念と悲しみに打ちひしがれながら、同僚の福田耕秘書官とともに官邸に入った。

だが、寝室に安置されていた遺体の、頭までかぶせられていた布団を持ち上げたとき、迫水は息をのみ、福田と顔を見合わせた。私設秘書の松尾伝蔵の遺体だったからだ。

決起将校らは勘違いしている、首相は生きているかもしれない——。そう思った迫水は、わざとハンカチで目頭をおさえながら寝室を出ると、待ち構えていた将校に言った。

「(遺体は首相に)間違いありません」

将校をあざむいた迫水と福田だが、問題は首相がどこにいるか、無事かどうかだ。官邸内は決起部隊が占拠しており、探し回るわけにはいかない。そういえば使用人たちはどこへ行っただろうかと、迫水は将校に尋ねてみた。

「女中がいたはずですが、どうなっていますか」

「女中さんならあちらの部屋におります」

将校に案内された部屋に入ると、二人の女中が、異様に緊張した様子で座っていた。怖かったのだろう。迫水は、やさしく声をかけた。

「けがはなかったかね」

「はい、おけがはございませんでした」

意外な言葉遣いに、迫水ははっとした。改めて見れば、女中は部屋の押し入れを守るように正座している。事件発生後、官邸内の使用人たちには帰宅許可の指示が出ていたが、女中は首相を押し入れにかくまい、自らの役目を果たしていたのだ。(19)事件に狼狽した陸軍首脳などより、よほど覚悟があったといえる。

首相生存の知らせは、迫水から宮内大臣へ、宮内大臣から昭和天皇へと内々に伝えられた。

昭和天皇は言った。

「よかった。岡田を一刻も早く安全なところに移すように(20)」

こうして、首相の脱出作戦がはじまった。迫水と福田は陸相秘書官らに「せめて友人親族の弔問を許してほしい」と頼み込み、首相と年格好が似ている弔問者十人を集めると、翌日、弔問者に紛れ込ませて首相を官邸の外に出した。事件発生からおよそ三十二時間半、二十七日午後一時二十七分だったという。(21)

その頃、帝都には戒厳令がしかれ、情勢はさらに緊迫化していた。

戒厳令と奉勅命令

二月二十七日午前零時、昭和天皇は《戒厳令に関する勅令に御署名になる[22]》。午前一時十三分《参謀総長代理の参謀次長杉山元に謁を賜い、戒厳司令部の編制及び戒厳司令官の指揮部隊に関する件につき上奏を受けられる。その際、徹底的な鎮圧を望まれる旨、並びに戒厳令の悪用を禁じる旨の御言葉を述べられる[23]》

午前七時二十分《侍従武官長本庄繁をお召しになる。(中略) この日、天皇は武官長に対し、自らが最も信頼する老臣を殺傷することは真綿にて我が首を絞めるに等しい行為である旨の御言葉を漏らされる。また、御自ら暴徒鎮定に当たる御意志をしばしば示される[24]》

二・二六事件に陸軍首脳が狼狽し、混迷が深まるのを食い止めたのは、この昭和天皇の揺るぎない姿勢である。発生当日は決起将校に有利な状況だったが、一夜明けた二十七日になると、断固とした処置を望む昭和天皇の意向が徐々に伝わり、形勢は一変した。

厳密にいえば、このときの昭和天皇は立憲君主の枠から逸脱していたかも知れない。天皇は、天皇を輔弼する閣僚らの助言に基づいて行動するのが、大日本帝国憲法下における慣例だからだ[25]。

しかし、当時は最高輔弼者の首相が職務を果たせない状態だったうえ、陸相の対応も決起将校らに流され、適確な措置をとれないことが明らかだった。そこで昭和天皇は、自ら事態収拾の先頭に立とうと決意したのだろう。

午前八時四十五分、昭和天皇は「三宅坂付近ヲ占拠シアル将校以下ヲ以テ速ニ現姿勢ヲ撤シ各所属部隊ノ隷下ニ復帰セシムベシ」とする奉勅命令を裁可した(26)。決起部隊は原隊に帰れという、天皇の直接命令であり、従わなければ逆賊として討伐されることを意味する。昭和天皇はのちに当時を振り返り、こう語っている。

「討伐命令は戒厳令とも関連があるので軍系統限りでは出せない、政府との諒解《りようかい》が必要であるが、当時岡田（啓介首相）の所在が不明なのと且又《かつ》陸軍省の態度が手緩るかつたので、私から厳命を下した訳である。私は田中内閣の苦い経験があるので、事をなすには必ず輔弼の者の進言に俟《ま》ち又その進言に逆はぬ事にしたが、この時と終戦の時との二回丈けは積極的に自分の考を実行させた(27)」

奉勅命令をいつ発動するかは、参謀本部の判断に任された。陸軍上層部は説得により帰順させる方針を捨てきれず、その発動を遅らせようとしたが、昭和天皇の揺るぎない姿勢に、陸軍部内からも討伐やむなしの声が強まっていく。その舵を取ったのは、かつて満洲事変を主導した、石原莞爾だった。

満洲事変で名を挙げ、当時は参謀本部作戦課長の要職にいた石原が事件発生の一報を受けたのは、二月二十六日の早朝である。すぐに決起部隊が所属する歩兵第一、第三連隊の連隊長に電話し、「軍旗を奉じて出てこい」と指示した。

天皇の分身とされる軍旗は絶対の存在である。多くの下士官兵は命令で動いているだけなので、軍旗の下に集まれと連隊長が号令すれば必ず集まる。それをまとめて連隊に引き上げれば「残るは将校だけだから、間もなく鎮圧できる」と考えたのだ。(28) しかし、連隊長はそれを実行しなかった。

参謀本部に駆けつけた石原は、門前で兵士に機関銃を構えさせた決起将校から呼び止められた。

「大佐殿、今日はこのままお帰りください」

「何をいうか！　この石原を殺したかったら、直接自分の手で殺せ。兵隊の手をかりて人殺しするとは、卑怯《ひきよう》千万な奴だ」(29)

石原は統制派ではないが、思想と行動力を危険視され、決起将校らの殺害リストに入っていた。だが、この時は気迫におされ、誰も引き金をひけなかった。

以後、石原は参謀本部の部課長会議などで即時討伐を主張。二十七日午前三時に戒厳令が公布されると、戒厳司令部参謀に就任し、攻撃準備に着手する。

二十八日午前三時、決起将校に同情的な歩兵第一連隊長らが戒厳司令部を訪れ、従わなければ逆賊となる奉勅命令の発動延期を申し入れた。それを聞いた石原は、「命令受領者集まれ」と言って部屋を出ると、各隊の連絡員に向かって決然と指示した。

「軍は、本廿八日《にじゆうはち》正午を期して、総攻撃を開始し、反乱軍を全滅せんとす」

続けて、討伐延期を訴えていた連隊長らに言う。

「奉勅命令は下ったのですぞ。御覧の通り、部隊の集結は終り、攻撃準備は完了した。（中略）降参すればよし、然らざれば、殲滅《せんめつ》する旨を、ハッキリと御伝え下さい。大事な軍使の役目です。さア行って下さい[30]」

午前五時八分、決起部隊を原隊に帰順させる奉勅命令が発動。陸軍がとるべき道は決した。

一方、千四百人余の部隊を率いて政府首脳や宮中側近を襲撃し、陸相官邸などがある永田町の三宅坂一帯を占拠した二十人余の決起将校は、時間の経過とともに、焦燥と疲労の色を濃くしていた。リーダー格の野中四郎大尉らが皇道派重鎮の真崎甚三郎に面会して事態収拾を一任するも、真崎は昭和天皇の意向を知り、決起に同情的な発言を次第にトーンダウンさせていった。

二十八日に奉勅命令が下達されると、決起側はいよいよ窮地に立たされる。各方面からの説得工作もあり、将校は全員自決して下士官兵を原隊に復帰させるという帰順論が大勢を占めるようになった。

そんな時、侍従武官長の本庄繁のもとに、陸相の川島義之と軍事調査部長の山下奉文《ともゆき》が訪れた。二十八日午後一時ごろのことだ。山下が言った。

「決起将校に自決させ、下士官以下は原隊に帰します。ついては勅使を賜わり、自決への光栄を与えてほしい。これ以外に解決の手段はありません[31]」

自決に勅使が立ち会うことは、決起の趣旨などの一部を天皇が認めることを意味する。本庄は「斯ルコトハ恐ラク不可能ナルベシ」と思いつつ、拝謁を求めて伝奏した[32]。はたして昭和天皇は激怒した。そもそも張作霖爆殺事件以来、クーデター未遂の三月事件、十月事件と相次ぐ軍紀違反に陸軍上層部が断固とした処置をとらず、過激将校らの心情を認めてうやむやにしてきたことが、今回の重大事態を招いたのではないか。昭和天皇は「未ダ嘗《かっ》テ拝セザル御気色ニテ」叱責した。その様子を、本庄は日記にこう書いている。

「陛下ニハ、非常ナル御不満ニテ、自殺スルナラバ勝手ニ為スベク、此ノ如キモノニ勅使抔《など》、以テノ外ナリト仰セラレ、(中略)直チニ鎮定スベク厳達セヨト厳命ヲ蒙ル[33]」

事件発生以来、政府も軍部も混乱する中で、昭和天皇は微塵もぶれなかった。この姿勢がなければ、日本の現代史にクーデターによる政権樹立という、汚点が刻まれていたかも知れない。本庄は「返ス言葉モナク退下セシガ、御叱責ヲ蒙リナガラ、厳然タル御態度ハ却テ難有ク、又条理ノ御正シキニ寧ロ深ク感激ス」と書き残している[34]。

翌二十九日、二・二六事件は最終局面に突入する。

鎮圧

二月二十九日午前、東京・日比谷の飛行会館屋上に、「勅命下る　軍旗に手向ふな」のアドバルーンが上がった。

決起部隊が占拠している永田町の三宅坂一帯には、上空からビラもまかれる。

「下士官兵ニ告グ　一、今カラデモ遅クナイカラ原隊へ帰レ　二、抵抗スルモノハ全部逆賊デアルカラ射殺スル　三、オ前達ノ父母兄弟ハ国賊トナルノデ皆泣イテオルゾ　戒厳司令部[35]」

決起部隊千四百人余の大部分を占める下士官兵は、青年将校の命令で動いているだけだ。二十六日未明に非常呼集で起こされ、襲撃場所に向かう途中で「蹶起趣意書」を読み聞かされたものの、その意味をほとんど理解していなかった[36]。それなのに突然、逆賊とされ、下士官兵は激しく動揺した。

この時代、逆賊の汚名を着ることは死ぬことより重い。親類縁者にも累が及ぶ。投降を促すラジオ放送もはじまり、下士官兵の動揺に拍車をかけた。

「兵に告ぐ。勅命が発せられたのである。既に、天皇陛下の御命令が発せられたのである。お前たちは上官の命令を正しいものと信じて、絶対服従をして、誠心誠意活動して来たのであろうが、既に天皇陛下の御命令によってお前たちは皆原隊に復帰せよと仰せられたのである。この上お前たちが飽くまでも抵抗したならば、それは勅命に反することとなり、逆賊とならなければならない。（中略）速かに現在の位置を棄《す》てて帰って来い」(37)

繰り返されるラジオ放送。包囲態勢をとる鎮圧軍――。下士官兵の動揺をみて、決起将校もついに抵抗を断念する。午前九時半以降、投降する部隊が相次ぎ、午後二時までに大半の部隊は原隊に帰順した。

決起部隊司令部のある赤坂の山王ホテルでは、安藤輝三大尉が率いる歩兵第三連隊第六中隊が最後まで徹底抗戦の構えを崩さなかったが、直属の上官や同僚、ほかの決起将校らの説得を受け、銃をおいた。

安藤は、下士官兵を集めて訓示した。

「皆よく闘ってくれた。戦いは勝ったのだ。最後まで頑張ったのは第六中隊だけだった。中隊長は心からお礼を申上げる。皆はこれから満洲に行くがしっかりやってもらいたい」(38)

その後、全員で号泣しながら中隊歌をうたっている途中で、安藤は自身の顎下に拳銃をあて、引き金をひいた。午後三時ごろだった。

ここに、発生から四日間にわたる二・二六事件は終息した。この間、昭和天皇は連日「御格子（就寝）マデ軍服ヲ解カセラレズ、又御慰ミ（趣味など）ニ属スル事ハ、一切御中止遊バセラレ」たと、侍従武官長の本庄繁が書き残している。[39]昭和天皇は、さらに事態が悪化すればいつでも前面に立つ覚悟でいたのだろう。

鎮圧までの間、内大臣ら側近を失った昭和天皇を支えたのは二人の弟、雍仁親王と宣仁親王だ。宣仁親王は事件発生の二月二十六日、雍仁親王は翌二十七日に任地の青森県弘前から駆けつけ、昭和天皇のそばについた。

同日、昭和天皇は《皇后と共に御奥において、雍仁親王・宣仁親王と御対面になる。ついでお揃いにて御夕餐を御会食になる》[40]。会話の内容は明らかではないが、二人の存在そのものが励みになったに違いない。

閑院宮載仁親王（参謀総長）や伏見宮博恭王（軍令部総長）をはじめ皇族も団結して昭和天皇を支えた。当時、宮内大臣の湯浅倉平が元老私設秘書の原田熊雄に、こう話している。

「（終息に向けて）皇族方が非常に真剣に一致協力されたことについては、自分も非常に感激してをる。中にも、平素黙々として何も言はれない梨本宮（守正王・元帥陸軍大将）の如き方が、陛下に対して泣かんばかりに、『実に軍の長老として申訳ない（中略）』と言つて陛下にお詫を申上げてをられる御様子を拝して、なんともお気の毒に堪へなかつた。（中略）かれこれ思ひ合せると、今度ほど皇族方が一致協力されたことは、今まで嘗てない」[41]

昭和七年の春ごろ、政治のあり方などをめぐり昭和天皇と雍仁親王が「激論」を交わしたことはすでに書いた。ほかにも平時には、皇族の間で意見が衝突することもなくはない。だが、国家の非常時には天皇を中心に結束する。先の大戦でも、昭和天皇は皇族の一致協力のもと終戦の聖断を下している。

昭和天皇の日常がふだん通りに戻るのは、三月中旬以降だ。

三月十一日《侍従・侍従武官等を御相手に乗馬をされる。なお、二月二十六日の事件以降、これが初めての御運動となる》(42)

三月十九日《二月二十六日の事件以来、御起床より御格子まで終日陸軍軍装にてお過ごしのところ、この日午後六時、初めて背広にお召し替えになる。爾後、同時刻頃より背広をお召しになる》(43)

三月二十八日《午前九時四十分より正午まで生物学御研究所にお出ましになり、研究をされる。なお、二月二十六日の事件以降、この日初めて御研究所にお出ましになる》(44)

背景と結末

日本を震撼《しんかん》させた二・二六事件の背景は複雑だ。当時の陸軍急進派は民間右翼とのつながりが深く、佐官クラス以上の将校、将官は大川周明の、尉官クラスの青年将校は北一輝や西田税《みつぎ》の思想的影響を受けていた。(45)いずれも暴力革命を容認し、目指すは武装クーデターによる国家改造である。特権階級の閣僚、重臣らを倒さない限り、疲弊する農村をはじめ国家を救えないと彼らは考えた。その発想は、むしろ共産主義勢力に近いといえる。

不穏な動きがくすぶる中、青年将校のリーダー格だった陸軍大尉の村中孝次と一等主計の磯部浅一が昭和九年十一月、クーデターを企てたとして逮捕され、やがて免官となった（士官学校事件）。村中らはそれを統制派の陰謀とみなし、陸軍上層部を公然と批判するようになる。(46)

村中ら青年将校は、皇道派に共感していた。十年七月に皇道派重鎮の真崎甚三郎が更迭されたことと、八月に統制派筆頭の永田鉄山が斬殺されたことに、彼らは強烈な刺激を受けた。直接行動を決意するのはその後、同年十二月から翌月にかけてだ。(47)

陸軍上層部は、急進派の多い第一師団を満洲に派遣しようとしたが、逆効果だったといえる。焦燥した村中らは決起を急ぎ、二月二十一日に満洲派遣が公表された五日後、帝都の雪を重臣らの鮮血で染めた。

未曾有の事態に陸軍首脳が狼狽し、当初は決起将校らの暴挙が〝義挙〟扱いされる雰囲気もあったが、昭和天皇の揺るぎない姿勢により、反乱軍として鎮圧されたことはすでに書いた通りだ。

決起将校のうち、牧野伸顕前内大臣を襲撃した河野寿と、リーダー格のひとりだった野中四郎は自決したが、村中らは軍法会議で決起の趣旨を明らかにする道を選んだ。その理由を磯部は、「当局者の『死ね、死んでしまへ』といった残酷な態度に反感を抱き、自決を思ひ

とどまった」と書き残している。(48)

七月五日、非公開の特設軍法会議は反乱罪で十七人に死刑、五人に無期禁錮刑を宣告。村中、磯部らは銃殺刑に処された。(49)

国民よ国をおもひて狂となり
痴となるほどに国を愛せよ(50)

磯部の辞世である。

二・二六事件が、その後の歴史に及ぼした影響は計り知れない。陸軍は、内に対しては急進派を徹底排除して粛軍をはかるとともに、外に向けては第二の暴発をちらつかせて政治への関与を強めた。

その兆候は、早くも後継内閣の組閣時からみられ、昭和天皇を悩ませることになる。

難航する首班選定

二・二六事件で岡田啓介内閣が総辞職したことを受け、元老の西園寺公望が静岡県興津町(現静岡市)から上京したのは昭和十一年三月二日、事件鎮圧から二日後である。西園寺は昭和天皇の下問に奉答するため、六日まで宮内省内に寝泊まりし、後継首相の人選にあたった。

事件の後始末を担う後継首相の課題は、言うまでもなく粛軍だ。昭和天皇の意向を知る皇族も、元老私設秘書の原田熊雄にこう話している。

雍仁親王「どうしてもこの際粛軍をやらなければならないけれども、それにはやはり実力のある相当な人物を後継内閣の首班にしなければ駄目だらう。（中略）総理は軍人でない方が或はよくはないか」

閑院宮載仁親王「今まであまりに臭いものに蓋をしろ主義で来たのが今日爆発した原因をなして来てゐるのであつて、今度はどうしても思ひきつて軍を綺麗《きれい》にしなければならない(51)」

だが、軍部を抑えられる「相当な人物」となると簡単には見つからない。一部に枢密院副議長の平沼騏一郎を推す声もあったが、西園寺はそれを拒み、人選は難航した。

西園寺が白羽の矢を立てたのは、有力華族の近衛文麿である。当時四十四歳ながら貴族院議長を務め、国民にも軍部にも受けがいい。

三月四日、西園寺は近衛を呼んで言った。

「貴下を奉請しようと思うが、受けろ」

「自分は（健康が悪化していて）とても身体が三カ月と持ちません」

「身体の問題じゃない。こういう際だから多少のことは思い切って受けるのが当然だ(52)」

近衛は困惑したが、西園寺は参内し、半ば強引に近衛を推薦する。同日午後四時、昭和天皇は近衛を呼び、「ぜひとも」の言葉をつけて組閣を命じた。

ところが近衛は、いったん別室に退いて西園寺と協議した後、昭和天皇に再び拝謁して頭を下げた。

「時局重大の時、文麿の健康はとても大任を果たす自信がございません[53]」。

近衛が組閣を拝辞した表向きの理由は胸部の疾患だが、国政をまとめ上げる自信がなかったのだろう。侍従武官長の本庄繁がこう書き残している。

「近衛公爵は其後、昵懇《じつこん》なる某大将に対し、自分の首相を拝辞したるは、健康の事、固より大なる理由なるも、一には元老が案外時局を認識しあらざること、又一には、陸海軍両相の地位が、現下最も重要なるに拘らず、現在其人を見出し得ざることが、重大原因なりと語れり……[54]」

頼みの近衛にも断られ、西園寺は頭を抱えた。このとき、助け船を出したのは宮中側近である。同日、宮内大臣の湯浅倉平が内大臣府秘書官長の木戸幸一に、こうささやいた。

「広田（弘毅）外相はどうだろう[55]」

広田は対中融和政策を推進した外交官で、軍部と渡り合ってきた実績もある。木戸から話を聞いた西園寺は、「それも一案だなア」とうなずいた[56]。

三月五日《（昭和天皇は）午後三時二十三分、御学問所において公爵西園寺公望に謁を賜い、後継内閣の首班として外務大臣広田弘毅を推挙する旨の奏上を受けられる。同五十二分、（中略）お召しにより参内の広田弘毅に謁を賜い、組閣を命じられる》[57]

大命を受けた広田は、積極果敢だった。ただちに閣僚人事に着手し、外相に吉田茂、海相に永野修身、陸相に寺内寿一を内定したほか、東京朝日新聞副社長の下村宏を拓相に登用、政友会と民政党からも二人ずつ入閣を求め、六日中に組閣できる見通しをつけた。

だが、ここで陸軍から猛烈な横やりが入る。「吉田は牧野（伸顕元内大臣）の女婿だからいかん」「朝日新聞は自由主義的だから下村もいかん」と閣僚の顔触れを批判し、「組閣方針に同調しがたい」と、寺内が入閣辞退を申し入れてきたのだ。[58]

昭和天皇は、陸軍の横やりを憂慮した。

三月七日《武官長をお召しになり、陸軍の真意が広田内閣の絶対排斥にあるか否かを取り調べるよう御指示になる。（中略）翌八日朝、武官長に対し、新聞が報じるところの軍部要求の強硬な様子につき御下問になる》[59]

昭和天皇は、国内経済などに悪影響を及ぼさないよう、一刻も早い組閣を望んでいたのである。

陸軍がへそを曲げたままではやりにくい。広田は閣僚人事を練り直し、吉田や下村らを名簿から外した。しかし、八日午後に陸軍から「政友会と民政党からの入閣者を一人ずつにしてほしい」と言われ、天を仰いだ。

九日未明、広田の側近が寺内に告げた。

「組閣遂に成らず、軍部、組閣を阻止するということを明日の新聞に発表致しますが、どうか御承知願います[60]」

寺内は慌てた。昭和天皇が激怒する光景が、目に浮かんだことだろう。広田のもとに特使を送って再協議し、組閣を了承した。午前二時すぎだったという。

九日夜、広田は参内し、昭和天皇に閣僚名簿を提出した。だが、陸軍の手綱を引くには、広田は力不足だったようだ。内閣発足後も陸軍に押され、触れてはならない問題に手を出してしまうのである。

広田内閣の失政

陸軍の横やりにより、難産の末に発足した広田弘毅内閣だが、その使命が二・二六事件後の「粛軍」にあることに変わりはない。

発足から一カ月半後の昭和十一年四月下旬、陸軍は「粛軍」のためとして、軍部大臣現役武官制の復活を提案した。「軍人の思想が混迷する中、命令権をもつ現役将官でなければ陸相は務まらない」──というのが、復活の理由である[61]。

陸海両相は現役将官に限るとした軍部大臣現役武官制は明治三十三年、ときの山県有朋内閣が軍部の政治的発言権を確保するために導入した制度だ。軍部の支持がなければ陸相、海相の候補者が得られず、内閣を組織できなくなる。その弊害は大きく、大正二年に山本権兵衛内閣がやっとの思いで廃止した。それを復活すれば、軍部の政治関与はますます強まるだろう。

だが、広田は深く考えなかったようだ。陸軍から「予備役となった皇道派の将官が陸相になれば再び重大事件が起きるかもしれない」と脅かされ、あっさり了承してしまう。閣議でもほとんど議論にならず、昭和十一年五月十八日、陸海両省の官制が改正され、現役武官制が復活した(62)。

以後、軍部の政治関与に歯止めが利かなくなる。

もう一つ、広田内閣が取り組んだ政策で、禍根を残したものがある。日独防共協定だ。

ソ連の脅威に対抗するため、陸軍主導でドイツとの秘密交渉が始まったのは前年の春頃とされる。外務省欧米局長の東郷茂徳が「ナチズムの宣伝の具に利用されるだけだ」などと反対し、いったんは棚上げされたものの、中国大使の有田八郎が外相に起用されたことで風向きは変わった。

反ソ傾向の強い有田は日独提携の必要性を認め、反対していた東郷も、(一)ソ連を過度に刺激して戦争を誘発しない(二)列国に不要な不安を抱かせない(三)日独協議と並行して日英協議も行う――などの条件をつけて本格交渉に乗り出していく(63)。

吉田茂の外相起用が陸軍に潰されなければ、あり得ない選択肢だっただろう。

十一月二十五日、共産主義的破壊活動に対する相互通報・防衛協議などを定めた防共協定が日独間で調印された。ソ連からの「挑発によらざる攻撃」を受けた場合の秘密付属協定も結ばれたが、列国に配慮し、半ば骨抜きにされた内容だった。

それでも列国の反発は予想以上に大きく、成立寸前だった日ソ漁業条約改定の調印をソ連が拒否したほか、日英協議にも失敗してしまう[64]。

日独防共協定はやがて、日独伊三国同盟へとつながり、日本を破滅の戦争へと導いていくのである。

失政だけではない。広田内閣は、不運でもあった。中国で一九三六（昭和十一）年十二月に起きた西安事件が、広田が得意とする対中外交の道まで閉ざしてしまうのだ。

中国は当時、国共内戦の最終局面を迎えていた。蒋介石の国民党軍は三四年十月、毛沢東らの中国共産党が支配する瑞金（現中国江西省瑞金市）を攻略。共産党軍は戦いながら西へ北へと逃れ、三六年十月に延安（現陝西《せんせい》省延安市）にたどり着く。長征または西遷の名で知られる、あてのない退却行軍。移動距離は一万二五〇〇キロに及び、当初三十万人だった兵力が四万人足らずに激減したといわれる[65]。

長征を共産党殲滅の好機とみた蒋は、満洲事変で失脚した張学良を討伐副司令官に任命し、総攻撃を命じた。だが、張の軍隊はまともに戦おうとしなかった。このため蒋は三六年十二月上旬、討伐軍の司令部のある西安（現陝西省西安市）に乗り込み、張を激しく叱責した。事件が起きたのは、その二日後である。

十二月十二日早朝、蔣の宿泊所を、張の軍隊が襲撃した。蔣は裏山に逃れたものの、やがて捕らえられ、張の拠点に連行される。張は、直立不動で言った。

「是非とも委員長にお聞きいただきたいことがあります」

「私をまだ委員長と呼ぶのか。上官と認めるなら、命令に従って南京か洛陽に送り還せ。さもなければ、即座に射殺しろ」[66]

激怒する蔣を二週間にわたり監禁し、張が懇請したのは、（一）内戦の停止（二）政治犯の釈放（三）孫文の遺嘱の遵守（四）救国会議の即時招集――など八項目の要求だった。[67]これは、共産党の主張に近い。実はこのとき、張は共産党と内通していたのである。蔣は一切の要求を拒絶した。

説得に失敗した張は共産党に救援を求めた。延安からやってきたのは、ナンバー2の周恩来だ。周は、蔣救出のため西安入りした妻の宋美齢らに接近、続いて蔣と会見し、内戦停止などの言質を得たとされる。[68]蔣は十二月二十五日、解放されて南京に帰還した。

西安事件は、多くの謎に包まれている。確実に言えることは、事件後に国民党が共産党への軍事行動を事実上放棄し、壊滅寸前だった共産党が息を吹き返したことだ。[69]同時に、広田

内閣の対中外交は完全に暗礁に乗り上げた。(70)

毛沢東は、「抗日民族統一戦線」の樹立を求めていた。その狙いは、日本軍と国民党軍を戦わせ、共倒れさせることだったとされる。西安事件により、のちの日中戦争は不可避になったといえるだろう。

だが、広田をはじめ当時の日本人は、その重大性にほとんど気付かなかった。

側近の交替

二・二六事件後、昭和天皇を支える環境も大きく変わった。

何より、内大臣の斎藤実を失ったことは大きい。昭和十年十二月に牧野伸顕が辞職した後、後任に斎藤を望んだのは昭和天皇である。斎藤は穏健な国際派だ。朝鮮総督だった頃、武断政治を文治政治に改め、融和に努めた。当時の一般的評価として、イギリスの植民地研究家アレン・アイルランドがこう書いている。

「彼は(朝鮮で)卓越した改革を成し遂げた。教育の問題においては、実に惜しみなく人々の教養に対する意欲に力を貸し、政治的野心については、無益に独立を望む気持ちを助長するものは如何なるものにも断固反対する一方、熱心に地方自治を促進し、日本人と朝鮮人の関係に友好と協力の精神をしみ込ませようとしていた(71)」

海外に知己も多く、駐日アメリカ大使のグルーとは昵懇の間柄だ。斎藤の良識と手腕は、牧野の穴を埋めるのに十分だっただろう。信頼する股肱を殺害されたことに、昭和天皇は「真綿にて我が首を絞めるに等しい行為」と激しく憤っている(72)。後任の内大臣には、宮内大臣の湯浅倉平が就任した。

侍従武官長の本庄繁も、女婿の山口一太郎陸軍大尉が二・二六事件に関与して起訴されたため、道義的責任を感じて十一年三月二十三日に辞職した(73)。昭和天皇は必ずしも最初から全幅の信頼を置いていたわけではない。しかし、その誠実な人柄と献身的な仕事ぶりに、日に日に信頼を深めていったようだ。元老私設秘書の原田熊雄によれば、本庄が折に触れて陸軍上層部に昭和天皇の君徳を伝えたので、「陸軍省や参謀本部の幹部どころの連中が、しきりに陛下の御聡明な点を話し合ふ」ようになったという(74)。

辞職の際、昭和天皇は《御常用の文鎮を御手ずから本庄に下賜される(75)》。後任には陸軍中将の宇佐美興屋《おきいえ》が就任した。

二・二六事件で重傷を負った侍従長の鈴木貫太郎も十一月二十日、高齢などを理由に辞職した。鈴木は側近中の側近だ。昭和天皇は長年の苦労をいたわり、《御手ずから御硯《すずり》箱を下賜される(76)》。後任は海軍大将の百武三郎である。

一方、二・二六事件後は国民生活も悪化した。殺害された蔵相の高橋是清は軍事予算の抑制に努めていたが、後任の馬場鉄一は逆に拡大。公債を増額してインフレを招いた。過激右翼などのテロにおびえ、言論の自由も侵害されていく。

軍部の権力増大で次第に圧迫される社会状況――。そんな中、帝国議会の重鎮が最後の意地をみせる。

腹切り問答

現在の国会議事堂が落成したのは昭和十一年十一月、二・二六事件の鎮圧からおよそ八カ月後である。北側に貴族院（参議院）、南側に衆議院を配置した左右対称形で、六五メートル余の中央塔は当時日本一の高さを誇り、「白亜の殿堂」と称賛された。[77]

この、落成間もない議事堂で初めて召集され、広田弘毅内閣を退陣に追い込んだのが第七十回帝国議会だ。年明け後の十二年一月二十一日、政友会の浜田国松が衆院本会議の質問に立った。

「軍部の人々は大体において、わが国政治の推進力は我らにあり、乃公《だいこう》出でずんば蒼生《そうせい》を如何せんという慨を持っておられる。（中略）この独裁思想、軍部の推進的思想というものが、すべて近年の政治の動揺のもとになっている……」

陸相の寺内寿一が、渋い顔で答弁した。

「お言葉の中に、軍人に対していささか侮辱されるような感じを受けるものがありますが……」

浜田「いやしくも国民代表者の私が、国家の名誉ある軍隊を侮辱したという喧嘩を吹っ掛けられて後へは退けません。私のどの言辞が軍を侮辱しましたか、事実を挙げなさい」

寺内「速記録をよく御覧下さいまし」

浜田は闘志をたぎらせ、気迫を込めて言った。

「あなたも国家の公職者であるが、不徳未熟、衆議院議員浜田国松も、陛下の下における公職者である。(中略)速記録を調べて僕が軍隊を侮辱した言葉があったら割腹して君に謝する、なかったら君、割腹せよ」[78]

前衆院議長の浜田は当時六十八歳。議員歴三十三年の長老だ。弁舌を武器とする本会議場にあっては、寺内がかなう相手ではない。狼狽した寺内は、「よく速記録を御覧下さいまして、御願いを致します」とはぐらかすしかなかった。[79]

議会史に残る「腹切り問答」である。面子を潰された寺内は首相の広田に臨時閣議の開催を求め、即時解散を訴えた。

こんなことで解散するわけにはいかない。広田は、議会を二日間停会させることにし、その間に陸軍と議会との妥協点を見いだそうとしたが、寺内はかたくなで、解散しないなら辞職すると言い出した。

一向に改まらない陸軍の横暴――。広田は、もはやこれまでと思ったことだろう。一月二十三日に全閣僚の辞表をまとめ、昭和天皇に奉呈した。(80)

混乱はなおも続く。次期首相として前朝鮮総督（予備役陸軍大将）の宇垣一成に大命降下したが、広田内閣が復活させた軍部大臣現役武官制により、組閣が流れてしまうのだ。

宇垣内閣の流産

静岡県伊豆長岡町（現伊豆の国市）の別荘に滞在していた前朝鮮総督、宇垣一成のもとに宮中から電話があったのは、広田弘毅内閣が総辞職を表明した翌日、昭和十二年一月二十四日の夜である。

「陛下のお召しです。ただちに参内して下さい」

時計の針はすでに午後八時半を回っていた。宇垣は、「もう東京まで行く汽車がありません。横浜までならありますが、零時過ぎの到着なので明朝早く参内します」といって受話器を置いたが、三十分もたたないうちに再び電話が鳴った。

「陛下は、いくら遅くなっても構わない、待っていると仰せです」(81)

宇垣は急いで身支度を整え、汽車に飛び乗った。

横浜から車に乗り継ぎ、参内したのは二十五日午前一時四十分。昭和天皇は言った。

「卿に内閣の組閣を命ず。しかし、不穏なる情勢も一部にあると聞く。その点につき成算はあるか」

宇垣は深く頭を下げた。

「政情複雑でございますゆえ、数日のご猶予をお願い申し上げます」(82)

次期首相に宇垣を推薦したのは、元老の西園寺公望だ。宇垣は大正末期、加藤高明内閣の陸相として四個師団廃止など軍縮を断行した実績がある。西園寺は、宇垣ならば軍部を抑えられると思ったのだろう。

宇垣は野心家だ。参内する前から、難局を背負う覚悟を決めていた。今の陸軍を抑えられるのは自分しかいないという自負もあったのだろう。

政財界も宇垣に期待した。元老私設秘書の原田熊雄によれば、宇垣への大命降下に「各政党財閥、ほとんど国民挙つて非常な賛同であり、非常な好人気であつた」という。(83)

だが、昭和天皇が組閣の成算を危ぶんだように、宇垣内閣を快く思わない勢力があった。陸軍である。

宇垣排撃の急先鋒に立ったのは、参謀本部作戦部長代理の石原莞爾だ。表向きの理由は「宇垣は三月事件に関係しており、粛軍を進めるのにふさわしくない」だが、本音は「宇垣が首相になれば陸軍の政策要求が通らない」だった。(84) 石原は上層部らを説得して回り、陸軍は組閣阻止でまとまった。

教育総監の杉山元が宇垣に忠告する。「ご辞退を願わねばなりません。どうも部内がまとまらない」。陸相の寺内寿一も言う。「陸相の候補者を三人立てましたが、みんな断られました」[85]

現役将官の陸相候補者を得られなければ、内閣を組織できない。軍部大臣現役武官制があるからだ。宇垣も陸軍大将だが予備役であり、陸相を兼務することはできなかった。広田内閣の禍根が、早くも現実化してしまったのである。

それでも、宇垣はあきらめなかった。宇垣が最後の頼みとしたのは、陸軍でも逆らえない聖域、昭和天皇である。

大命降下から二日後、宇垣は参内し、内大臣の湯浅倉平に言った。

「組閣の大命を陸軍の二、三の者が阻止するという悪例を残しては断じてならない。陛下からお言葉を下されますよう、取り次いでいただきたい」[86]

このとき宇垣は、事態打開策として（一）陸相不在のまま首相が陸相の「事務管理」となる（二）昭和天皇が現役将官に優諚を与えて陸相に就任させる（三）予備役将官を現役に復活させる——の三案を示した。[87]だが、湯浅は及び腰で、取り次ごうとしなかった。

「そんな無理をなさることはあるまい。あなたにはまだ再起を願わねばならぬこともあるから」[88]

湯浅は、昭和天皇に累が及ぶことを懸念したのだろう。あるいは、側近が襲撃された二・二六事件が頭をよぎったのかもしれない。

一方、昭和天皇はどう考えたか。湯浅から事情を聴いたあと、侍従武官に《宇垣内閣が不成立の場合、陸軍はいよいよ増長すべしとの見通しとともに、一方で優諚を以て宇垣に組閣させた場合、その後は穏やかには収まらざるべしとのお考えを示され》たと、『昭和天皇実録』に記されている(89)。

一月二十九日《(昭和天皇は宇垣から)万策尽きたため、大命を拝辞する旨の奏上を受けられる。これに対し、他日奉公の機会を期し自重すべき旨の御言葉を賜う(90)》

宇垣にかわり組閣したのは、元陸相の林銑十郎だ。林内閣の誕生は、宇垣排撃の急先鋒だった石原莞爾が望んでいたことである。しかし、林はあまりに政治音痴だった。

林は議会と政党を軽視し、三月に予算案を通過させると抜き打ち的に解散した。いわゆる「食い逃げ解散」である。この横暴に政党はむしろ奮起し、林内閣との対決姿勢を示す政友会、民政党が四月三十日の総選挙で圧勝、あわせて全議席の七五%を占めた(91)。宇垣内閣の流産以来、国民は陸軍への不満を強めており、露骨な政治関与に断然ノーをつきつけたのだ。二大政党が結束して倒閣に動けば内閣はひとたまりもない。林は五月三十一日、閣僚の辞表をまとめて昭和天皇に提出した。在任わずか四カ月だった。

このあと、挙国一致の切り札として登場するのは、政財界にも軍部にも人気の高い貴族院議長、近衛文麿である。

華族筆頭の登場

二・二六事件以降、時局収拾の切り札として、貴族院議長の近衛文麿を首相に推す声は日に日に強まっていた。だが、近衛にその気はなく、健康不安を理由に断り続けた。

昭和十二年四月末の総選挙から一カ月後、政権維持の見通しを失った首相の林銑十郎が近衛に電話をかけ、「自分は辞職するから後任を引き受けてほしい」と要請した時も、近衛は「健康が許さないし、未熟でとてもできない」と拒絶した。(92) 林はやむなく、陸相の杉山元を後任に推す意向を漏らしたが、それを知った元老の西園寺公望は顔をしかめた。二代続けての陸軍宰相では、とても国家がまとまらない。

西園寺は私設秘書の原田熊雄に言った。

「甚だ気の毒であるけれども、結局どうしても近衛よりほかに適任者がないと思ふ(93)」

近衛、このとき四十五歳。元老はじめ各界各層からのラブコールである。

昭和十年代の政治家で、近衛ほど後世の評価が分かれる人物は少ないだろう。「悲劇の貴公子」とも、「無責任なポピュリスト」とも評されている。

才子であることは疑いない。五摂家筆頭の名門、近衛公爵家に生まれ、旧制一高から東京帝国大学哲学科に進んだ後、京都帝国大学法科に転学、哲学者の西田幾多郎や経済学者の河上肇らに学んだ。二十五歳で貴族院議員となり、二年後に雑誌論文「英米本位の平和主義を排す」を発表すると、以後、たびたび新聞や雑誌に論文を寄稿し、注目を集めるようになる。[95]

ただ、近衛には八方美人的な側面があった。大正デモクラシー華やかなりし頃は、議会政治と責任内閣の発展を力説して統帥権の独立を問題視していたが、満洲事変が起きると陸軍中枢に接近、軍部の政治進出を許容するような言動が目立ちはじめる。[96] 近衛がのちにポピュリストと批判されるのも、こうした迎合性がうかがえるからだろう。

とはいえ、政府と議会、そして軍部が対立を深める中、「近衛ならば」の期待は大きかった。

六月四日、近衛内閣が発足する。外相に元首相の広田弘毅を起用し、陸相の杉山と海相の米内光政を留任させ、政党からも二人を入閣させた堂々の布陣だ。昭和天皇は、深く安堵したことだろう。

国民もこぞって歓迎した。東京朝日新聞は「白面の青年宰相、わが内閣史上画時代的」と書き、杉山は「陸軍は挙げて近衛公を支持する」と言い、中国からも祝報が寄せられた。[97]

だが、この内閣の下で日中両軍が衝突し、日本は泥沼の戦争へとはまり込んでいくのである。

（下巻へつづく）

註

(1) ほかに野戦重砲兵第七連隊なども加わった
(2) 以下、二・二六事件の状況は池田俊彦編『二・二六事件裁判記録』、太平洋戦争研究会編『二・二六事件』、松沢哲成ほか著『二・二六と青年将校』、『岡田啓介回顧録』、『鈴木貫太郎伝』より。当事者や目撃者の証言などには食い違いもあり、襲撃状況には諸説ある。
(3) 『二・二六事件裁判記録』二五九頁から引用
(4) 渡辺和子「二・二六事件　憲兵は父を守らなかった」(『文藝春秋』平成二十四年九月号所収)から引用
(5) 麻生和子『父 吉田茂』によれば、襲撃を受けた牧野伸顕は妻の機転で羽織をかぶせられ、裏山に逃れることができたとされる
(6) 二・二六事件では警官五人が殉職し、一人が重傷を負った。襲撃した決起部隊側にも複数の重軽傷者が出た
(7) 『実録』二三巻二四～二五頁から引用
(8) 高宮太平『天皇陛下』二〇九頁から引用
(9)、(10)、(11) 『実録』二三巻二五～二六頁から引用
(12) 磯部浅一「二・二六青年将校の獄中記」(『文藝春秋』昭和三十年三月号所収)より
(13) 『二・二六事件裁判記録』三五頁から引用
(14) 「二・二六青年将校の獄中記」より
(15) 『二・二六事件裁判記録』所収「蹶起趣意書」から引用
(16) 青年将校らは襲撃理由として、(一) 岡田啓介首相は天皇機関説問題で断固とした処置をとらなかった (二) 斎藤実内大臣、牧野伸顕前内大臣、鈴木貫太郎侍従長は統帥権干犯問題に関わった (三) 高橋是清蔵相は健全財政の名の下に軍部を誹謗した (四) 渡辺錠太郎教育総監は天皇機関説の信奉者だった――ことなどを挙げた。また、計画初期の段階では元老の西園寺公望も襲撃するつもりだった
(17) 『二・二六事件』より
(18) 福留繁「二・二六事件と海軍」(『歴史読本』平成二十二年九月号所収)より
(19) 首相生存と脱出の経緯は『機関銃下の首相官邸』、『岡田啓介回顧録』より(傍点は筆者)。女中のサクと絹は将兵から帰宅を促されても「旦那様の御遺骸がある間は帰るわけには行きません」と拒んだ。使用人たちが次々に退去していく中、「女中なども帰つたと思つて居りましたら最後の日に出て来たので驚いた」と、決

起将校の一人がのちに軍法会議で語っている
(20)『岡田啓介回顧録』より
(21) 福田耕「包囲下の首相官邸」(『人物往来』昭和二十八年二月号所収)より。岡田は官邸から脱出後、都内に住む同郷の知人宅に身を隠した
(22)、(23)、(24)『実録』二三巻二九〜三一頁から引用。惨殺された渡辺錠太郎教育総監の妻、鈴子は昭和天皇が自ら討伐する意思を示したことに感動し、娘の和子に「陛下のお陰でお父様の面目が立った。陛下の御恩を忘れてはいけない」と語り聞かせたという
(25)『昭和天皇伝』より
(26) 奉勅命令とは、天皇の統帥大権に基づき、参謀総長もしくは軍令部総長に発する勅裁の最重要命令
(27)『昭和天皇独白録』三八頁から引用。「田中内閣の苦い経験」とは、張作霖爆殺事件の関係者を厳罰処分しなかった当時の田中義一首相に対し、昭和天皇が厳しく叱責し、内閣総辞職につながった問題。昭和天皇はのちに「あの時はまだ若かつたので言ひすぎた」と反省している
(28)、(29) 藤本治毅『石原莞爾』より。石原の言動については諸説あり、事件発生の二十六日から討伐方針を明確にしていたとする説と、二十八日に態度を明確にしたとする説がある
(30) 松村秀逸『三宅坂』九九頁から引用
(31)『本庄日記』より
(32)、(33)、(34) 同書二七七〜二七八頁から引用。昭和天皇はこのとき、勅使の要請に対してだけでなく、積極的に動こうとしない第一師団の師団長に対しても、「自ラノ責任ヲ解セザルモノナリト、未ダ嘗テ拝セザル御気色ニテ、厳責アラセラレ」たという
(35)『二・二六と青年将校』二〇二頁から引用
(36)『二・二六事件』より
(37) 同書一六一頁掲載のラジオ放送から引用
(38) 同書一七三頁から引用。拳銃で自決をはかった安藤だが、急所を外れて一命をとりとめ、のちの軍法会議で銃殺刑に処された
(39)『本庄日記』二八三頁から引用
(40)『実録』二三巻三二頁から引用
(41)『西園寺公と政局』五巻一一〜一二頁から引用
(42)、(43)、(44)『実録』二三巻五三、六〇、六七頁から引用
(45)『軍ファシズム運動史』より。北一輝と西田税は二・二六事件に関与し、佐官クラスが画策した昭和六年の三月事件と十月事件には大川周明が関与していた

(46)、(47)『二・二六と青年将校』より

(48)「二・二六青年将校の獄中記」から引用

(49)このほか北一輝、西田税も反乱軍首魁として死刑に処され、関係した多数の将校らが処罰された。真崎甚三郎も起訴されたが、無罪となった

(50)『二・二六事件』より

(51)『西園寺公と政局』五巻九～一〇頁から引用

(52)、(53)同巻より

(54)『本庄日記』二八四頁から引用。原文はカタカナ表記。なお、昭和天皇は近衛の言葉を信じ、本庄に「近衛ノ首相拝辞ハ色々ノ噂アル由ナルモ、全ク胸部疾患ノ為ニシテ、実ハ内大臣タラシメントセシモ、之ヲモ病気ノ故ヲ以テ固辞シタル位ナリ」と語ったという

(55)、(56)広田弘毅伝記刊行会編『広田弘毅』より。最初に広田の起用を思いついたのは、枢密院議長の一木喜徳郎だったとされる

(57)『実録』二三巻四四頁から引用

(58)『西園寺公と政局』五巻、『広田弘毅』より

(59)『実録』二三巻四六頁から引用

(60)『広田弘毅』一八一頁から引用

(61)筒井清忠『昭和十年代の陸軍と政治』より

(62)軍部はすでに内閣を瓦解させるほどの政治権力を有しており、軍部大臣現役武官制の復活で政治権力が増大したわけではないとする説も有力である

(63)里賢一「東郷茂徳の日英関係改善構想　日独防共協定を巡る内訌を中心に」(国士舘大学政経学会編『政経論集』一四号所収)より

(64)『広田弘毅』より。元老の西園寺公望は日独防共協定について「ほとんど十が十までドイツに利用されて、日本は寧ろ非常な損をしたやうに思はれる」と語った

(65)中村粲『大東亜戦争への道』、岡本隆三『中国革命長征史』より。兵力には諸説ある

(66)蔣介石「西安半月記」(J・M・バートラム『西安事件』所収)より。蔣介石は当時、国民政府軍事委員会委員長だった

(67)『大東亜戦争への道』より

(68)田中仁『1930年代中国政治史研究』より

(69)蔣介石は、西安事件がなければ共産党軍への掃討戦が「あと二週間(遅くとも一カ月以内)で完成するはずであった」と書き残している

(70)広田内閣の対中交渉は一九三六年の綏遠《すいえん》事件で後退し、西安事件により絶望的になったとされる

(71)アレン・アイルランド『THE NEW KOREA』

一五一頁から引用
(72)『実録』二三巻三〇頁から引用。宮内大臣の後任には外交官（特命全権大使）の松平恒雄が就任した
(73)山口一太郎は反乱者（決起将校）を利したとされ、軍法会議で無期禁錮の有罪判決が下された
(74)『西園寺公と政局』三巻二〇八頁から引用
(75)『実録』二三巻六七頁から引用
(76)『実録』二三巻一九三頁から引用
(77)参議院公式サイトより
(78)、(79)昭和十二年一月二十二日の官報号外「第七十回帝国議会　衆議院議事速記録第三号」(国立国会図書館所蔵)より。浜田の質問に議場は騒然となり、親軍派の議員からヤジも飛んだが、浜田を支持する拍手の方が多かったという
(80)『広田弘毅』より
(81)宇垣と宮中の電話のやりとりは、『宇垣一成日記』二巻より
(82)昭和天皇と宇垣とのやりとりは、『木戸幸一日記』上巻より
(83)『西園寺公と政局』五巻二四三頁から引用
(84)阿部博行『石原莞爾』上巻より
(85)、(86)、(88)『宇垣一成日記』二巻より
(87)『木戸幸一日記』上巻より。文中の「優諚」とは、天子のありがたい言葉のこと
(89)『実録』二四巻一三頁から引用。昭和天皇は宇垣内閣の成立に期待していたとされ、優諚を下すことの可否を海軍軍令部総長の伏見宮博恭王に問い合わせたが、博恭王が否定的な意見を述べたため断念した
(90)『実録』二四巻一四頁から引用
(91)粟屋憲太郎『昭和の政党』、『昭和天皇伝』より
(92)『西園寺公と政局』五巻より
(93)同巻三三頁から引用
(94)摂政・関白を独占した公家の頂点に立つ家柄で、近衛、九条、二条、一条、鷹司の五家
(95)、(96)古川隆久「近衛文麿像の再検討」(日本大学文理学部人文科学研究所発行『研究紀要』八八号所収)より。著者の古川は近衛の政治思想の一貫性を認めている
(97)昭和十二年六月二日の東京朝日新聞、『西園寺公と政局』五巻、矢部貞治『近衛文麿』上巻より

産経ＮＦ文庫

立憲君主 昭和天皇 上

二〇二〇年六月二十一日 第一刷発行

著 者 川瀬弘至

発行者 皆川豪志

発行・発売 株式会社 潮書房光人新社

〒100-8077 東京都千代田区大手町一-七-二

電話／〇三-六二八一-九八九一代

印刷・製本 凸版印刷株式会社

定価はカバーに表示してあります

乱丁・落丁のものはお取りかえ致します。本文は中性紙を使用

ISBN978-4-7698-7024-1 C0195

http://www.kojinsha.co.jp

本書は、産経新聞平成27年4月1日〜28年7月23日付に連載された「ふりさけみれば　昭和天皇の87年」を大幅に加筆、再構成したものです。引用・参考図書は、下巻にまとめて掲載しています。

単行本　平成二十九年六月　産経新聞出版刊

装幀　伏見さつき
DTP　佐藤敦子

産経NF文庫の既刊本

台湾に水の奇跡を呼んだ男 鳥居信平 平野久美子

大正時代、台湾の荒地に立ち、緑の農地に変えることを誓って艱難辛苦の工事をやり通した鳥居信平——彼の偉業は一〇〇年の時を超えて日台をつなぐ絆となった。「実に頭の下がる思いがします」と元台湾総統の李登輝氏も賛辞を贈った日本人水利技術者の半生を描く。

定価〈本体810円+税〉 ISBN978-4-7698-7021-0

冤罪 文庫特別版 田中角栄とロッキード事件の真相 石井 一

「P3Cのことは墓場まで持っていく」オヤジは言った。核心には、キッシンジャーと「灰色高官」の暗躍があった。側近中の側近が問う、角栄の無実。自らも「郵便不正事件」で特捜部による「冤罪」を目にした著者が明かす、アメリカの真意、事件の真相、角栄という人物。

定価〈本体820円+税〉 ISBN978-4-7698-7020-3

産経NF文庫の既刊本

中国人の少数民族根絶計画

楊　海英

香港では習近平政権に対する大きな抗議活動が続き、「改造」政策に対する懸念が広がる。さらに内モンゴル、チベット、ウイグルへの中国の少数民族弾圧は凄まじさを呈している。内モンゴルに生まれ、中国籍を拒絶した文化人類学者が中国新植民地政策に対して警告する。

定価〈本体830円＋税〉　ISBN978-4-7698-7019-7

朝鮮大学校研究

産経新聞取材班

幼・保・高校無償化なんて、トンデモない！　金正恩の真意とは。もはや、わが子を通わせたくない——朝鮮大学校OB、総連関係者が赤裸々な心情を語る。今だから知りたい、在日コリアンのためは二の次、民族教育の皮を被った工作活動、日本を「敵」と呼ぶ教えとは。

定価〈本体800円＋税〉　ISBN978-4-7698-7018-0

産経NF文庫の既刊本

旧制高校物語　真のエリートのつくり方　喜多由浩

私利私欲なく公に奉仕する心、寮で培った教養と自治の精神……。中曽根康弘元首相、ノーベル物理学賞受賞の小柴昌俊博士、作家の三浦朱門氏など多くの卒業生たちが旧制高校の神髄を語る。その教育や精神を辿ると、現代の日本が直面する課題を解くヒントが見えてくる。

定価〈本体820円+税〉ISBN978-4-7698-7017-3

神話のなかのヒメたち　イザナミノミコト、天照大御神から飯豊王まで　産経新聞取材班

古事記・日本書紀には神や王を支える女神・女性が数多く登場する。記紀では彼女たちの支援や献身なしには、英雄たちの活躍はなかったことを描き、その存在感は神話時代から天皇の御世になっても変わりなく続く。「女ならでは」の視点で神話・古代史を読み解く。

定価〈本体810円+税〉ISBN978-4-7698-7016-6

日本人なら知っておきたい英雄ヤマトタケル　産経新聞取材班

古代天皇時代、九州や東国の反乱者たちを制し、大和への帰還目前に非業の死を遂げた英雄ヤマトタケル。神武天皇から受け継いだ日本の「国固め」に捧げた生涯を南は鹿児島から北は岩手まで、日本各地を巡り、地元の伝承を集め、郷土史家の話に耳を傾けて綴る。

定価〈本体810円+税〉ISBN 978-4-7698-7015-9

産経NF文庫の既刊本

教科書が教えない 楠木正成
産経新聞取材班

明治の小学生が模範とした人物第一位——天皇の求心力と権威の下で実務に長けた武士が国政を取る「日本」を夢見て、そのために粉骨砕身働いたのが正成という武将だった。戦後、墨塗りされ、教科書から消えた正成。その無私の心とは。日本が失った「滅私奉公」を発掘する。

定価〈本体900円+税〉 ISBN 978-4-7698-7014-2

来日外国人が驚いた 日本絶賛語録
ザビエルからライシャワーまで
村岡正明

日本人は昔から素晴らしかった！ザビエル、クラーク博士、ライシャワーら、そうそうたる顔ぶれが登場。彼らが来日して驚いたという日本の職人技、自然美、治安の良さ、和風の暮らしなど、文献をもとに紹介する。日本人の心を誇りと自信で満たす一〇二の歴史証言集。

定価〈本体760円+税〉 ISBN978-4-7698-7013-5

「令和」を生きる人に知ってほしい 日本の「戦後」
皿木喜久

なぜ平成の子供たちに知らせなかったのか……GHQの占領政策、東京裁判、「米国製」憲法、日米安保——これまで戦勝国による歴史観の押しつけから目をそむけてこなかったか。「敗戦国」のくびきから真に解き放たれるために「戦後」を清算、歴史的事実に真正面から向き合う。

定価〈本体790円+税〉 ISBN978-4-7698-7012-8

産経NF文庫の既刊本

子供たちに伝えたい 日本の戦争 1894〜1945年
あのとき なぜ戦ったのか
皿木喜久

あなたは知っていますか?子や孫に教えられますか?日本が戦った本当の理由を。日清、日露、米英との戦い…日本は自国を守るために必死に戦った。自国を貶める史観を離れ、「日本の戦争」を真摯に、公平に見ることが大切です。本書はその一助になる〝教科書〟です。

定価〈本体810円+税〉 ISBN978-4-7698-7011-1

全体主義と闘った男 河合栄治郎
湯浅 博

自由の気概をもって生き、右にも左にも怯まなかった日本人がいた!河合は戦前、マルクス主義の痛烈な批判者であり、軍部が台頭すると、ファシズムを果敢に批判。河合人脈は戦後、論壇を牛耳る進歩的文化人と対峙する。安倍首相がSNSで紹介、購入した一冊!。

定価〈本体860円+税〉 ISBN978-4-7698-7010-4

日本に自衛隊がいてよかった
自衛隊の東日本大震災
桜林美佐

誰かのために—平成23年3月11日、日本を襲った未曾有の大震災。被災地に入った著者が見たものは、甚大な被害の模様とすべてをなげうって救助活動にあたる自衛隊員の姿だった。自分たちでなんでもこなす頼もしい集団の闘いの記録、みんな泣いた自衛隊ノンフィクション。

定価〈本体760円+税〉 ISBN 978-4-7698-7009-8

産経NF文庫の既刊本

神武天皇はたしかに存在した
神話と伝承を訪ねて
産経新聞取材班

（神武東征という）長旅があって初めて、天照大御神の孫のニニギノミコトを地上界での祖とする皇室は大和に至り、天皇と名乗って「天の下治らしめしき」ことができたのである。東征は、皇室制度のある現代日本を生んだ偉業、そう言っても過言ではない。（序章より）

定価〈本体810円＋税〉 ISBN978-4-7698-7008-1

中国人が死んでも認めない 捏造だらけの中国史
黄 文雄

真実を知れば、日本人はもう騙されない！中国の歴史とは巨大な嘘！中華文明の歴史が嘘をつくり、その嘘がまた歴史をつくる無限のループこそが、中国の主張する「中国史の正体」なのである。だから、一つ嘘を認めれば、歴史を誇る「中国」は足もとから崩れることになる。

定価〈本体800円＋税〉 ISBN978-4-7698-7007-4

金正日秘録 なぜ正恩体制は崩壊しないのか
龍谷大学教授 李 相哲

米朝首脳会談後、盤石ぶりを誇示する金正恩。正恩の父、正日はいかに権力基盤を築き、三代目へ権力を譲ったのか。北朝鮮研究の第一人者が機密文書など600点に及ぶ文献や独自インタビューから初めて浮かびあがらせた、2代目独裁者の「特異な人格」と世襲王朝の実像！

定価〈本体900円＋税〉 ISBN978-4-7698-7006-7

産経NF文庫の既刊本

総括せよ！ さらば革命的世代
50年前、キャンパスで何があったか
産経新聞取材班

半世紀前、わが国に「革命」を訴える世代がいた。当時それは特別な人間でも特別な考え方でもなかった。にもかかわらず、彼らは、あの時代を積極的に語ろうとはしない。彼らの存在はわが国にどのような功罪を与えたのか。そもそも、「全共闘世代」とは何者か？

定価〈本体800円＋税〉 ISBN978-4-7698-7005-0

国民の神話
日本人の源流を訪ねて
産経新聞社

乱暴者だったり、色恋に夢中になったりと、実に人間味豊かな神様たちが多く登場し、躍動します。感受性豊かな祖先が築き上げた素晴らしい日本を、もっともっと好きになる一冊です。日本人であることを楽しく、誇らしく思わせてくれるもの、それが神話です！

定価〈本体820円＋税〉 ISBN978-4-7698-7004-3

国会議員に読ませたい 敗戦秘話
政治家よ！ もっと勉強してほしい
産経新聞取材班

敗戦という国家存亡の危機からの復興、そして国際社会で名誉ある地位を築くまでになったわが国——なぜ、日本は今、繁栄しているのか。国会議員が戦後の真の歴史を知らずして、この国を動かしているとしたら、日本国民としてこれほど不幸なことはない。

定価〈本体820円＋税〉 ISBN978-4-7698-7003-6

産経NF文庫の既刊本

日本が戦ってくれて感謝しています2
あの戦争で日本人が尊敬された理由

井上和彦

第1次大戦、戦勝100年「マルタ」における日英同盟を序章に、読者から要望が押し寄せたインドネシア――あの戦争の大義そのものを3章にわたって収録。日本人は、なぜ熱狂的に迎えられたか。歴史認識を辿る旅の完結編。15万部突破ベストセラー文庫化第2弾。

定価〈本体820円+税〉 ISBN978-4-7698-7002-9

日本が戦ってくれて感謝しています
アジアが賞賛する日本とあの戦争

井上和彦

インド、マレーシア、フィリピン、パラオ、台湾……日本軍は、私たちの祖先は激戦の中で何を残したか。金田一春彦氏が生前に感激して絶賛した「歴史認識」を辿る旅――涙が止まらない！感涙の声が続々と寄せられた15万部突破のベストセラーがついに文庫化。

定価〈本体860円+税〉 ISBN978-4-7698-7001-2